मेरी माँ के बाईस कमरे

पुस्तक की प्रशंसा में

“मैं राहुल को केवल धन्यवाद दे सकता हूँ कि उन्होंने हमारी कहानी कही और इसे दुनिया के सामने लाए कि कश्मीरी पंडितों और गैर-मुसलमानों के साथ असल में क्या हुआ और कैसे उन्हें अचानक उठकर रातोरात निकलना पड़ा।”

—विधु विनोद चोपड़ा

✦✦

“यह किताब विस्थापन, संघर्ष और समुदाय की उत्तरजीविता का एक कठोर दस्तावेज है।”

—द हिंदू

✦✦

“एक समुदाय का दिलचस्प छिपा हुआ इतिहास, जिसे विस्थापन का दंश झेलना पड़ा...विस्मृति का दृढ़ प्रत्युत्तर...जीवन का सूत्र छिन्न-भिन्न हुआ, परिवार नष्ट हुए और परंपराओं में बाधा आई। परंतु पंडिता के मामले में, यादें जैसे साथ-साथ चलती रहीं...।”

—इंडिया टुडे

✦✦

“पंडिता कश्मीरी पंडितों की एक गहरी निजी, शक्तिशाली और कभी न भूलनेवाली दास्तान कहते हैं।”

—संडे इंडियन

✦✦

“हमारे हाल ही के इतिहास के इस प्रसंग के लिए भरपूर विश्वसनीयता दी है इस किताब ने, जिसे अब तक उसका पूरा मान नहीं मिला था।”

—मिड डे

✦✦

“कश्मीर मसले पर अध्ययन करनेवाले हर छात्र के लिए अनिवार्य...मानोक्रोमेटिक क्लीशे को चुनौती देते हुए, जो एक सांस्कृतिक और सामुदायिक, एक समान कश्मीरी समाज के मिथ को रोमानी बनाता है।”

—बिजनेस स्टैंडर्ड

✦✦

“संघर्ष में घिरे कश्मीर के ताजा इतिहास का बहुत ही गहरा और लोमहर्षक विचलित कर देनेवाला दस्तावेज।”

—सेमीनार

मेरी माँ के बाईस कमरे

कश्मीरी पंडितों के पलायन की कालजयी कथा

राहुल पंडिता

प्रभात प्रकाशन

प्रकाशक
प्रभात प्रकाशन प्रा. लि.
4/19 आसफ अली रोड, नई दिल्ली–110002
फोन : 011–23289777 • हेल्पलाइन नं. : 7827007777
इ–मेल : prabhatbooks@gmail.com ❖ वेब ठिकाना : www.prabhatbooks.com

संस्करण
2024

आवरण फोटो क्रेडिट
आशीष शर्मा

अनुवाद
रचना भोला 'यामिनी'

पेपरबैक मूल्य
तीन सौ पचास रुपए

मुद्रक
आर–टेक ऑफसेट प्रिंटर्स, दिल्ली

MERI MAA KE BAEES KAMRE
by Shri Rahul Pandita
(Hindi translation of OUR MOON HAS BLOOD CLOTS:
A Memoir of a Lost Home in Kashmir)

Published by **PRABHAT PRAKASHAN PVT. LTD.**
4/19 Asaf Ali Road, New Delhi-110002
by arrangement with Penguin Random House India

ISBN 978-93-5521-362-4

₹ 350.00 (PB)

रवि, मेरे भाई,
मेरे पहले हीरो
के लिए

“और वह शुरुआती दौर जब फूल नहीं थे लहू से दागदार, चाँद पर नहीं थे लहू के धब्बे।”

—**पाब्लो नेरूदा,** *‘ओह, माई लॉस्ट सिटी’*

✦✦

“मेरे अंदर, मेरी यादें सबसे बेहतर हैं। उनमें बहुत से लोग जीवंत होते हैं, वे लोग जिन्होंने जीते-जी अपना खून बहाया और जो अब अपनी मिसाल देंगे।”

—**एंटोन डोनचेव**, *टाइम ऑफ पार्टिंग*

आभार

सबसे पहले मैं रामचंद्र गुहाजी को हार्दिक आभार देना चाहूँगा, जिन्होंने कई तरह से इस पुस्तक के लिए मेरा मार्गदर्शन किया और न्यू इंडिया फाउंडेशन फेलोशिप के लिए इसे चुना।

मुंबई में : अनुपमा और विधु विनोद चोपड़ा, मुझे कश्मीर की भूली हुई कहानियाँ याद दिलाने के लिए; और अभिजीत जोशी के नाम, मैंने आज तक उनसे विनम्र किस्सागो नहीं देखा।

लंदन में : मेरु और पैट्रिक फ्रेंच के नाम, उन्होंने ही इस किताब पर सबसे पहले भरोसा जताया था।

न्यूयॉर्क में : हीथर गेल क्विन के बेहिचक सहयोग और दोस्ती के लिए।

कश्मीर में : डॉ. टी.एन. गंजू, संजय टीकू, सुहैल बुखारी, जुबैर दर और अली मुहम्मद, सर्वोत्कृष्ट कश्मीरी।

जम्मू में : डॉ. रमेश तमीरी, जिन्होंने मुझे अपनी अमूल्य शोध-सामग्री को देखने की अनुमति दी; और 'कश्मीरी टाइम्स' आर्काइव तक पहुँच के लिए अनुराधा भसीन का शुक्रिया।

दिल्ली में : डॉ. शशि शेखर तोशखानी; गीतिका और रशनीक खेर तथा आदित्य राज कौल और पवन दुर्रानी, विचारधाराओं में अंतर के उग्र आमने-सामने के बाद भी उन्होंने किताब में अपना विश्वास बनाए रखा। विनायक राजदान, जिनके अद्‌भुत ब्लॉग 'सर्च कश्मीर' ने घर की बहुत सारी यादें ताजा कीं। रिचा शर्मा को धन्यवाद, जिन्होंने इस किताब के लिए तलिस्मान भेजे। अजय भारद्वाज, इनकी फिल्म 'एक मिनट का मौन' ने शुरुआती दिनों में मुझे दिल्ली में जिंदा रखा।

कसौली में : प्रीति और राजेश डोगर, शेरी और राजिंदर चोपड़ा, आशिमा

और इकनाम बाथ—जिनसे मेरी गाढ़ी छनती है।

अरुंधती सुब्रमण्यम, उस विश्वास के लिए जो भौंरों की गुंजार की तरह फैलता है; और हरतोष सिंह बल को शुक्रिया, जिन्हें पता था कि मेरे लिए यह किताब क्या मायने रखती है।

मेरे माता-पिता, शांता और पी.एन. पंडिता, जिन्होंने निष्कासन के बाद मेरे लिए अनेक कष्ट सहे; और मेरी बहन भारती को हार्दिक आभार।

अनुभा भोंसले, मोलेसकिन नोटबुक्स के लिए और पूरे धैर्य से मेरी कहानियों को कई बार सुनने का शुक्रिया।

और आखिर में सर वी.एस. नायपॉल का आभार, उनकी इन शाश्वत पंक्तियों के लिए—"संसार जो है, सो है; जो इनसान कुछ नहीं हैं, जो स्वयं को कुछ न होने की इजाजत देते हैं, उनके लिए इसमें कोई जगह नहीं है।"

जम्मू, 1990

उन्हें वह बूढ़ा अपने फटे हुए तंबू में मरा हुआ मिला, उसके दाएँ गाल के नीचे ठंडे दूध का पैकेट दबा हुआ था। वह हमारे निर्वासन का पहला जून था और सिर के पीछे लू के थपेड़े किसी हथौड़े-से महसूस होते थे। शरणार्थी शिविर में जिस पड़ोसी को पहले उसके बारे में पता चला, उसने बाद में बताया कि उस बूढ़े का स्टीवार्ट वारनर रेडियो चालू था, जिस पर एक पुराना हिंदी फिल्मी गीत आ रहा था—

आदमी मुसाफिर है
आता है, जाता है

वह बूढ़ा हमारे परिवार का जानकार था। उसका बेटा और मेरे पिता आपस में दोस्त थे। उसका जन्म कश्मीर वादी में हुआ और वह झेलम नदी के किनारे रहता था।

त्रिलोकीनाथ का जम्मू में नहर के बेजान-से लगते पानी के पास ही संस्कार कर दिया गया। किसी ने कहा कि उस बूढ़े के घर का नाला भी इस नहर से बड़ा था। परिवार की स्त्रियों को उस बुजुर्ग की याद में मातम तक नहीं करने दिया गया। त्रिलोकीनाथ का बेटा जिस जगह रहता था, उस एक कमरे के मकान मालिक ने साफ जाहिर कर दिया था कि वह अपने घर में किसी तरह का मातम नहीं चाहता था। उसका कहना था कि यह उसके घर के लिए अपशकुन होगा।

बस कहने भर को कमरा था। कुछ महीने पहले तक वह गाय का तबेला हुआ करता था। अब फर्श पर सीमेंट करवाकर दीवारों पर सस्ता नीला डिस्टेंपर कर दिया गया था। मकान मालिक ने वह कमरा इसी शर्त पर किराए पर दिया था कि उस जगह परिवार के चार से अधिक सदस्य नहीं रह सकते थे। ज्यादा लोगों का मतलब था कि पानी की खपत उतनी ही बढ़ जाती। वह वृद्ध उस परिवार का पाँचवाँ सदस्य

था, इसलिए उसे मजबूरन मुठ्ठी शरणार्थी कैंप में रहना पड़ रहा था, जो जम्मू शहर के बाहर बनाया गया था। वह खाली जगह साँपों और बिच्छुओं का डेरा थी।

हमारा परिवार कश्मीरी पंडितों का था और हम उसी साल कश्मीर वादी में श्रीनगर को छोड़कर आए थे। हमें वह जगह छोड़ने पर मजबूर कर दिया गया, जहाँ हमारे पुरखे हजारों वर्षों से रहते आए थे। हममें से अधिकतर जम्मू के मैदानी इलाके में बस गए थे, क्योंकि यह हमारी धरती के पास था। मैं हाल ही में चौदह का हुआ था और अपने परिवार के साथ सस्ते से होटल के छोटे और सीलन से भरे कमरे में रह रहा था।

हम कभी-कभी किसी दोस्त या रिश्तेदार से मिलने शरणार्थी कैंप जाते थे। जब मैं पहली बार गया तो याद है, पानी के नलों या शौचालयों के बाहर बारी आने का इंतजार कर रहे लोगों की मायूसी से सामना हुआ था। नए परिवार लगातार आ रहे थे और वे शिविर के घेरे के बाहर अपना तंबू मिलने की प्रतीक्षा करते। मैंने उस असहनीय गरमी में भी एक बूढ़ी महिला को मोटा फिरन पहने देखा, वह एक पोटली पर बैठी रो रही थी। उसका बेटा पास ही बैठा, जाने अपने-आप से क्या बड़बड़ा रहा था, उसके सिर पर गीला तौलिया रखा हुआ था।

एक दोपहर मैं अपने एक दोस्त से मिलने कैंप में गया। वह उस दिन स्कूल नहीं आया था, क्योंकि सुबह उसकी दादी थकान और गरमी के मारे बेहोश हो गई थी। उन्होंने ग्लूकोज का पानी पिलाया तो दादी को राहत मिली। हम दोनों एक कोने में गए और मुँडरे पर बैठकर लड़कियों की बातें करने लगे। हमें बहुत पसीना आ रहा था, पर उस कोने में हमें देखने या सुननेवाला कोई नहीं था। बस एक गाय हमें देख सकती थी, जो उस जगह आराम से घास चर रही थी। मेरे पैरों के पास चींटियों की बाँबी थी, जहाँ चींटियाँ कड़ी मेहनत करते हुए अपने खजाने को अनाज और तितली के पंखों से भर रही थीं।

अचानक खलबली-सी मच गई और मेरा दोस्त उछलकर खड़ा हो गया, "मुझे लगता है कि राहत सामग्री देनेवाले आ गए।" वह भागा तो मैं भी उसके पीछे भाग लिया। उसने बताया कि वैसी वैन रोज आती थीं और कैंप में रहनेवालों को जरूरत का सामान दिया जाता था, जैसे—मिट्टी का तेल, बिस्कुट, मिल्क पाउडर, चावल और सब्जियाँ।

जब तक हम कैंप के प्रवेश द्वार के पास पहुँचे, पहले ही टमाटरों से भरी गाड़ी के आगे लाइन बन चुकी थी। मैं भी लाइन में अपने दोस्त के पीछे खड़ा हो गया। दो

आदमी टमाटरों के ढेर के आगे खड़े थे और उनमें से एक छोटे-छोटे टमाटर बाँट रहा था। वह लगातार कह रहा था—'धीरे-धीरे'। कुछ लोग ढेर सारे टमाटर लेकर लौट रहे थे। मेरे दोस्त ने एक महिला को देखकर आँख दबाई, जिसने टमाटरों को अपनी छाती से सटा लिया था। तभी आगे से कुछ गुस्सैल स्वर सुनाई दिए। टमाटर खत्म हो रहे थे और अभी बहुत से लोग इंतजार में थे। वे हर आदमी को तीन-तीन टमाटर देने लगे। कुछ मिनटों में प्रति व्यक्ति एक-एक टमाटर दिया जाने लगा। कतार में लगे एक आदमी ने शिकायत की कि वहाँ एक ही परिवार के दो लोग कतार में थे। उनमें से एक ने कहा, "मुझे दस लोगों का पेट भरना है।" एक बूढ़ी औरत ने बीच-बचाव किया और बोली, "अब क्या इन टमाटरों के पीछे आपस में लड़ेंगे?" उसके बाद खामोशी छा गई।

जब तक हमारी बारी आई, जोकि कुछ ही मिनटों में आ गई थी, यह साफ हो गया था कि सबको टमाटर नहीं मिलनेवाले थे। गाड़ी पर खड़े एक आदमी ने कुंद सा चाकू निकाला और वे टमाटर काट-काटकर देने लगे। मुझे लगा कि मैं मतिभ्रम का शिकार हो गया था या फिर उस जगह की गरम लू मेरे दिमाग को चढ़ गई थी। मुझे श्रीनगर में अपने घर में बनी बगिया याद आई और वे सभी टमाटर याद आए, जिन्हें मैंने बरबाद किया था। मैं उन्हें पकने से पहले ही तोड़ लेता और अपने बैट से उनके छक्के उड़ाया करता था और आज किसी ने मेरे हाथ में आधा कटा टमाटर थमा दिया था। कतार में खड़े दूसरे लोगों ने भी मेरी तरह टमाटर ले लिये और अब वे अपने तंबुओं की ओर लौट रहे थे।

मैंने अपने दोस्त को देखा। कहने को कुछ नहीं था। हम अपनी उसी जगह वापस आए और वे आधे कटे टमाटर गाय के आगे डाल दिए। हम चौदह साल के हो चुके थे। मैं अकसर उस पल को याद करता हूँ। हो सकता है कि अगर हम बड़े और अपने परिवारों के लिए जिम्मेदार होते तो हम भी उन आधे टमाटरों के साथ चुपचाप वापस आते। चौदह साल की उम्र में हम यह तो जानते थे कि हम शरणार्थी थे, पर हमें इसका कोई अहसास नहीं था कि परिवार क्या होता है। और मुझे नहीं लगता कि तब तक हमें यह अहसास हुआ होगा कि हमें अब कभी अपना घर नहीं मिलेगा।

भाग-1

अक्तूबर 1996 में एक सर्द सुबह दिल्ली पहुँचा। कंधे पर लटकानेवाले झोले में दो जोड़ी कपड़ों और कई किताबों के अलावा इर्विंग स्टोन की 'लस्ट फॉर लाइफ' की घिसी हुई प्रति भी थी, जो मुझे लगभग मुँहजुबानी याद थी। मुझे जम्मू से लानेवाली बस लाल किले पर आकर रुकी और अचानक ही मैंने खुद को बहुत असुरक्षित-सा महसूस किया। ऐसा लगा, जैसे यह शहर मुझे अपने अंधकार से भरे पाताल में खींच लेगा; यह मुझे पूरी तरह से निगल जाएगा।

मैं उन हजारों प्रवासियों में से था, जो देश के हर कोने से प्रतिदिन भारत की राजधानी की दहलीज पर कदम रखते हैं। अधिकतर प्रवासियों की तरह मैं भी एक बेहतर जीवन की तलाश में दिल्ली आया था, मैं उसमें से कुछ वापस पाना चाहता था, जिसे मेरे परिवार ने कश्मीर घाटी से कूच के समय खो दिया था। परंतु अन्य प्रवासियों और मुझमें थोड़ा अंतर था। वे जानते थे कि त्योहारों, पारिवारिक उत्सवों या अपनी मृत्यु का समय निकट आने पर वे उस जगह वापस जा सकते थे, जहाँ से आए थे। मैं ऐसा नहीं कर सकता था। मुझे स्थायी निर्वासन मिल चुका था। मैं इस शहर में या दुनिया के किसी भी हिस्से में घर ले सकता था, पर कश्मीर घाटी में नहीं, जहाँ से मेरा परिवार आया था।

असुरक्षा की यह भावना जल्दी ही खत्म हो गई। कुछ दोस्त बन गए थे और मैं प्यार करने लगा था। मैं प्रेमिकाओं को अलस्सुबह तब तक चालीस-चालीस पन्नों के खत लिखता था, जब पानी की कमी से जूझ रही पंजाबी कॉलोनियों में बिजली के मोटर पंप चलाने का समय हो जाता था, उन कॉलोनियों में वे लोग रहते थे, जो विभाजन के बाद पाकिस्तान को छोड़कर भारत आए थे। मैंने अपना पहला पिज्जा खाया, पहली व्हिस्की पी। कुछ साल बाद जब मेरे माता-पिता भी जम्मू छोड़कर

मेरे पास आ गए तो मैं रात को शराब पीकर लौटता, कई बार तो आधी रात तक हो जाती। मैं अपने लिए दरवाजा खोलनेवाले पिता से अंग्रेजी में बात करता। उन्होंने इस बारे में मुझसे कभी कोई बात नहीं की, पर जब उन्हें लगा कि मेरा लहजा अजीब होता जा रहा है तो वे मेरी माँ से कहते कि मैं थोड़ा कम 'कोका-कोला' पिया करूँ। वह चरण अब पूरा हो चुका है। अब मैं इसी बात पर जोर देता हूँ कि मेरे पास अपनी चाबी रहे, पर अब भी जब घर वापस आता हूँ तो कमरे के अंदर से पिता के खाँसने की आवाज सुनाई देती है। चाहे जितना भी समय हो जाए, मेरे वापस आने तक वे सोते नहीं हैं।

अब कोई चालीस-चालीस पन्नों के खत नहीं लिखे जाते। बस उन बीतें दिनों की याद के नाम पर प्लास्टिक का एक बैग है, जिसमें ब्रेसलेट, पिछले हिस्सों पर लिपस्टिक के निशानोंवाली तसवीरें और 'लस्ट फॉर लाइफ' की पुरानी प्रति रखी है। उसमें 'डेली एक्सेलशियर' अखबार की एक प्रति रखी है, जो जम्मू में हर कश्मीरी खरीदता था, क्योंकि इसमें जानकारी होती थी कि उनके समुदाय के कौन-कौन लोग निर्वासन में मर गए। मैंने उसे कभी खोलकर भी नहीं देखा। पर कई बार, जब मैं उन टी.वी. शोज को देखकर गुस्से में आ जाता हूँ, जहाँ हत्यारे ही हमारी वापसी की बात करते हैं तो मैं उस अखबार को खोलता हूँ। उसके पहले ही पन्ने पर रवि का विकृत चेहरा दिखाई देता है। उसकी नाक से बहता खून जम गया है—उस पर कलाशनिकोफ राइफल के कुंदे से वार किया गया था। उसका माथा अब भी सुंदर और साफ दिखता है और ठीक उसी तरह उसकी मूँछें भी, जब मैं जवान था तो उसी तरह की मूँछें रखना चाहता था।

तभी वे आवाजें मेरे पास वापस लौट आती हैं। तालियों की गड़गड़ाहट। हो-हल्ले का स्वर। तेजी से लगाए जाने वाले नारे। लाउडस्पीकर की रिरियाहट। वह शोर मेरी छाती पर बजता है, जैसे किसी ड्रम पर पागलों की तरह चोट की जा रही हो। मेरा सिर चकराने लगता है और पीठ पर ठंडा पसीना रेंगता हुआ महसूस होता है।

हम क्या चाहते—आजादी!!!

एक बार मैं कुछ गैर-कश्मीरी दोस्तों के साथ था, उनमें से एक ऐसे दृश्य की नकल उतार रहा था, जो उसने 1990 की शुरुआत में कश्मीर में बनाई गई वीडियो फुटेज में देखा था—लाल चौक में भारी भीड़ चिल्ला रही थी, 'भारतीय कुत्तो, वापस जाओ!' और 'हम क्या चाहते—आजादी।" यह सुनकर वे सब हँसते। इस

तरह मुझे वे ठोकरें याद आ जाती हैं, जो मुझे अपने स्कूल में राष्ट्रीय गान गाने पर खानी पड़ती थीं। पर इस तरह की अड्डेबाजी में मेरे दोस्त केवल मौज-मस्ती के लिए आजादी के नारे लगाते। उनके लिए यह एक मजाक था—मुट्ठियाँ भींचे भीड़ का कश्मीरी लहजे में आजादी की पुकार लगाना। जब तक मैं अपने लहजे को सुधार पाता, दोस्त अच्छा-खासा मजाक बना देते।

"देखो, हमारे दोस्त को तो देखो। यह भारत में नहीं, बारत में रहता है।"

"आज रात ये अपने गर जाएगा, घर नहीं!"

मैं उनके साथ हँसते हुए मजाक करता और बदले में उनका मजाक उड़ाता, क्योंकि उनमें से कई शब्दों में नुक्ता नहीं लगा पाते थे, वही छोटा बिंदु जो जहाज को जहाज़ बना देता है।

पर यह शब्द, 'आजादी', यह मुझे भयभीत करता है। उन दिनों की यादें मुझे भयावह लगती हैं। लोग सड़कों पर थे। लोग खिड़कियों से झाँक रहे थे। लोग बसों की छतों पर, शिकारों में थे और मसजिदों में थे।

हम क्या चाहते—आजादी!!!

अब मैं राष्ट्रीय गान नहीं गाता। कुछ साल पहले, एक भिखारी बच्चे ने ट्रैफिक सिग्नल पर, मेरी कमीज पर देश का छोटा सा झंडा लगा दिया था। मैंने उसे अपने घर के पास ही कैफे के कचरे के डिब्बे में डाल दिया था।

यह वह दिन था, जब मुझे अहसास हुआ था कि अब मैं अपनी माँ की आवाज को याद नहीं कर पा रहा।

□

जब तक वे बोल सकती थीं, माँ अपने नॉर्थ स्टार स्नीकर्स पहने दिल्ली में पड़ोस के पार्क में टहलने जाती थीं। पिता उन्हें अपने पीछे चुपके से दरवाजा बंद करते देखते और जब वे चली जातीं तो वे पीछे से आवाज देते, जबकि वे जानते थे कि अब वे उन्हें सुन नहीं सकतीं।

"भगवान् के लिए, हर किसी के आगे अपने घर का किस्सा मत सुनाने लगना।"

माँ को आदत हो गई थी कि जो भी सुनने को तैयार होता, वे उसे अपने घर का किस्सा सुनाने लगतीं। उन्हें इस बात की चिंता नहीं थी कि सुननेवाले को इसकी परवाह थी या नहीं। यह मानो उनका ही एक हिस्सा हो गया था, उनके व्यक्तित्व

की पच्चीकारी में किसी कीमती पत्थर-सा गड़ा हुआ।

जब तक 2004 में उनकी आवाज गई, मैंने देखा कि वे इस वाक्य को और ज्यादा दोहराने लगी थीं। पर अब, जब मुझे उनकी आवाज तक याद नहीं, मुझे अहसास होता है कि उनके लिए यह बात कितनी मायने रखती थी। यही बात उन्हें याद दिलाती थी कि वे क्या थीं या फिर उनका कभी-कभार दर्पण में झाँक लेना, जब उन्हें कोई नहीं देख रहा होता था।

'कश्मीर में, हमारे घर में बाईस कमरे थे।'

मुझे वह दिन याद है, जब मुझे अहसास हुआ कि मुझे उनकी आवाज ही याद नहीं रही। उस दिन, मैं रोज की तरह सुबह अखबार देख रहा था। मैं एकाध रिपोर्ट पढ़ता और माँ बिकने के लिए तैयार मकानों के विज्ञापनों की ओर संकेत करतीं। बहुत सारे विज्ञापन हुआ करते थे—

'आज ही बुक करें, बाद में भुगतान करें।'

'लकड़ी की फ्लोरिंग।'

'बिजली की लगातार सप्लाई।'

'एयरपोर्ट से दस मिनट का रास्ता।'

इनमें से आखिरी माँ का पसंदीदा था। जब वे बोल सकती थीं तो जब मैं शेव करता या ब्रश करता तो वे मुझे अखबार दिखाकर कहतीं, "देखो, यह एयरपोर्ट के पास है।"

माँ ने कभी हवाई यात्रा नहीं की, पर उन्हें लगता था कि एयरपोर्ट से नजदीकी उनके बेटे के लिए अहमियत रखती है। उस दिन सुबह मैं माँ के साथ पलंग पर बैठा था और गोद में अखबार रखे थे। मैंने अपार्टमेंट के विज्ञापनों और फिर माँ को देखा। उनकी आँखें खुली थीं, पर उनमें आँसू भरे थे, जो कोरों से छलक रहे थे। उनकी नजरें छत पर थिर थीं। मेरे मन में आया कि शायद वे कुछ गिन रही थीं; शायद वे निर्वासन में बीते हमारे दिन और वर्षों का हिसाब लगा रही थीं।

पता नहीं, उस समय मुझे क्या हुआ। मैं उठा और बाहर भाग गया। मैंने याद करना चाहा कि वे हमारे सपनों के घर के विवरण देने के बाद क्या कहती थीं। मैंने अपनी ओर से पूरा जोर लगाया। मैंने याद करना चाहा कि मेरी कमीज हाथ से धोते हुए जब उन्हें मेरी जेब में सिगरेट से निकले तंबाकू के पत्ते दिखते तो वे क्या कहतीं! मैंने अपने दिमाग में उनकी आवाज को दोहराना चाहा, जब वे आधी रात को मेरे काम से लौटने या दोस्तों से मिलकर आने के बाद उठ जातीं और मुझे गरम खाना

परोसतीं। वे हमेशा जानना चाहती थीं कि मेरा दिन कैसा रहा। मुझे इनमें से कुछ भी याद नहीं आया। पूरा जोर लगाने पर भी सब जैसे शून्य हो गया था। शब्द तो थे, परंतु उनकी बनावट, सुर और लहजा कहीं खो गया था। वे मुझसे हमेशा के लिए दूर हो गए थे। मैं यह तक याद नहीं कर सका कि जब वे एक दशक से भी अधिक समय तक, अपने लिए निजी गान जैसे बन गए शब्दों को दोहराती थीं तो कैसा सुनाई देता था—'कश्मीर में, हमारे घर में बाईस कमरे थे।'

मुझे याद है कि मैंने इसी निराशा में एक कॉकरोच को अपने पैरों से कुचल दिया था, जो रेंगकर जाने की कोशिश कर रहा था।

□

हम निश्चित रूप से नहीं जानते कि हमारे पूर्वज मूल रूप से कहाँ के थे। परंतु संभावना यही है कि वे पंजाब के मैदानी इलाकों से आकर हिमालय के गोद में बसी कश्मीर घाटी में रहने लगे। यह लगभग तीन हजार साल पहले की बात रही होगी। उन्होंने कश्मीर में आने के लिए उसी मार्ग से प्रवेश किया, जिससे उनकी आगामी पीढ़ियों ने कई बार पलायन किया, जिसमें से अधिकतर धार्मिक उत्पीड़न की वजह से था।

वे लोग जिस जगह आकर बसे, वह एक झील हुआ करती थी। एक भौगोलिक घटना के कारण उस जलराशि में से वादी उभर आई थी, जो संभवतः भूकंप आने के कारण हुआ होगा। मेरे पुरखों ने इसे धीरे-धीरे अपना घर बना लिया और इस आबादी के आसपास एक किंवदंती बन गई। उनका कहना था कि उनके आने से पहले कश्मीर में जो विशाल झील थी, उस पर 'जलोद्भव' नामक राक्षस का कब्जा था। उसे यह वरदान मिला हुआ था कि वह जब तक जल के भीतर रहेगा, उसे कोई मार नहीं सकता। तभी हमारे देवताओं ने उस झील को सुखा दिया और जलोद्भव को एक पहाड़ी पर जाकर छिपना पड़ा। आखिर में, हमारी इष्ट देवी ने एक पक्षी का रूप धरा और अपनी चोंच से एक कंकड़ धरती पर गिरा दिया, वह एक बड़ी चट्टान में बदला और उस राक्षस को तुरंत वहीं मार दिया।

यह जमीन कुदरत की देन से मालामाल थी, परंतु भौगोलिक रूप से अलग-थलग थी। शायद प्रकृति की उस भव्यता का ही जादू रहा होगा, मेरे पुरखों ने ज्ञान को ही अपने लिए चुना। इस प्रकार कश्मीर ब्राह्मणों का आदिकालीन घर बना—वे जो प्रबुद्ध थे।

हमने अपना दर्शन, अपनी जीवन-शैली विकसित की। हमने संसार के अन्य हिंदू दर्शनों के विपरीत यह माना कि यह संसार वास्तविक है, दूसरे दर्शनों में इसे 'माया' कहा गया है। हमारे लिए संसार में प्रत्येक वस्तु इसी चेतना की अभिव्यक्ति थी। हमने ईश्वर की भिन्नता को नकारा। हमने ऐसा जीवन विकसित किया, जो घंटी बजानेवाले, मंत्रजाप करनेवाले लोकप्रिय धर्म से बहुत अलग था। हमारा मानना था कि संसार अनिवार्य रूप से शिव या चेतना की रचनात्मक अभिव्यक्ति थी। इस प्रकार प्रत्येक व्यक्ति शिव हो सकता था, भले ही वह किसी जाति या लिंग का क्यों न हो।

कश्मीर इतना खूबसूरत है कि मेरे दादा अकसर कहते कि देवता भी इस स्थान से ईर्ष्या रखते हैं। यह न केवल अपने सौंदर्य, बल्कि कला व विद्वत्ता में अपने सहयोग के लिए भी जाना जाता है। ऑर्थर एंथोनी मैकडोनल, ऑक्सफोर्ड विश्वविद्यालय में संस्कृत के महान् प्रोफेसर रहे, उन्होंने एक बार कहा था— "इतिहास भारतीय साहित्य में एक कमजोर कड़ी है। दरअसल इसका अस्तित्व ही नहीं है।" परंतु बारहवीं सदी के कश्मीरी पंडित विद्वान्, कल्हण ने अस्तित्व के हिंदू प्रश्न 'स्वप्न और भ्रम' को एक ओर रखते हुए, 'राजतरंगिणी' (राजाओं की सरिता) नामक महान् कृति की रचना की, जो संसार के सबसे अधिक असाधारण ऐतिहासिक कार्यों में एक गिनी जाती है।

दसवीं सदी में, महान् कश्मीरी पंडित विद्वान् अभिनवगुप्त ने पैंतीस ग्रंथों की रचना की, जिनमें कश्मीरी शैववाद पर आधारित, 'तंत्रलोक' तथा नाट्यशास्त्र पर अद्भुत भाष्य 'अभिनवभारती' भी शामिल थे। 'नाट्यशास्त्र' को भारतीय ललित कलाओं का मूल माना जाता है। ग्यारहवीं सदी के कश्मीरी पंडित कवि क्षेमेंद्र ने 'बृहत्कथामंजरी' की रचना की, जो ऐसी कहानियों का संग्रह है, जो बृहत्कथा (बड़ी कहानी) की खोई परंपरा का प्रतिनिधित्व करती हैं। एक और पंडित विद्वान् सोमदेव ने, उसी पाठ्य से प्रसिद्ध 'कथासरित्सागर' की रचना की, जिसे कथाओं की धारा का सागर भी कहा जाता है।

बारहवीं सदी के पंडित कवि बिल्हण का राजा की पुत्री से गुप्त प्रेम-प्रसंग था। जब यह पता चला तो उन्हें बंदी बना लिया गया और सिर काटने का दंड सुनाया गया। वे मृत्युदंड का समाचार पाने के बाद भी काव्य-रचना करते रहे। उन्होंने अँधेरी काल-कोठरी में भी 'चौरपंचासिका' (एक प्रेमी बंदी के पचास पदों का संग्रह) की रचना की।

कई सदियों पहले, कश्मीरी विद्वानों ने बौद्ध धर्म के लिए महती योगदान दिए,

जो सम्राट् अशोक के साथ कश्मीर में आया, जिन्होंने 250 ई.पू. में कश्मीर तक अपना शासन विस्तृत किया था। कश्मीर में ही पहली बार बौद्ध ग्रंथ संस्कृत भाषा में लिखे गए। आदरणीय भिक्षु, गुनावरमन पाँचवीं सदी के, कश्मीर के एक राजसी परिवार से संबंध रखते थे, उन्होंने राजा की मृत्यु के बाद सिंहासन को स्वीकार करने से मना कर दिया। उन्हें सांसारिक सुखों में कोई दिलचस्पी नहीं थी। वे केवल बुद्ध की देशनाओं का प्रचार करना चाहते थे। उन्होंने सीलोन, जावा और चीन की यात्राएँ करते हुए बौद्ध धर्म का प्रचार-प्रसार किया। कुमारजीव नामक बौद्ध भिक्षु के पिता कश्मीरी पंडित थे, उन्होंने 406 ई. में बौद्धों के 'लोट्स सूत्र' को चीनी भाषा में अनूदित किया। गुरु पदमसंभव अथवा रिनपोचे, जिन्हें आदरवश दूसरे बुद्ध भी कहा जाता है, उन्होंने कश्मीर में समय बिताते हुए, इसके ज्ञान के स्रोत से अमृतपान किया। एक पंडित विद्वान्, रत्नवज्ज को तिब्बत में साम-यास मठ में गोलाकार छत को पुनः बनाने का काम सौंपा गया, जो दसवीं सदी के अंत में आग से नष्ट हो गया। ग्यारहवीं सदी के आरंभ में एक पंडित विदुषी लक्ष्मी तिब्बत गईं और वहाँ 'अनुत्तरयोग तंत्र' की शिक्षा प्रदान की।

तिब्बत में, पाँचवीं सदी में एक पंडित विद्वान् को भट्ट की उपाधि से सम्मानित किया गया—जिसका अर्थ था कोई ऐसा, जो विद्वान् हो। यह नाम लंबे समय से चलता आ रहा है। बाहरी दुनिया के लिए हम कश्मीरी ब्राह्मण या पंडित थे। परंतु कश्मीर में हम 'भट्ट' शब्द से बने 'बट्ट' ही रहे।

परंतु जाने क्यों, देवता हमारे साथ शांति स्थापित नहीं कर सके। वे हम पर रोग, भूकंप, बाढ़, अकाल और अग्निकांडों के रूप में अपना रोष प्रकट करते रहे। और फिर उन्होंने हमें ऐसे शासक दिए, जो लोभ, वासना और कपट के हाथों बिके थे। और क्रूरता! चौदह सौ वर्ष पूर्व माना जाता है कि मिहिरकुल नामक शासक पीर पंजाल पर्वत श्रेणियों के बीच अपनी सेना के साथ यात्रा कर रहा था कि एक हाथी घाटी में फिसल गया। निर्दयी राजा को उस गिरते हुए हाथी का चीत्कार इतना अच्छा लगा कि उसने सौ हाथियों को जबरन खाई में धकेलने का आदेश दे दिया था।

ललितादित्य और अवंतिवर्मन के समय में कश्मीर के इतिहास में दो सुनहरे चरण रहे। ललितादित्य ने आठवीं सदी के आरंभ में कश्मीर पर लगभग चार दशक तक शासन किया। वे एक महान् प्रशासक थे और दक्षिण कश्मीर में, मार्तंड में उनके द्वारा बनवाया गया सूर्य मंदिर सबसे अधिक उल्लेखनीय है। यह आज भी हमलावरों द्वारा नष्ट किए जाने के बाद भी खड़ा है और भारत के सबसे अधिक

महत्त्वपूर्ण पुरातात्त्विक स्थलों में गिना जाता है। मंदिर के बारे में अंग्रेज खोजी फ्रांसिस यंगहस्बैंड लिखते हैं—

> यह मंदिर संसार के किसी भी भवन की तुलना में सबसे अधिक भव्य स्थल पर बना है—पार्थिनॉन, ताज या फिर सेंट पीटर्स स्थल से कहीं अधिक बेहतर। यह अपनी विशालता और शक्ति के लिए मिस्रियों से तथा गरिमा और भव्यता की तुलना में यवनों से दूसरे स्थान पर है।

अवंतिवर्मन ने 855 ई. से लगभग तीन दशक तक कश्मीर पर शासन किया। उनके शासन में कश्मीर के लोग संपन्न हुए। उन्होंने बहुत आलीशान मंदिर और बौद्ध मठों का निर्माण करवाया और ज्ञानी विद्वानों को संरक्षण प्रदान किया।

चौदहवीं सदी के बाद से कश्मीर में इसलाम का प्रवेश हुआ। आरंभ में, यह स्थानीय रिवाजों के बीच घुला-मिला और एक कड़े एकेश्वरवादी धर्म के बजाय एक नई जीवन-शैली के रूप में सामने आया। इस विलयन को ललद्यद के 'वाख' से बेहतर किसी और तरीके से नहीं दिखाया जा सकता, वे कश्मीर की आदरणीया कवयित्री-संत रही है—

शिव छुय थालि-थालि रोजान
मो जान ह्योंद ते मुसलमान

ईश्वर हर कण और हर जीव में बसता है।
एक हिंदू और मुसलमान के बीच भेद मत करो।

परंतु सदी के अंत तक, एक कट्टर शासक सुलतान सिकंदर ने कश्मीर की बागडोर सँभाली और हिंदू प्रजा में आतंक फैलाते हुए अत्याचार करने लगा। उसने एक बार मार्तंड मंदिर को भी नष्ट करना चाहा, परंतु असफल रहा। उसने हिंदुओं पर कर लगा दिए और उन्हें अपने धर्म के अनुसार चलने के लिए मना किया जाने लगा। उसकी क्रूरता इतनी अधिक थी कि उसे 'बुतशिकन' कहा जाने लगा, यानी मूर्तियों का भंजक। उसके और उसके मंत्रियों के हाथ जितने भी हिंदू ग्रंथ आए, उसने सबको नष्ट कर दिया। उसके लिए कहा जाता है कि उसने इतनी भारी संख्या में पंडितों के वध किए कि उन पंडितों की देह से उतरे सात मन वजन के पवित्र जनेऊ आग के हवाले किए गए।

सिकंदर के शासन में असहाय पंडितों के मुख से चीत्कार सुनाई दिया, जो अपने प्राणों की रक्षा चाहते थे—'ना भट्टो अहम्, ना भट्टो अहम्!' (मैं पंडित नहीं हूँ, मैं पंडित नहीं हूँ!)

सिकंदर के शासन में, अनेक इसलामिक विद्वान् वादी में आ बसे; अनेक मसजिदों का निर्माण हुआ और कश्मीर में इसलाम का प्रभाव प्रबल होने लगा। सिकंदर के बाद उसके बेटे अली शाह ने गद्दी सँभाली।

उसके बाद उसका भाई जैन-उल-अबीदीन 1420 ई. में आया; वह एक सहिष्णु शासक था। किंवदंती के अनुसार उसके शासन काल में, वादी में केवल ग्यारह पंडित परिवार शेष थे, उनमें से अधिकतर पलायन कर चुके थे अथवा उनका धर्मांतरण हो चुका था। इतिहासकार श्रीवर, जैन-उल-अबीदीन के दरबार का पंडित और संगीतज्ञ, उसने शासन का वर्णन करते हुए कहा है—'सहरा में कड़कती गरमी के बाद मानो चंदन का शीतल लेप'। राजवैद्य पंडित श्री भट्ट के आग्रह पर राजा ने पंडितों पर लगी धार्मिक पाबंदियाँ आंशिक रूप से हटा दीं। यह माना जाता है कि राजा एक ऐसे रहस्यमयी रोग से ग्रस्त था, जिसका इलाज कोई नहीं कर सका, अंतत: श्री भट्ट ने उसका इलाज किया। जब राजा ठीक हो गया तो उसने राजवैद्य से मनचाहा माँगने को कहा। श्री भट्ट ने कहा कि पंडितों पर लगी सारी पाबंदियों को हटा दिया जाए और राजा सहर्ष मान गया। उसने उन पंडितों को भी वापस आने का न्योता दिया, जो सिकंदर के जुल्म से घबराकर वादी से पलायन कर चुके थे। उनमें से अनेक वापस आ गए। उसने कई पंडितों को अपने प्रशासन में स्थान दिया।

पंद्रहवीं सदी के अंत तक, दार्दिक मूल के चक शासन में आए। वे इसलाम के शिया संप्रदाय से थे और पंडितों व सुन्नी संप्रदाय से संबंध रखनेवाले मुसलमानों, दोनों के लिए ही बैर-भाव रखते थे। 1589 में कश्मीर पर मुगलों का शासन हो गया। उसी वर्ष मुगल सम्राट् अकबर कश्मीर आए। 1598 में उनकी तीसरी कश्मीर यात्रा के दौरान फादर जीरोम जेवियर और बीनॉयस्ट डि गोइस ने वादी में पहली बार कदम रखे।

अकबर के बाद जहाँगीर का शासन हुआ, जिसने कश्मीर की प्राकृतिक सुंदरता से मंत्रमुग्ध होकर इस जगह अनेक बाग बनवाए। 1627 में उसकी मृत्यु के समय, जब जहाँगीर से उसकी इच्छा पूछी गई तो उसका कहना था—'बस कश्मीर, और कुछ नहीं।'

औरंगजेब का शासनकाल 1658 से लेकर लगभग उनचास वर्ष रहा, उसके दौरान ऐसे अनेक चरण आए, जिनमें पंडितों पर अत्याचार हुए। उसके चौदह गवर्नरों में से एक, इफ्तिखार खाँ, जिसने 1671 से चार वर्ष तक शासन किया, वह पंडितों के लिए बहुत ही निर्दयी रहा। उसके शासनकाल में ही पंडितों ने पंजाब में नवें सिख गुरु

तेग बहादुरजी से भेंट की और उसने धर्म को बचाने का आग्रह किया। उन्होंने पंडितों से कहा कि वे कश्मीर वापस जाकर मुगल शासकों से कहें कि यदि वे गुरु तेग बहादुर का धर्म-परिवर्तन कर सके तो सभी कश्मीरी पंडित भी इसलाम को स्वीकार लेंगे। इसके बाद गुरुजी की शहीदी हुई, परंतु पंडितों की रक्षा संभव हो सकी।

1752 के बाद से, वादी अफगानी शासकों के हाथों, लगभग सात दशकों तक गहरे दुर्भाग्य की खाई में जा पड़ी। वाल्टर आर. लॉरेंस अपनी किताब 'द वैली ऑफ कश्मीर' में लिखते हैं, असद खान नामक एक अफगानी गवर्नर था—

> वह अकसर पंडितों को दो-दो कर, घास से बँधवाकर, डल झील में डुबो देता। दिल बहलाव के लिए उनके सिर पर मल से भरा घड़ा रखा जाता और मुसलमान उस पर तब तक पत्थर से निशाना लगाते, जब तक वह टूट न जाता और बदकिस्मत हिंदू मल के कारण अंधे हो जाते।

लॉरेंस लिखते हैं, एक और गवर्नर, अता मुहम्मद खान के शासन के दौरान—

> कोई भी मुसलमान, किसी पंडित को देखते ही उसकी पीठ पर लद जाता और सवारी करता।

इस उथल-पुथल से भरे समय में भारी संख्या में धर्मांतरण हुए। अफगान शासक नंगी तलवारों के साथ पंडितों के समूह को घेर लेते और उन्हें धर्म-परिवर्तन करने के लिए धमकाया जाता। जो लोग नहीं मानते थे, उन्हें तत्काल मौत के घाट उतार दिया जाता। शेष पंडितों के लिए, एक बछड़ा जिबह होता, उन्हें उसका मांस खिलाकर, जनेऊ देह से नोच लिया जाता।

इन्हीं संकटों के चलते पंडितों को वादी से पलायन करना पड़ा। कई लोगों को दिल्ली, लखनऊ, लाहौर और इलाहाबाद तथा अन्य स्थानों पर शरण लेनी पड़ी। ऐसे ही परिवारों में से एक ने भारत को उसका पहला प्रधानमंत्री, जवाहरलाल नेहरू दिया।

अफगान शासन के बाद, वादी का शासन 1819 में सिख शासकों के हाथ आ गया और डोगरा शासन रहा, जिसने इसे अंग्रेज उपनिवेशवादियों को पचहत्तर लाख रुपए, एक घोड़े, बारह बकरियों और तीन पश्मीना दुशाले देकर खरीदा था। डोगरा शासक पंडितों से स्नेह रखते थे, परंतु उन्होंने मुसलमान प्रजा के साथ अच्छा व्यवहार नहीं किया। कई मुसलमानों को बेगार काम करने पर विवश किया गया। डोगरा शासकों के लिए चारों ओर आक्रोश और असंतोष का माहौल था।

यह गुस्सा भी पंडितों के खिलाफ हिंसा में बदल गया।

1931 में, जब एक मुसलमान कसाई ने कश्मीर की जेल के बाद डोगरा

महाराज के लिए अपना गुस्सा जाहिर किया तो उसके इस कदम ने दंगों का रूप ले लिया। श्रीनगर में भीड़ का पूरा रेला उमड़ आया; उन्होंने महाराजगंज के संपन्न इलाके में हिंदुओं की दुकानें जला दीं। आजादी का यह जुलूस आगे बढ़ा तो यह भीड़, महाराजगंज से नौ किलोमीटर की दूरी पर विचार नाग इलाके में चली गई और हिंदुओं को बेरहमी से पीटा। उनमें से कुछ मारे भी गए।

1947 में, जब सारा देश विभाजन की हिंसा के बीच था, महात्मा गांधी को केवल कश्मीर में आशा की किरण दिखी। परंतु उन्हें वह किरण केवल श्रीनगर में दिखाई दी। पाकिस्तान की सीमा से लगते शहरों—मुजफ्फराबाद, बारामूला, कुपवाड़ा—में पंडितों को कष्टों का सामना करना पड़ा। अंतिम डोगरा शासक, हरि सिंह यथासंभव आजाद रहना चाहते थे, इसलिए वे भारत या पाकिस्तान; दोनों में से किसी एक से भी हाथ मिलाने को तैयार नहीं थे। अक्तूबर 1947, पाकिस्तान ने, पाकिस्तान सेना के सहयोग से, उत्तर-पश्चिम फ्रंटियर प्रांत की ओर से कबायली हमलावर भेजे, ताकि कश्मीर पर कब्जा किया जा सके।

कई जगहों पर उन्हें कश्मीर के मुसलमानों का भी साथ मिला। परंतु आखिरी क्षण में, जब वादी, हमलावरों के हाथ जाने ही वाली थी, महाराजा हरि सिंह ने भारत का हिस्सा बनने के लिए औपचारिक काररवाई पूरी कर ली। श्रीनगर में भारतीय सेना आ गई और कबायली हमलावरों को धकेल दिया गया।

1948 में, कश्मीरी राजनीतिक नेता, शेख मुहम्मद अब्दुल्ला, जो कश्मीर में डोगरा शासन के सशक्त प्रतिपक्षी थे, उन्होंने जवाहरलाल नेहरू के साथ खड़े होकर देश के लिए अपनी निष्ठा प्रकट करते हुए फारसी में कहा—

मन तू शुदी,
तू मन ता शुदी,
तस न गोयद,
मन देगराम तू देगरी

मैं तुम हो गया और तुम मैं हो गए, अब कोई हमें जुदा नहीं समझ सकता।

परंतु यह मिलनसारिता लंबे समय तक नहीं चली। शेख अब्दुल्ला और नेहरू के संबंधों में खटास आ गई और कश्मीर व भारत के संबंध वहीं-के-वहीं रहे। बाद में, शेख अब्दुल्ला यह भी भूल गए कि डोगरा महाराज के खिलाफ आवाज उठाने में कश्मीरी पंडितों ने कितनी सक्रिय भूमिका निभाई थी, उन्होंने पंडितों के लिए भी कटुता दिखानी आरंभ कर दी; यह वही पंडित बिरादरी थी, जिससे उनके

पुरखे इसलाम ग्रहण करने से पहले संबंध रखते थे। उन्होंने पंडितों से कहा, 'रलिव, चलिव, या गलिव'। (हमारे जैसे बन जाओ, भागो या फिर मारे जाओ।)

□

श्रीनगर, अस्सी के दशक का आरंभ

देद्दा को लगता था कि चार्ली चैप्लिन अंग्रेजों का कोई देवता था। उसने अपने कमरे की दीवार पर उसका पोस्टर लगवा रखा था और मैंने कई बार उन्हें उसे मनोयोग से ताकते देखा था, वे दूसरे हाथ से अपनी मलमल की साड़ी का छोर थामे रखतीं। कई बार जब परिवार में किसी से कहासुनी होती तो उसके बाद वे उस पोस्टर के सामने खड़े होकर कुछ बुदबुदातीं—शिकायत करती थीं या प्रार्थना, यह मुझे नहीं पता।

देद्दा मेरी नानी थीं। वे अपने बेटे के परिवार के साथ उसके घर में रहती थीं और हमारे घरों के बीच लकड़ी की छोटी सी बाड़ का फासला था। दोनों ही घरों के बीच हमारी रसोई की बगिया बनी हुई थी। और लगता है कि हमारे और मामा के घर में एक तरह की प्रतियोगिता चलती थी। पर कुल मिलाकर हिसाब बराबर ही रहता था। हमारी बगिया में बैंगन, हाक, मिर्चें, मूली, कद्दू, घिया, मक्का, खीरा, गाँठ गोभी और पहाड़ी पुदीना लगे हुए थे। बाग में फलों के पेड़ भी थे—हमारे घर में सेब का पेड़ था और उनके घर खुबानी लगी हुई थी। जब मैं छोटा था तो दूसरे फलों के पेड़ भी थे, पर परिवार में किसी की शादी के समय टेंट लगाने के लिए उन्हें कटवाना पड़ा। हमारे पेड़ पर खट्टे सेब आते थे और मुझे याद है, देद्दा किसी दोपहर एक-दो सेब तोड़तीं और उन्हें जेबी चाकू से काटकर, नमक लगाकर चटखारे लेते हुए खातीं। इससे उन्हें बहुत आनंद आता होगा और मुझे लगता है कि उनके लिए यह किसी पाप से कम नहीं होता होगा—उनके मुँह में सेबों का खट्टा रस इंद्रियों में सनसनी भर देता होगा और वे हौले से अपने गाल खुजाने लगतीं।

देद्दा सुबह उठते ही चूल्हा जला देती थीं। जब तक वे बूढ़ी नहीं हुईं और बहू ने घर नहीं सँभाला, वे हमेशा मिट्टी के बरतनों में खाना पकाती आई थीं। बहू अपने साथ स्टील और अल्युमीनियम के बरतन लाई। देद्दा ललद्यद के वाख बोलते हुए, बटलोई में लकड़ी की कड़छुल चलातीं। हर चीज में जादूगरी थी उनके पास, पर उनकी फलियों और सूखे शलग़म, सूखे घिया और बैंगनों का स्वाद नहीं भूलता।

अकसर मेरे टाठ्या, नानाजी घर में बिना बताए मेहमानों को ले आते और

फिर दोपहर के भोजन पर रोक लेते। फिर टाठ्या को लगता कि कहीं घर में खाना कम न हो, वे कनखियों से देद्दा को देखते। वे हमेशा मुसकराकर उत्तर देतीं। वे किसी को अपने बरतनों में झाँकने नहीं देती थीं। चाहे कितने भी मेहमान क्यों न हों, उनका खाना सबका पेट भरे बिना खत्म न होता। सभी स्वादिष्ट भोजन से पेट भरकर जाते। वे कहते—'शोभा के बरतनों में बरकत है।'

मेरे पिता ने माँ के कहने पर ही मामा के घर के साथ घर बनवाया था। उनका परिवार 1947 के कबायली हमलों में, उत्तर कश्मीर गें बारामूला चला गया था। माँ बहुत छोटी थीं और उनका दस वर्षीय भाई उन्हें कंधों पर बिठाकर, मीलोमील सुरक्षित ले गया था।

घर को बनाने में पिताजी का सारा प्रोविडेंट फंड लग गया; माँ के बचे-खुचे गहने भी नहीं रहे। पिताजी अकसर बात करते कि जब उन्होंने पहले चरण में घर के निर्माण का काम शुरू किया तो उनकी जेब में छत्तीस सौ रुपए थे। घर का दूसरा हिस्सा उनके दो भाइयों ने बनवाया था। इस तरह उस एक घर में ही हमारे तीन घर थे। यह घर श्रीनगर के नए बाहरी इलाके में बना था।

जब माँ-पिताजी नए घर में आए तो उसके एक वर्ष बाद मेरा जन्म हुआ। तब हमारे पड़ोस में बहुत कम घर थे और हमारे घर के आसपास चहारदीवारी भी नहीं थी। हमारे घर के आसपास गड़रिए अपने रेवड़ चराने ले आते। हमारे घर में तब एक ही बार चोरी हुई थी। चोर बरामदे से पिताजी की पुरानी चप्पलें और एक बल्ब चुराकर ले गया था। वहीं रबड़ की नई चप्पलें भी रखी थीं, पर उसने हमारा खयाल करते हुए उन्हें हाथ भी नहीं लगाया। जब मैं बड़ा हुआ तो धीरे-धीरे घर भी बनने लगा। घर के आसपास दीवार बनी, बरामदे में खंभे लगे। गलियारे में लाल सीमेंट किया गया। अलमारियों का काम करवाया गया। हमने एक ब्लैक एंड व्हाइट टी.वी. भी ले लिया था, जो चालू होने में थोड़ी देर लगाता था। उन दिनों, हमें रविवार शाम को दूरदर्शन पर आनेवाली फिल्मों के लिए बड़ी बेताबी हुआ करती थी। धीरे-धीरे दूसरे परिवार भी मोहल्ले में आने लगे।

1947 में बारामूला से बचने के बाद मेरे ननिहाल परिवार के अधिकतर लोग फिर से हब्बा कदल में जाकर बस गए। यह श्रीनगर का पुराना मोहल्ला है, जिसका नाम सोलहवीं सदी की कवयित्री हब्बा खातून के नाम पर रखा गया था। उन्होंने प्रेम और विरह के बहुत ही सुंदर पद रचे हैं। मेरे पिता का परिवार कश्मीर के एक गाँव से था। दादाजी संस्कृत के विद्वान् थे और आजीविका के लिए ज्योतिष विद्या का

सहारा था। उन्होंने बड़े कष्टों से अपने परिवार का पालन-पोषण किया। पचास के दशक में अन्न के भारी संकट के बीच उन्होंने एक बोरी चावल को लुटेरों से बचाने के लिए बिच्छू घास से भरे गड्ढे में छलाँग लगा दी थी। उसके बाद कई दिनों तक शरीर पर मुलतानी मिट्टी का लेप करना पड़ा, ताकि उन्हें कुछ राहत मिल सके। हर सुबह, कड़कती सर्दियों में भी, वे भोर वेला में उठकर हमारी इष्ट देवी के दर्शन करने जाते और 'दुर्गासप्तशती' का पाठ करते।

मेरे दादाजी के घर में हर काम हिंदू रीति-रिवाज के अनुसार होता था। सुबह-सुबह दादी रसोई में दीवारों पर गोबर-पीली मिट्टी का लेप लगाकर उसे शुद्ध करतीं। रसोई में प्याज-लहसुन मना था। अकसर दादाजी घर में साधुओं को न्योता देते और पूरे भारत से, क्षीर भवानी के दर्शनों को आए साधु भी उनके घर में जीमते। उनमें से कुछ के पास तो अद्भुत यौगिक शक्तियाँ थीं—एक योगी महाराज के लिए कहते हैं कि वे अपनी सारी आँतें बाहर निकालकर साफ करते और उन्हें फिर से पेट में डाल देते।

दादाजी बंगाल से आनेवाले एक साधु को बहुत मानते थे, जो गरमी में वादी में आते थे। वे कुशा के आसन पर बैठते, बहुत कम बोलते थे और बिना चीनी के एक गिलास दूध ही पीते थे। मुझे थोड़ा-थोड़ा याद है, उन्होंने मुझसे भी बात की थी। एक बार गरमी के मौसम में वे नहीं आए और फिर हमने उन्हें कभी नहीं देखा।

दादी और दादाजी का विवाह तेरह वर्ष की आयु में हुआ। वे चेहरे पर भीनी सी मुसकान के साथ उन दिनों को याद करती थीं। वे याद करती थीं कि उनके ससुर विधुर थे और अफीम के नशे में आकर गुस्सैल हो गए थे। वे अकसर देर रात घर आते और कहते कि चावल के साथ सूखी मछली का तीखा शोरबा बनाकर दिया जाए।

पिताजी के गाँव में बहुत सारा सामान आपसी लेन-देन में ही दिया जाता। परिवार में धान उगता था और कुछ गौएँ भी रखी हुई थीं। अकसर मछुआरे घर के पास से निकलनेवाली छोटी सी नदी में शिकारे लेकर उतरते और वे चावल के बदले में मछली दे देते। गाँव में भोजन का प्रबंध करना मुश्किल नहीं था। परंतु शहरों में यह बहुत मुश्किल था। स्कूल की पढ़ाई पूरी करने के बाद पिताजी को श्रीनगर में अपनी बुआ के घर रहना पड़ा, ताकि वे कॉलेज जा सकें। अकसर वे कहते, वे नानभाई से तेलवरू (कश्मीरी नान) खरीदते और उसे पानी से भिगोकर दोपहर में खा लेते।

उन दिनों, बोर्ड की परीक्षा का नतीजा रेडियो पर आता था। जिस दिन, उनका हायर सेकेंडरी परीक्षा का परिणाम आना था, वे रेडियो से चिपककर बैठ गए। परंतु रेडियो पर उनका नाम नहीं बोला गया। पिताजी मायूस हो गए। उन्हें लगा कि वे फेल हो गए हैं, पर फिर पता लगा कि ऐसा किसी भूल के कारण हुआ, वे फेल नहीं हुए थे। उसके बाद, अपने पिताजी के कहने से मेरे पिताजी सरकारी नौकरी में लगे और सिंचाई विभाग में काम करने लगे।

उसी शहर में मेरे माता-पिता की भेंट हुई और फिर उनका विवाह हुआ। उस समय वादी में तनाव पसरा हुआ था। एक पंडित लड़की और मुसलमान लड़के की शादी के प्रसंग पर दंगे हो गए थे। पंडितों ने भी आवेश में आकर आंदोलन कर दिया था। जिस दिन माँ-पिताजी का विवाह था, उस दिन वादी के कुछ हिस्सों में कर्फ्यू लगाया गया था।

विवाह के बाद पति-पत्नी ताँगे में पिताजी के गाँव पहुँचे। बारिश हो चुकी थी और हर जगह कीचड़-ही-कीचड़ था। रास्ते में फूस बिछाया गया, ताकि शहर से आई बहू की चप्पलों पर कीचड़ न लग जाए। कई वर्षों तक माँ पिताजी को उस शाम के लिए चिढ़ाती रही थीं।

माँ बहुत मेहनती थीं। वे अकसर शून्य से भी कम तापमान में सड़क के किनारे बने नल के नीचे जूठे बरतन धोने ले जाती थीं। शादी से पहले उनका परिवार हब्बा कदल में रहता था, वहाँ वे ऐसा ही करती थीं। वे अकसर अपने भाई के डकबैक गमबूट पहनकर टीन की छत पर जमी बर्फ हटाने चली जाती थीं, ताकि बर्फ के भार से टीन न टूट जाए—यह काम निडर बंदे के ही वश का था। अपने मेहनती स्वभाव के चलते, उन्होंने अपनी पढ़ाई पूरी करते ही काम करना चालू कर दिया था, उन्होंने केवल गृहिणी बनकर रहना स्वीकार नहीं किया। वे राज्य के स्वास्थ्य विभाग में काम करती थीं।

जब मैं छोटा था तो मुझे याद है, वे अकसर फूलों के नमूनेवाला लाल स्वेटर पहनती थीं। मुझे बहुत बाद में पता चला कि वह स्वेटर उन्हें पिताजी ने अमृतसर से अपने कजिन के हाथों मँगवाकर दिया था। कई वर्षों तक मुझे लगता है, एक आम कश्मीरी के लिए भारत की छवि केवल पंजाब तक सीमित थी—अमृतसर से लुधियाना। कश्मीरी दिल्ली, बंबई, कलकत्ता भी जाते, पर उनके लिए कोई भी गैर-कश्मीरी पंजाबी ही था।

मेरे माता-पिता विवाह के कई वर्ष बाद तक सुदूर गाँवों में काम करते

रहे। उनमें से कुछ लोग इतने मासूम थे कि उनमें से कुछ का मानना था कि हिंदू नेशनलिस्ट पार्टी, जनसंघ एक राक्षस था, जो किसी को भी खेत में अकेला देखकर दबोच सकता था। कई बार वे शहर जाकर पैलेडियम सिनेमा में फिल्म देखते। रफी और मुकेश के रूहानी गीतों से सजी पुरानी फिल्में। माँ को 'आवारा' फिल्म का वह गीत बहुत पसंद था, जहाँ नरगिस चाँद से कहती है कि वह पल भर को उस ओर मुँह कर ले, ताकि वह राजकपूर को प्यार कर सके। वे अकसर घर में अकेले यह गीत गुनगुनाती थीं।

जब मेरा जन्म हुआ, तब कुछ इलाकों में डबल डेकर बस चलने लगी थी और मुझे याद है, लाल चौक से हमारे इलाके तक आने के पच्चीस पैसे लगा करते थे। मेरी बहन का जन्म मुझसे छह साल पहले हुआ। श्रीनगर का घंटाघर आरंभ से ही मुझे बाबा आदम के जमाने का लगता रहा है, जो कभी समय सही नहीं बताता था। यह शहर के बीच किसी बूढ़े पितामह-सा खड़ा है। उसी घंटाघर के पास नेहरू और शेख अब्दुल्ला एक मेज पर खड़े हुए थे और कश्मीर और इसके लोगों के लिए भारत की वचनबद्धता के बारे में बात की थी।

मुझे याद है, अस्सी के दशक के आरंभ में हम श्रीनगर के पास पहाड़ी पर स्थित शंकराचार्य मंदिर जाया करते थे। इस मंदिर का नाम हिंदू दार्शनिक-संत आदि शंकराचार्य के नाम पर पड़ा, माना जाता है कि वे नवीं सदी में इस मंदिर में आए। हम हरी पर्वत किले में स्थित कश्मीर की संरक्षिका देवी शारिका के दर्शन करने भी जाते थे। बसंत पंचमी के दिन हम श्रीनगर के रामचंद्र मंदिर में सारा दिन बिताकर आते।

मेरी मौसी छावनी के पास ही रहती थीं और मौसा फिल्मों के दीवाने थे। कुछ फिल्मी सितारों को देखने के लोभ में अंकल मुझे साइकिल पर बिठाकर ले जाते और हम ओबेराय होटल के आसपास चक्कर लगाते, जहाँ अधिकतर फिल्मी सितारे ठहरते थे। वे फिल्मों के इतने दीवाने थे कि सारी-सारी रात टी.वी. के आगे बैठते और आवाज कम करके, पनामा सिगरेट के कश-पर-कश लगाते हुए, पासवाली दीवार पर कास्ट के नाम नोट करते। मैं हैरान हो जाता था, उन्हें सारी पुरानी फिल्मी अभिनेत्रियों के नाम याद रहते थे—निम्मी, सुरैया, गीता बाली, बीना रानी, नलिनी जयवंत। उन दिनों टी.वी. पर तबस्सुम बालों में गुलाब लगाए आती थीं और फिल्मों पर आधारित कार्यक्रम की मेजबानी करतीं। मुझे याद है, उनके शो में हेमंत कुमार आए थे। बाएँ कंधे पर कायदे से शॉल रखा था और अपना सिर दाहिनी ओर झुकाते

हुए एक के बाद एक दिलकश गीत सुनाते चले गए थे। हमारी उन सैरों और रविवार शाम की टी.वी. पर आनेवाली फिल्म के अलावा, अपने दादा-दादी से सुनी कहानियाँ ही दिल-बहलाव का साधन थीं और फिर पारिवारिक बैठक और त्योहार।

हम शिव के अनुयायी यानी शैव हैं—और शिवरात्रि हमारा सबसे बड़ा त्योहार है, जो लगभग एक सप्ताह तक मनाया जाता। यह कड़ी सर्दियों में फरवरी या मार्च माह में पड़ता था। एक महीना पहले ही तैयारियाँ होने लगतीं। सारे घर की सफाई के साथ कोठार को फिर से भरा जाता। त्योहार से दो दिन पहले, मैं और पिताजी हब्बा कदल में कांत जू से पूजा का सामान खरीदने जाते। दुकानदार के मुँह में दाँत नहीं थे और दुकान भी उसकी तरह पुरानी और रहस्यमयी दिखती थी। उसके बाद हम मुसलमान कुम्हार से मिट्टी के बरतन लेते और अनुष्ठान के लिए शिवलिंग लिये जाते। फिर हम उस पुल की ओर जाते, जो झेलम पर बने आठ पुलों में से एक था—हम मछुआरों से मोल-तोलकर मछली खरीदते।

जब हम घर आते तो मेरा हाथ पिताजी के हाथ में रहता और मेरे हाथ में भुने हुए सिंघाड़े का थैला होता। पिताजी रसोई की बगिया के पास बने नल पर मछली साफ करते और जब वे उसके टुकड़े करते तो मैं मंत्रमुग्ध होकर यह सब देखता रहता। हम बच्चे मछली के निकाले गए हिस्से फेंकने का इंतजार करते। जब हम उन पर कूदते तो उससे आवाज आती थी। फिर मैं पिताजी के साथ मालाएँ बनवाता और सूखी घास से शिव और उनकी पत्नी पार्वती के लिए सिंहासन तैयार होते।

त्योहार की शाम, रसोई का एक हिस्सा साफ किया जाता, ताकि विवाह का रीति-रिवाज हो सके। पार्वती को सबसे प्रमुख स्थान दिया जाता, जो मिट्टी के एक घड़े के रूप में होता था। उसे पानी से भरा जाता और चुने हुए अखरोट और मीठे कंद डाले जाते। इसे गेंदे के फूलों और बेलपत्रों से सजाकर, मक्खन में मिले सिंदूर और सिल्वर फॉयल से सुंदर रूप दिया जाता। यह अनुष्ठान आधी रात तक चलता। हम बचपन में विवाह की रस्म पूरा होने तक जागने की कोशिश करते। अगले दिन; मांस, मछली और कई तरह की सब्जियों के व्यंजन तैयार होते और बच्चों को मनचाही चीजें खरीदने के लिए पैसे दिए जाते। दिन में मर्द लोग ताश से जुआ खेलते और बच्चे कौड़ियों से झुप-ताख खेलते। यह खेल उर्वरता का प्रतीक था और बहुत लंबे समय से चला आ रहा था। पहले जमाने में धार्मिक अत्याचारों और नवजातों की मृत्युदर अधिक होने के कारण आबादी बहुत कम हो गई थी। कौड़ियाँ, बंबई का एक पंडित परिवार अपने साथ लाया था, जो कई सौ साल

पहले जम्मू के बाजालता में बस गया था। वहीं से खच्चरों पर लादकर वादी में ये कौड़ियाँ लाई जातीं।

त्योहार की आखिरी शाम वर और वधू को विदाई दी जाती। उन्हें नदी पर ले जाकर विसर्जित कर देते। यह रिवाज भी था कि विसर्जन के बाद घर लौटनेवाला दल, दरवाजे पर खटखट करता। परिवार का कोई सदस्य भीतर से पूछता कि बाहर कौन आया है? बाहरवाले दल का कोई व्यक्ति जवाब देता, 'मैं अपने साथ अन्न, धन, संपन्नता और खुशहाली लाया हूँ।' तब दरवाजा खोलकर सबको भीतर बुलाया जाता। फिर दूध और चीनी मिलाकर मटके से निकले अखरोटों को चावल के आटे से बनी रोटी से खाते थे, जिन्हें धीमी आँच पर पकाया जाता था।

कई बार शिवरात्रि के दिन बर्फ पड़ती और हम अपने बाग में स्नोमैन बनाते। हम अपने भगवानों और त्योहारों में अखंड आस्था रखते थे। कश्मीर में अफगान शासन के दौरान, गवर्नर जब्बार खान ने सुना कि शिवरात्रिवाले दिन बर्फ जरूर गिरती है, उसने आदेश दिया कि यह त्योहार जून-जुलाई में मनाया जाए। पर यहाँ तक कि उस रात को भी अचानक ही बर्फ के रोएँ गिरे और उस दुष्ट की जुबान पर ताला लग गया।

□

'विद्यां देहि सरस्वती¨।' हे विद्या की देवी! मुझे ज्ञान प्रदान करें। हमारे बाग में खड़ा सेब का पेड़ ऐसा लगता था, मानो कोई तपस्वी तपस्या कर रहा हो। दादाजी के साथ इस मंत्र का जाप करता था। उन्होंने मुझे बताया था कि जब मैं छोटा था तो उन्होंने कैसे लकड़ी की कलम को शहद में डुबोकर मेरी जीभ पर एक वर्ण लिखा था, जो आजीवन मेरे जीवन को दिशा देनेवाला था—ओम्। यह सभी रहस्यों की कुंजी है। उनका कहना था कि यह मुझ पर होनेवाले किसी भी विषैले प्रभाव को निरस्त करेगा। वह मुझे आवारा कुत्तों और 'राहचोक' के भूतिया प्रकाश से बचाकर रखेगा—जब पूरी धरती बर्फ से ढकी थी तो यही प्रेत था, जो सिर पर आग का कटोरा लिये निकलता और लोगों को दुर्भाग्य की ओर गुमराह करता था। इस मंत्र के जाप से मेरा मन दूषित विचारों से मुक्त होगा और यह हर तरह के बुरे हालात से बचाकर रखेगा, भले ही वह किसी भी आकार या रूप में मेरे सामने क्यों न हो, ऐसी घटना थी।

हमारे घर का एक कमरा ज्ञान के लिए समर्पित था। उसमें लकड़ी की

अलमारियों में एक के बाद एक किताबों की कतारें थीं और उनमें से कुछ पर भूरे रंग का कागज लगा था। 'द कंप्लीट वर्क्स ऑफ स्वामी विवेकानंद', 'अरेबियन नाइट्स', कल्हण की 'राजतरंगिणी', गांधी की 'द स्टोरी ऑफ माई एक्सपेरीमेंट्स विद ट्रुथ', टैगोर की 'गीतांजलि', फणीश्वर नाथ रेणु की 'जलूस'। प्रेमचंद और सआदत हसन मंटो की कहानियों के संग्रह। इन्हें बसंत में एक दिन बाहर निकाला जाता और हम इनकी पूजा करते। एक रात पहले, माँ एक काँसे की थाली में चावल भरतीं और उस पर पेन, देवी की मूर्ति, एक छोटे कटोरे में थोड़ा दूध और थोड़े नरगिस के फूल रखे जाते। अगली सुबह, हमें उठते ही वह सब देखना होता था, हम प्रार्थना करते कि हम ज्ञान के सागर से अपने लिए कुछ बूँदें ग्रहण कर सकें। 'विद्यां देहि सरस्वती!'

इन सभी पुराने रीति-रिवाजों के अलावा हमारे लिए एक ऐसा नियम भी था, जो हमारे जीवन को दिशा देता था। आप कह सकते हैं कि उसकी नैतिक शिक्षा को जानकर अनकहा रखा गया था, मेरा तो यही मानना है। यह अर्थ इतना स्पष्ट था कि शायद कोई मूर्ख ही इससे अनजान रह सकता था। यह प्रसंग कुछ इस तरह था—दो लड़कों के बीच श्रीनगर में कहीं झड़प हो गई। देखते-ही-देखते वे दोनों सड़क पर लड़ते हुए गुत्थमगुत्था हो गए। एक लड़का दूसरे पर हावी हो गया था। जब वह दूसरे लड़के को दबाकर बैठा था तो अचानक उसका जनेऊ दिख गया, जिससे पता चला कि वह पंडित था।

"हद हो गई, अबे तू पंडित है!" जो लड़का नीचे था, वह जोर से चिल्लाया और देखते-ही-देखते पासा पलट गया। अब बाजी उसके हाथ में थी, जो पहले नीचे दबा हुआ था। जब उसे यह पता चला कि उसका प्रतिपक्षी एक पंडित था तो उसके भीतर बल आ गया। किसी से भी यह उम्मीद नहीं की जाती थी कि वह कश्मीरी पंडित के हाथों हार जाएगा।

यह कोई नहीं जानता था कि यह लड़ाई कौन से जमाने में हुई होगी। मैंने यह कहानी कई बार अपने दादा की पीढ़ी के लोगों और फिर बाद में पिता की पीढ़ी के लोगों से सुनी थी। शायद यह प्रसंग पीढ़ी-दर-पीढ़ी इसी तरह चलता आया होगा।

मैंने बचपन में तो इसे बहुत नहीं पढ़ा था, पर इतना याद है कि इसके कारण ही मेरे जनेऊ के समय हंगामा हो गया था।

घर में जनेऊ के लिए चर्चा चल रही थी और मैं नकार गया। दादाजी ने मुझे गोद में ले लिया, "क्यों मेरे बच्चे, हम सबने इसे पहना है, मेरे पिता ने, मैंने और

फिर तुम्हारे पिता ने और अब तुम पहनोगे। यही तो हमें दूसरों से अलग दिखाता है, यही बताता है—'हम ब्राह्मण हैं।'" उन्होंने अपनी ओर से तर्क देना चाहा, पर मेरा रोना-पीटना कम नहीं हुआ और मैं हाथ-पैर पटकने लगा।

"अच्छा, तुम बताओ, क्या वजह है कि तुम हमारी तरह जनेऊ नहीं पहनना चाहते ?" हारकर उन्होंने पूछा।

मुझे याद है, मैं कुछ देर चुप रहा। और फिर बोला, "क्योंकि फिर तारिक को पता चल जाएगा कि मैं पंडित हूँ और वह मुझे हरा देगा।"

मुझे यह तो याद नहीं कि यह सुनकर दादाजी ने क्या कहा। शायद वे उसी तरह हँसे होंगे, जिस तरह मेरी दूसरी बचकानी बातों पर हँस देते थे।

तारिक मेरा स्कूली दोस्त था। मेरे पास 1984 की स्कूल की एक फोटो है, जिसमें वह मेरे साथ दिख रहा है, उसका हाथ मेरे कंधे पर है। उसी साल स्कूल की पत्रिका में मुखपृष्ठ पर देवी सरस्वती का चित्र छपा था।

जिस दोपहर स्कूली बच्चों को वह पत्रिका वितरित की गई, हम स्कूल के मैदान में क्रिकेट खेल रहे थे। कक्षा में मेरा और तारिक का पक्का साथ था, जैसा कि मेरी अंग्रेजी की टीचर का भी मानना था। पर खेल के मैदान में हम कट्टर बैरी थे—वह मशहूर पाकिस्तानी बल्लेबाज जावेद मियाँदाद था और मैं भारत का महान् तेज गेंदबाज कपिल देव था। टूटे हुए लकड़ी के फट्टे से बने बल्ले और टेनिस की गेंद के साथ हम जी-जान लगाकर खेलते। अधिकतर तो तारिक ही जीतता, पर उस दिन मेरी बारी थी। आखिरी गेंद तारिक ने डाली और मैंने छक्का दे मारा। मेरी टीम जीत गई।

इसके बाद जब मैं कक्षा में वापस जा रहा था तो अपनी कक्षा के बच्चों को घेरा बनाकर खड़े देखा।

मैं चिल्लाया, "भारत मैच जीत गया।" मुझे पता था कि उनके चेहरे का रंग फीका हो जाएगा, क्योंकि वे तारिक की टीम के साथ थे, जो खुद को पाकिस्तान की टीम कहता था। जब स्कूल की असेंबली में राष्ट्रीय गान होता तो वे गाली बकते और हमें राष्ट्रीय गान गाने पर ठोकरों से मारते। उनमें से एक ने मुझे देखा और अचानक वे सारे भाग गए, उन्होंने कागजों का एक पुलिंदा वहीं फेंक दिया। मुझे लगा कि वे मेरी जीत से शर्मिंदा थे। पर वे अपने पीछे कौन से कागज छोड़ गए थे ? मैंने एक कागज उठाया और घृणा से सिहर गया—उससे नाक पोंछा गया था। मैंने उसे दूर फेंक दिया। तभी मेरी नजर एक और कागज पर गई, जिसे कुचला गया था। पूरी देह में सिहरन दौड़ गई। वह स्कूली पत्रिका से फाड़ा गया पन्ना था, जिस

पर देवी सरस्वती अंकित थीं। वह भी उसी तरह नाक की गंदगी से भरा हुआ था। मेरा दिल डूब गया और ऐसा लगा, मानो किसी ने पेट में घूँसा दे मारा हो। वह तो बहुत पवित्र चीज थी। मुझे लगा कि देवी मेरे दोस्तों की इस हरकत के लिए मुझे सजा देंगी। 'विद्यां देहि सरस्वती।' बस अब और नहीं। मैं तारिक को यह बताने के लिए मैदान की ओर भागा।

मैं एक से दूसरे गलियारे में भागता गया। दूसरे छोर पर नीम अँधेरे में तारिक दिखाई दिया। वह किसी चीज पर सिर झुकाए बैठा था। मेरी गति धीमी हो गई। उसने मुझे नहीं देखा। तभी उसने अपनी गोद में रखी एक पत्रिका से पन्ना फाड़ा और उसे अपने आगे ले आया।

"तारिक!" मैं चिल्लाया।

वह अचानक सकते में आ गया और पन्ना उसके हाथों से गिर गया। वह जल्दी से उठा और भाग गया। मैंने भगवान् से यही चाहा कि वह वही पत्रिका न हो, जिसका मुझे अंदेशा था। मुझे जैसे लकवा मार गया था, हिल भी नहीं पा रहा था। लगभग एक मिनट बाद, मैं कागज की ओर बढ़ा। मुझे उसे उठाना नहीं पड़ा। देवी की वीणा दिखाई दे रही थी। मैं भावावेश में उसे एकटक देखता रहा। तभी स्कूल की घंटी से मेरी तंद्रा टूटी। मैंने उस कागज को ध्यान से उठाया और मोड़कर जेब में रख लिया।

किसी से उस घटना के बारे में नहीं कहा। तारिक कई दिन तक मुझसे कन्नी काटता रहा। जब उसने कई दिन बाद बोलना शुरू किया तो मैंने पूरी कोशिश की कि उस दिन की बात को याद न किया जाए। उसने भी कभी नाम नहीं लिया। हम फिर से मैदान में अपनी भूमिका में आ गए।

पर मुझे यह नहीं याद कि उस प्रसंग के बाद हमने कभी एक-दूसरे के कंधों पर हाथ रखे होंगे।

□

कई बार डिस्कवरी चैनल पर कश्मीर की झलकियाँ दिखाई जाती हैं। एक दिन पिता ने डल झील देखी और मेरी भानजी को दिखाते हुए लगभग चिल्लाए— "देखो यहीं से नदरू आते हैं!" वे भूल गए थे कि हम दिल्ली में कई बार जो कमल ककड़ी खरीदते थे, वह दिल्ली की यमुना नदी के प्रदूषित जल में उगती होगी, जोकि हम सब जानते थे। परंतु मैंने कुछ नहीं कहा।

मेरे माता-पिता 1998 में जम्मू से दिल्ली आ गए। मेरी बहन की शादी को एक साल हो चुका था। जब वे मेरे पास रहने आए, उससे तीन सप्ताह पहले माँ पहली बार मेरे पास दिल्ली आईं। मैं उन्हें इंटरस्टेट बस टर्मिनल से लेने गया, उन्होंने रेलगाड़ी से आने से इनकार कर दिया था, क्योंकि उनसे गंदगी सहन नहीं होती थी। जब हम घर आ रहे थे तो उन्होंने ऑटोरिक्शा में मुझे ध्यान से देखा और उनकी आँखें भीग गईं। मैं उस समय एक टी.वी. न्यूज चैनल के लिए काम कर रहा था और कई बार काम के लंबे घंटों के कारण समय से खाना भी नहीं हो पाता था। मेरा वजन कम हो गया था और वे इस बात से नाराज थीं।

"तुम कितने दुबले हो गए हो।" वे बोलीं।

"लड़कियों को छरहरे और दुबले लड़के ही भाते हैं।" मैंने जवाब दिया।

पर माँ मेरे हास्य-बोध को स्वीकारने के मूड में नहीं थीं। "कहीं कोई पंजाबन तुम पर काला जादू न कर दे।" उन्होंने चिंता जताते हुए कहा।

वे मेरे पास तीन दिन दिल्ली रहीं और मैं उन्हें अपने साथ घुमाने ले गया। मैंने उनके लिए कुल्फी ली, जिसे उन्होंने पूरे स्वाद से खाया। मुझे पता था कि मेरे पिता का खाना चावल के बिना पूरा नहीं होता था, पर माँ को गरम कड़क तंदूरी रोटी खाना पसंद था। मैं उन्हें एक छोटे से साफ रेस्तराँ में ले गया और उन्होंने दाल व गोभी की सब्जी के साथ दो रोटी खाईं।

माँ के वापस जाने के तीन सप्ताह बाद, एक सोमवार की सुबह मेरी छुट्टी थी और वे इसके बारे में जानते थे। वे लोग मेरे एक कमरेवाले फ्लैट पर आ पहुँचे। मैं उन्हें देखकर हैरान हुआ और फिर उनके साथ लाए हुए सामान को देख सकते में आ गया। ऐसा लगता था कि कमरे में सामान समा ही नहीं सकता था, पर माँ ने दो ही घंटों में रसोई भी जमा दी। हमें कश्मीर घाटी से जबरन निकाला गया और हम जम्मू आ गए और अब मेरे माता-पिता को जम्मू से दिल्ली आना पड़ा था।

उस दिन के बाद, जब मैं आधी रात को काम से वापस आया तो पिता को बरामदे में चक्कर काटते देखा। उन दिनों सेल फोन नहीं थे और उनके पास मेरे दफ्तर का नंबर नहीं था। मैंने उनके कुछ कहने से पहले ही कहा, "तभी तो मैं नहीं चाहता था कि आप लोग मेरे साथ रहो।" पिता ने कुछ नहीं कहा।

"अपना खाना खा लो।" माँ ने कहा। उन्होंने उस दिन कुछ कश्मीरी व्यंजन तैयार किए थे।

मेरे माता-पिता को मेरे काम के अनियमित घंटों से समझौता करने में कई महीने लगे। कई बार, जब मैं बहुत थककर घर वापस आता तो माँ पूछतीं, "तो कितनी सैलरी है तुम्हारी?" मेरा जवाब सुनकर वे कहतीं, "घर बैठ। मैं इससे हजार रुपया ज्यादा दूँगी!" धीरे-धीरे वे मेरी दिनचर्या के आदी हो गए। इतने आदी हो गए कि अगर कभी घर जल्दी आ जाता तो वे पूछने लगते कि सब ठीक था न!

हम एक से दूसरा घर बदलते हुए, जिस जगह भी जाते, पिता की सब्जीवालों और रोजमर्रा का सामान बेचनेवालों, इलेक्ट्रिशियन और नलसाजों से दोस्ती हो जाती। हम जहाँ भी रहे, मुझे बहुत कम लोग नाम से जानते थे। वे मुझे पंडित साब का बेटा ही कहते थे।

हर कुछ महीने बाद मेरे माता-पिता जम्मू जाते, ताकि उन रिश्तेदारों से मिल सकें, जो 1990 के कश्मीर निष्कासन के बाद वहीं बस गए थे। जब 2004 में माँ स्थायी रूप से बिस्तर पर पड़ीं तो फिर उनका जाना संभव नहीं हो सका। इस तरह शेष परिवार के साथ हमारा मिलना-जुलना फोन तक सीमित रह गया या फिर कभी रिश्तेदार कुछ समय के लिए दिल्ली आते तो मिलना हो पाता। जब भी रिश्तेदार जम्मू से आते तो वे अपने साथ घर की बहुत सी यादें ले आते—कश्मीरी हाक, कच्चे अखरोट या कश्मीरी नानबाई के बने तेलवरू, जिन्होंने अपनी दुकान जम्मू में खोल ली थी। कई बार पिता को भूल जाता कि अब वे जम्मू में भी नहीं, वे तो अपने घर से और भी दूर हैं। वे कई बार जम्मू की बात करते हुए, उसे ही 'शहर' कह देते। हमारे यहाँ शहर शब्द का मतलब आरंभ से ही श्रीनगर से था। मेरे याद दिलाने पर शर्मिंदगी से मुसकरा देते, पर उस दिन के बाद कई दिन तक चुप-सी लगा लेते। कई दिन तक अखबार न पढ़ते। दूरदर्शन कश्मीर देखते हुए रशीद हाफिज के साथ न गुनगुनाते। मैं केवल कल्पना कर सकता था कि शहर शब्द कहने से ही उनके मन में कितनी यादें उभर आती होंगी।

शहर हमारा घर था। शहर हमारी 'शाहरग'—हमारा ग्रीवा शिरा था। शहर हम थे।

हालाँकि शहर में जब बच्चे पढ़ना-लिखना सीखते तो उन्हें तब तक अहसास हो जाता कि कश्मीर और भारत के बीच गहरी कड़वाहट थी और अल्पसंख्यक पंडितों को प्राय: इस कड़वाहट का जहर झेलना पड़ता। हम पर कोई भी अपना गुस्सा दिखा सकता था। पर हम चुपचाप सब सहन करते, जब भी हममें से कोई निशाने पर आता तो बाकी लोग चुपचाप सबकुछ सामान्य होने की प्रतीक्षा करते।

पर वह शहर दोस्ती, अपनेपन, करुणा और लिहाज के नाम भी था। कश्मीरी संदर्भ में, इसमें बहुत-कुछ शामिल था। किसी बड़े को सामने से आते देख, हाथ की सिगरेट फेंक देना। अपने मोहल्ले की किसी औरत को बस में खड़ा देख, उसे अपनी सीट दे देना। किसी बूढ़े के हाथ से सामान का भारी थैला उठाकर उसे घर तक छोड़ आना।

कई बार गरमी में सूर्यास्त के समय जब आकाश लाल हो जाता तो बूढ़े लोग अपने हुक्के पीते हुए उसे देखकर कहते, "कहीं-न-कहीं 'खूँरीजी' हुई है—रक्तपात।" हम ईद-उल-जुहा पर अपने पड़ोसियों के घर मुबारकबाद देने जाते। मेरे पिता के मुसलिम दोस्त पास में ही रहते थे। जब पिता लंबे औपचारिक दौरों पर बाहर होते तो वे हौले से हमारे घर का दरवाजा खटखटाते, फिर भीतर आने से मना करते हुए केवल यही पूछते कि क्या हमें किसी चीज की जरूरत तो नहीं है ? कई बार मेरी बहन उनके बच्चों को पढ़ाती और मैं ईद-उल-जुहा पर उनके घर जाकर बकरे की कुरबानी होते हुए देखता। इसके बाद हमारे घर कच्चे मांस का टुकड़ा भेजा जाता, क्योंकि कुछ परिवार धार्मिक कारणों से एक-दूसरे के घर का पका खाना खाने से बचते थे। हालाँकि मेरे पिता की पीढ़ी तक आते-आते यह सब खत्म हो गया था। हमारे पड़ोसी शिवरात्रि पर हमें बधाई देते और हम उन्हें मीठे दूध और पानी में भीगे अखरोट खिलाते।

हमें कश्मीर से परे किसी जीवन का पता तक नहीं था। मुझे याद है, मेरा एक नातेदार भाई मेरठ में कृषि विज्ञान पढ़ने गया था। वापसी पर उसने बताया कि उस इलाके में तो लोगों का कत्ल होना आम बात थी। मुझे याद है, उसने बताया था कि किस तरह एक आदमी को देर रात उसके घर से बाहर बुलाकर चाकू घोंप दिया गया था। यह सुनकर हम सभी सकते में आ गए थे। घाटी में हमने जो सबसे बड़ा अपराध सुना था, वह यही था कि किस तरह आपसी लड़ाई में एक आदमी ने अपनी काँगड़ी फिरन के नीचे से निकालकर सामनेवाले पर दे मारी। जब कोई लड़ता या गंदी जुबान बोलता तो उसे 'हांजी' कहा जाता—वे कश्मीर के नाववाले (निषाद) समुदाय के लोग हैं, जो अपनी अभद्र भाषा के लिए जाने जाते हैं और इनकी बीवियाँ बहुत लड़ाकू होती हैं।

परंतु कभी-कभार इस लिहाज और मिल-जुलकर रहने की प्रथा के लिए भी खतरा पैदा हो जाता, मानो किसी भी गलत बात के लिए अल्पसंख्यक पंडित ही जिम्मेदार थे। हमारा अनुभव कहता था कि यह कुछ भी हो सकता था। 1986 में,

दक्षिणी कश्मीर के अनंतनाग में पंडित विरोधी दंगे छिड़ गए, क्योंकि अफवाह थी कि जम्मू के हिंदू बहुसंख्यक इलाके में मुसलमानों को मारा गया है। कुछ लोगों का मानना था कि ये दंगे एक राजनीतिक दल की कारस्तानी थी, ताकि दूसरे दल की सरकार को नीचा दिखाया जा सके। कारण चाहे जो भी हो, पंडित निशाने पर थे। घर लूटकर जला दिए गए, आदमियों को पीटा गया, औरतों के साथ बलात्कार हुए और दर्जनों मंदिर नष्ट हो गए। प्राचीन लोक भवन मंदिर में दुर्गा की भव्य प्रतिमा नष्ट की गई।

कुछ साल पहले, हमारे मोहल्ले में कुछ पंडित परिवार लकड़ी के फट्टों से छोटा सा मंदिर बनाने की कोशिश कर चुके थे। हालाँकि घर के पास ही एक मंदिर था, पर अकसर सर्दियों में बर्फबारी के बाद सड़क पर चलना मुश्किल हो जाता, इसलिए कुछ परिवारों को लगा कि अपने घर के पास ही मंदिर बनवा लिया जाए। पर ज्यों ही फट्टे जोड़े गए और लकड़ी की छोटी चौकी पर मूर्तियों को रखा गया तो कुछ मुसलमान आ गए और उलटा-सीधा बोलने लगे। उनमें से एक ने ठोकर मारकर सारा ढाँचा गिरा दिया। किसी ने कोई आवाज नहीं उठाई। हम उसी तरह जीना सीख चुके थे। जब भी कोई ऐसी बात होती तो हम सिर झुका निकल जाते और हालात सँभलने तक अपने घरों में ही रहते। मुझे याद है, जब मैं कुछ देर बाद उसी जगह गया तो कश्मीरी परिवार अपने ठुकराए गए भगवानों को उठाकर घर ले जा रहे थे। मैं हनुमान की टूटी हुई मूर्ति देखकर बुरी तरह से बिखर गया था। हम बच्चों के लिए तो वे सुपरमैन थे। हम हनुमान चालीसा पढ़कर उनकी महिमा का गुणगान करते थे।

मैं घर में आया और बगीचे में छिपकर, मुँह नीचे कर लेट गया। कई घंटों तक इसी तरह रहा और फिर टोठा मुझे खोजते हुए आए। टोठा, टाठ्या के छोटे भाई थे, जो अपने भाई के घर में एक छोटे से कमरे में रहते थे।

उन्होंने मुझे सीधा किया और मैं उनके गले से लिपट गया। मैंने कहा, "उन्होंने मंदिर तोड़ दिया।" वह कुछ देर चुप रहे और फिर वे बोले, "पता है, स्वामी विवेकानंद—उनकी फोटो हमारे 'ठाकुर कोष्ट' में है—वे कई साल पहले क्षीर भवानी मंदिर आए थे और कुछ दिन वहीं एकांत में बिताए थे। जब वे एक यज्ञ कर रहे थे तो उन्हें देवी ने दर्शन दिए।" वे बोले, 'माता! मैं बहुत दुःखी हूँ। हर ओर मुसलमान हमलावरों द्वारा मंदिर नष्ट किए जा रहे हैं।' तब देवी ने उनसे कहा, 'इससे कोई अंतर नहीं पड़ता कि वे मेरे मंदिर में आकर मूर्ति को नष्ट कर रहे हैं। इससे तुम्हें अंतर नहीं पड़ना चाहिए। मुझे बताओ, तुम मेरी रक्षा करोगे या मुझे तुम्हारी रक्षा करनी चाहिए?'

फिर टोठा ने मेरा हाथ पकड़ा और अपने कमरे में ले गए। उन्होंने नेहरू जैकेट की जेब से एक छड़ी निकाली, "यह तुम्हारे लिए लाया हूँ।" वे बोले।

"क्या!! आप मेरे लिए ये डंडा लाए हो?"

वे मुसकराए, "अरे, इसे दाँतों से काटो।"

मैंने वैसा ही किया और खुशी से झूम उठा। मैंने उससे पहले कभी गन्ना नहीं खाया था। टोठा ऐसे ही थे—हमेशा हैरान करनेवाली चीजें लाते रहते। भगवान् जाने उन्हें वह गन्ना कैसे मिला, हमारी घाटी में तो पैदा नहीं होता था।

गन्ने की मिठास ने मन शांत किया और मैं उस घटना को भूल गया। पर शायद उसने मुझे थोड़ा बदला था, मैं एक कश्मीरी पंडित के रूप में अपनी पहचान के लिए थोड़ा सचेत हो गया था। कुछ ही सप्ताह बाद, मेरे दादाजी कुछ दिन के लिए हमारे घर आए। वे बहुत बूढ़े थे और उनका अधिकतर समय पूजा-पाठ में ही बीतता। चाहे बच्चे उनके आसपास कितना भी हल्ला क्यों न करते रहें, वे कभी किसी को कुछ न कहते। एक दिन, मैं खेल रोककर उनके पास जा बैठा, वे अपनी पूजा कर रहे थे। मैं बड़े धीरज से प्रतीक्षा करता रहा, जब उन्होंने आँखें खोलीं तो मैंने उनसे पूछा कि वे कौन सी पूजा कर रहे थे?

"दुर्गासप्तशती!" उन्होंने उत्तर दिया।

"क्या यह वही है, जिसमें इतनी ऊर्जा भरी है कि कई लोग इसका पाठ करते हुए अपना मानसिक संतुलन खो देते हैं?"

"हम्म, ये वही है।"

"आप इसका पाठ कर रहे हैं और आपको कुछ नहीं होता, ऐसा क्यों?"

वे हँसकर बोले, "पता नहीं बेटा, हो सकता है कि इनसान को इसके लिए तैयार होना पड़ता हो। मुझे खुद को तैयार करने में कई बरस लगे हैं।"

"आप मुझे इसका जाप करना सिखा देंगे न?"

"नहीं बेटा, अभी तुम छोटे हो। इसके लिए बहुत धीरज और अनुशासन चाहिए। तुम तो रोज नहाते भी नहीं हो। जब बड़े हो जाओगे तो सिखा दूँगा।"

मैंने बवाल मचा दिया। मैंने कहा कि जब तक दादाजी मुझे वह जाप नहीं सिखाते, मैं खाना नहीं खाऊँगा। किसी ने पहले मेरी बात पर ध्यान नहीं दिया। पर जब मैंने सारा दिन कुछ नहीं खाया तो पिताजी को गुस्सा आया और वे तमतमाए हुए मेरे कमरे में आए।

"पागल मत बन! चल, आकर खाना खा ले।"

मैं उनसे बहुत डरता था, पर उस दिन तो जिद पकड़ ली। शाम को माँ ने कहा कि दादाजी बुला रहे हैं।

वे बोले, "ठीक है, मैं तुम्हें इसका एक अंश सिखा दूँगा।" उन्होंने ऐसा ही किया। मैंने कई दिन तक उसका अभ्यास किया और उसे मुँहजुबानी याद कर लिया।

दादाजी ने उस दिन जो सिखाया, उससे मेरा विश्वास कभी नहीं डिगा। मैंने अपने जीवन के सबसे विपरीत क्षणों में भी उन मंत्रों को परखा। और उन्होंने कभी मुझे निराश नहीं किया।

□

टोठा पहली मंजिल पर छोटे कमरे में रहते थे, जिससे घर का सब्जियोंवाला बगीचा दिखता था। वे भाई के परिवार के साथ रहते हुए भी आजाद थे। वे अपने कपड़े भी स्वयं धोते थे। महँगे डिटर्जेंट इस्तेमाल करने के बजाय वे महाराजगंज के खत्री दुकानदारों से देसी साबुन लेकर आते। वे बहुत कम भोजन करते और भोजन में कभी मीन-मेख नहीं निकालते थे। वे लगातार सिगरेट पीते थे। जब शाम को घर आते तो माँ उन्हें स्टील के गिलास में चाय देतीं। वे कभी कुशन नहीं लेते थे और अपनी बाईं टाँग पर दाईं टाँग रखकर सीधा बैठते थे। शाम को वे थोड़ा अकेलापन महसूस करते होंगे। मेरे मामाजी टीचर थे और लंबे समय के लिए दूर-दराज के देहाती इलाकों में पोस्टिंग रहती और मामी रसोई में व्यस्त रहतीं। जितना भी समय बचता, वे उसे अपनी सहेलियों के साथ पड़ोस में बितातीं। दोनों बच्चे कॉलेज जाते थे, इसलिए उनके पास भी समय नहीं था। टोठा हमारे घर आकर पिताजी को अपनी लद्दाख और गिलगित पोस्टिंग की कहानियाँ सुनाते, जिन्हें वे चाव से सुनते थे। वे आजादी से पहले उन जगहों पर काम कर चुके थे। फिर वे श्रीनगर के चेस्ट डिजीज अस्पताल में काम करने लगे। टोठा को डायबिटीज थी और एक दिन मैंने उनसे इसका मतलब पूछा।

"इसका मतलब है कि मेरे पेशाब में चीनी है।" वे बोले।

मैंने उन्हें कई बार उनके घर के पीछे झाड़ में पेशाब करते देखा था। जब उन्होंने वह बताया तो उसके बाद मैं कई बार उस जगह देखने जाता था कि मुझे चीनी के कतरे पड़े दिख जाएँ।

टोठा अकसर हमारा लाड़ करते। हर दिन हमारे लिए कुछ लेकर आते—

अजंता का फाउंटेन पैन, खिलौना पिस्तौल, कमलगट्टे के बीज, पॉपिंस कैंडी, अमूल मिल्क चॉकलेट, हाजमे की गोलियाँ, इलायची के स्वादवाली टॉफियाँ।

हमारे घर के पीछे ही सीमा सुरक्षा बल की बटालियन रहती थी। हम अकसर काँटेदार तार टापकर अंदर चले जाते और शटलकॉक चुरा लाते, जिन्हें अधिकारी बैडमिंटन खेलकर वहीं छोड़ देते थे। सुबह और शाम के समय सिपाही बिगुल बजाते और हम बच्चे उसकी नकल उतारते।

माँ कई बार हमें शादी की दावत में ले जातीं। एक बड़ा सा शामियाना लगा होता और उसके अंदर सफेद कपड़े की लंबी पट्टियाँ बिछी रहतीं और मेहमान उनके दोनों ओर बैठते। दो लड़के अपने साथ पानी का बरतन, साबुन और तौलिया लाते, ताकि मेहमान अपने हाथ धो सकें। फिर एक-एक कर, बहुत सारे पुरुष खाने के लिए पीतल की थालियाँ, चावल और व्यंजन लेकर आते। वे लोग लड़कीवालों के रिश्तेदार, जानकार या पड़ोसी होते। हर आदमी की उम्र के हिसाब से खाना परोसा जाता। बड़े लोगों की थालियों को पूरा भरा जाता। अगर कोई खास मेहमान होता, जैसे कोई दामाद वगैरह तो उसकी खातिरदारी और भी अच्छी तरह होती। लड़कीवालों के घर से कोई आदमी उसके आसपास ही मँडराता और उसे बार-बार मांसाहारी पकवान और लेने के लिए आग्रह करता।

हमारी शादियों में मुसलमान औरतें दूल्हे के परिवार और संबंधियों के स्वागत में हमारे साथ बाँहों-में-बाँहें डालकर पारंपरिक गीत गातीं। शहजाद माँ की पक्की सहेली थी। वह उनके साथ स्वास्थ्य विभाग में काम भी करती थी। वे लोग काम के सिलसिले में दूर-दराज के गाँव जातीं और एक साथ मिलकर खरीदारी करतीं। आपस में गप्पें मारते हुए अपनी सासू माँओं की बुराइयाँ करतीं।

कश्मीरी बड़े ही नए अंदाज में लोगों को पुकारने के नाम रखते हैं। पुराने श्रीनगर में जवाहरलाल नामक आदमी रहता था, जो सार्त्र का प्रशंसक था और हमेशा उसकी एकाध किताब हाथ में लिये रहता। उसके पड़ोसियों ने उसे 'जावी सात्रे' नाम दिया था। हब्बा कदल में एक सनकी प्रोफेसर रहता था, जिसे सब 'दीन-ए-फिलॉसफर' कहते, शायद उसका नाम दीनानाथ रहा होगा। स्थानीय लोगों का कहना था कि वह अकसर पुल पर गणित के समीकरण बुदबुदाता हुआ दिखता। उनमें से एक कुछ ऐसा था—'मैं पुल पर हूँ। पुल पानी पर है। पुल-पुल रद्द हो गए, अब मैं पानी पर हूँ।'

मेरे माता-पिता अपने घर और बच्चों की देखरेख के लिए समर्पित थे। उनका पूरा समय हमारी चिंता में ही बीतता था। मेरे माता-पिता की ब्लैक एंड व्हाइट तसवीरें हैं, जिनमें वे मुगल उद्यानों में पिकनिक मनाते दिखाई देते हैं। उनमें से कुछ में पिता ने देवानंद जैसा बालों का फुग्गा बनाया हुआ और माँ खूबसूरत वहीदा रहमान की तरह साड़ी में दिखाई देती हैं, पर हमारे पैदा होने के बाद उनका पूरा ध्यान हमारी पढ़ाई-लिखाई और देखरेख में लग गया। वे जो भी पैसा बचाते, उसे घर पर लगा देते। माँ किसी अनुभवी प्रबंधक की तरह घर को सँभालतीं। वे अच्छी तरह जानती थीं कि कौन सी चीज कहाँ रखी थी—सूखी मिर्चें, ऊनी मोजे, कोयले का चूरा, मोमबत्तियाँ।

ऑफिस के बाद अकसर कई मर्द शाम को चोरी-छिपे किसी ठेके पर शराब पीने जाते या लाल चौक के सड़क के किनारे बने ढाबों में कबाब का स्वाद लेते। इन्हें मुसलमान बनाते थे और कुछ पंडितों को इस बात के लिए झिझक रहती थी कि कहीं कोई उन्हें उस जगह देख न ले। वे लोग अपना ऑर्डर देकर दूसरे कोने में इस तरह खड़े हो जाते, मानो किसी का इंतजार कर रहे हों। जब कबाब बन जाते तो वह दुकानदार इशारा करता और पंडित झट से आकर उन्हें निगल लेते।

पर मेरे पिता शाम को पूरे छह बजे घर आ जाते और मछलीनुमा घंटी की आवाज सुनाई देती, जिसे मैं ही चुनकर लाया था। मैं और मेरी बहन उनसे मिलने के लिए दरवाजे की ओर लपकते। वे अंदर आते, कपड़े बदलते और माँ से बातें करते हुए चाय पीते।

मुझे याद है, एक बार माँ और उनका पूरा परिवार किसी नातेदार की शादी में बारामूला गया था। मेरी बहन और मैं पिता के पास ही रहे। दोपहर को उन्होंने हमें तैयार किया और कहा कि वे हमें फिल्म दिखाने ले जा रहे थे। हमने ब्रॉडवे सिनेमा के लिए ऑटो किया, वहाँ 'हीरो' लगी हुई थी। स्कूल में कुछ बच्चे इसे देख चुके थे और उसी तरह लाल रंग के हैडबैंड पहनने लगे थे, जैसे फिल्म में जैकी श्रॉफ पहनता था।

हम समय पर सिनेमा हॉल पहुँच गए, पर टिकट के लिए लंबी लाइन तो मेन रोड तक आई हुई थी और उसे देखकर लगता था कि हमें टिकट मिलना नामुमकिन है।

"ठहरो, मैं मोतीलाल से बात करता हूँ। वह कोई इंतजाम कर देगा।" मोती लाल घर के पास ही रहता था। वह सिनेमा का मैनेजर था। पिता ने हमें सॉफ्टी

दिलवाई और वहीं रहने को कहा। कुछ देर बाद वे खाली हाथ वापस आ गए।

"आपको टिकटें मिलीं?" मैंने उनसे पूछा। वे कुछ नहीं बोले। उन्होंने एक मिनट बाद बताया कि मोतीलाल ने उन्हें देखकर भी गरदन घुमा ली थी। पिता समझ गए कि वह उनसे बात नहीं करना चाह रहा था। उसे अहसास हो गया था कि पिता टिकटों के लिए ही मिलने गए थे, इसलिए वे उससे बात किए बिना ही वापस आ गए।

"अरे, क्या हम फिल्म देखे बिना ही वापस चले जाएँगे?" मैंने पूछा।

"नहीं-नहीं। कभी नहीं। भरोसा रखो।"

हम वहीं खड़े रहे और कुछ देर बाद थोड़ा मवाली किस्म का आदमी पास से निकला। पिता उसके पास गए और हमने दूर से देखा कि वे आपस में बात कर रहे थे। जब मैंने देखा कि उस आदमी ने उन्हें गुलाबी रंग की टिकटें दी हैं तो मैं लगभग चिल्ला ही पड़ा। पिता ने ब्लैक में टिकटें ली थीं। उन्होंने हमारे हाथ पकड़े और कुछ ही देर में हम अपनी गोल्ड स्पॉट की बोतलों और पॉपकॉर्न के साथ हॉल में जैकी श्रॉफ को देख रहे थे, जो अपनी बाइक पर स्टंट दिखा रहा था।

उस दिन पिता मेरे हीरो बन गए।

□

1984 के शुरुआती समय में, अकसर रात को खाने के बाद होनेवाली बातचीत में मेरे पिताजी और उनके भाइयों के बीच एक नाम बार-बार सुनाई देने लगा—भिंडरावाले। मैंने बातों से यही अनुमान लगाया कि वह कोई सिख नेता था, जिसने अमृतसर के स्वर्ण मंदिर को अपने कब्जे में कर लिया था। माँ अकसर स्वर्ण मंदिर की तारीफें करतीं। वे कश्मीर के बाहर केवल इसी जगह तो गई थीं। उस जगह से उनकी बहुत प्यारी यादें जुड़ी थीं और वे उस जगह की सफाई और रखरखाव से बेहद प्रभावित हुई थीं।

जून 1984 का एक गरम दिन था, जब यह खबर सुनाई दी कि अमृतसर में कुछ खतरनाक घट रहा था। हमें पता चला कि भारतीय सेना ने भिंडरावाले से छुटकारा पाने के लिए स्वर्ण मंदिर पर हमला कर दिया था। माँ इस अपवित्रता को देखकर उदास हो गईं। वे हमेशा यही बताया करती थीं कि वह मंदिर अंदर से कैसा लगता था और जब सिख मन को सुकून देनेवाली गुरबानी गाते थे तो कितनी शांति महसूस होती थी। उस शाम पिता के एक दोस्त घर आए और बताया कि सेना के हमले के विरोध में भीड़ ने अमीरा कदल में हनुमान मंदिर पर चढ़ाई कर दी।

उन्होंने मूर्ति को झेलम में फेंक दिया। पुजारियों को भी पीटा गया था। मैं समझ नहीं सका कि हजारों मील दूर घटी घटना का हनुमान मंदिर से क्या लेना-देना था, इन घटनाओं में कश्मीर ने क्या बिगाड़ा था।

उसी वर्ष अक्तूबर में इंदिरा गांधी, जिन्हें अनेक लोगों ने स्वर्ण मंदिर पर हमला करवाने का जिम्मेदार माना था, वे अपने सिख अंगरक्षकों के हाथों मारी गईं। मैं उस दिन किसी वजह से स्कूल नहीं गया था और हमने दोपहर को ऑल इंडिया रेडियो पर सुना कि प्रधानमंत्री को गोली मार दी गई थी और उनकी हालत नाजुक थी। उसी दिन शाम को बी.बी.सी. ने उनकी मौत की पुष्टि की।

रेडियो पर शोकसूचक शहनाई बजने लगी। मेरी बहन रोते हुए स्कूल से वापस आई। उसने बताया कि उसके स्कूल और सड़कों पर जश्न मनाया जा रहा था। पिछले साल श्रीमती गांधी कश्मीर आई थीं और उन्होंने इकबाल पार्क में रैली की थी। उनकी सभा में पहली पंक्ति में बैठे पुरुष नग्न थे और उनके आगे अपने जननांग लहरा रहे थे। ऐसा नहीं कि हम पारंपरिक रूप से कांग्रेस के समर्थक थे या फिर राजनीति में उनके पीछे चलते थे। मुझे नहीं याद कि चुनाव के दिनों में मेरे परिवार में से कोई घर से बाहर कदम रखता होगा। उनके पास यह सब करने का न तो समय था और न ही ऐसी कोई इच्छा। परंतु हमारे लिए इंदिरा गांधी वह भावात्मक संपर्क था, जो हम भारत के साथ महसूस करते थे या फिर खासतौर पर जवाहरलाल नेहरू के साथ महसूस करते थे, जिन्हें हम अपनों में से एक मानते थे।

दिल्ली में श्रीमती गांधी की मौत के तुरंत बाद सिखों के खिलाफ दंगे होने लगे। हमें 'इंडियन एक्सप्रेस' से पता चला कि किस तरह अनेक बेगुनाहों को बेरहमी से मार दिया गया, जबकि उनका कोई दोष नहीं था। मेरे एक चाचा ने कहा था, "एक दिन हम सबके साथ भी यही होगा।"

श्रीमती गांधी की हत्या के पाँच दिन बाद, देद्दा भी नींद में ही सोती रह गईं। उन्हें बार-बार एक व्यक्ति दिखने लगा था, जो पीछे खड़े पेड़ से उन पर बंदूक से निशाना लगाता था। टोठा के लिए यह मौत किसी सदमे से कम नहीं थी। टाठ्या कई साल पहले जा चुके थे और इस तरह देद्दा ही टोठा की आखिरी साथी रह गई थीं।

एक वर्ष बाद मेरे दादा भी चल बसे। माँ अस्पताल में उनसे मिलने जाती रहीं। उस रात उन्होंने पिता से कहा कि वे घर में बिस्तर न लगाएँ। उन्हें उनके जाने का अनुमान हो गया था। आधी रात को हम सभी उठ गए। दादाजी की मृत देह को एंबुलेंस में लाया गया। घर के बच्चों से कहा गया कि वे चम्मच से उनके मुँह में

पानी डालें और फिर हमें उस रात टोठा के घर भेज दिया गया।

अगली सुबह, दादाजी को अंतिम यात्रा के लिए ले जाया गया। जब पिता और चाचा उनकी अर्थी उठा रहे थे तो मैं मन-ही-मन वह श्लोक दोहरा रहा था, जो उन्होंने कुछ ही समय पहले सिखाया था।

□

पता नहीं, 'शाहर' मेरे लिए निजी रूप से क्या मायने रखता था। कई तरह से हम शाहर में दिल्ली जैसे बड़े शहरों के छल और कपट से बचे हुए थे। जैसा कि मुझे बाद में अहसास हुआ, अपनी बोली में बात करना बहुत मायने रखता है। यह इनसान को संतोष और असीम प्रसन्नता से भर देता है। नब्बे के दशक के अंत के बाद से, कूच के वर्षों बाद जब मैं रिपोर्टिंग असाइनमेंट्स के लिए वादी में जाता तो अचानक ही मेरी जुबान पर वे कश्मीरी शब्द भी आ जाते, जिन्हें मैं जाने कब से भूला बैठा था। एक बार रात को, जब सड़कों पर सेना के अलावा कोई नहीं था तो मैं चुपके से स्थानीय मित्रों के साथ होटल से निकला और डल झील के पास लकड़ी के बने बेंच पर जा बैठा। सामने दिख रही किसी हाउसबोट से रेडियो चलने की आवाज आने लगी और झील के ठहरे हुए पानी में हजरतबल जगमग कर रहा था। हरि पर्वत के किले से एक अकेली रोशनी दिख रही थी, शायद किसी संतरी चौकी की रही होगी। हम वहीं बैठे, ओल्ड मोंक रम की बोतल से घूँट भरते रहे और उस एक खट्टी-मीठी घटना को याद कर हँसते रहे, जो एक दोस्त सुना रहा था।

कुछ साल पहले अलस्सुबह सेना के सैकड़ों दस्तों ने एक गाँव को घेर लिया। उनका कहना था कि वे आतंकवादियों को खोज रहे थे। यह 2000 के आरंभ की बात रही होगी और तब तक कश्मीरी इस अपमान के आदी हो गए थे। उन्हें एक मैदान में खड़ा कर दिया जाता और सेना उनके घरों की तलाशी लेती। इस तरह के खोजी ऑपरेशन को 'क्रेकडाउन' कहते थे और कई बार तो यह पूरा-पूरा दिन चलता था।

उस गाँव में सब पुरुषों को स्कूल के मैदान में जमा कर दिया गया। वे उकड़ूँ होकर बैठे थे और हेलमेट व बुलेटप्रूफ जैकेट पहने सिपाही उनकी निगरानी पर थे। एक व्यक्ति शौच के लिए जाना चाहता था, उसकी बेचैनी बढ़ने लगी तो उसने अपने आसपास घूम रहे सैनिक का चिबुक थामा (कश्मीरी इसी तरह आग्रह करते हैं) और कहा, "साहब! 'गुस्सा' आ रहा है।"

अब कश्मीरी में 'गुस्सा' का अर्थ शौच जाने से है, जबकि हिंदी में इसका अर्थ होता है—गुस्सा आना। उस आदमी को लगा कि अगर वह कश्मीरी शब्द में 'आ' की मात्रा लगा देगा तो उसे हिंदी शब्द बना सकता है, पर उसकी किस्मत ही खराब थी कि यह अर्थ ही बदल गया। सिपाही ने गाली बकते हुए उसके सिर पर दे मारा। वह चिल्लाया, "हरामी, हमें आए हुए पाँच मिनट भी नहीं हुए और तुझे गुस्सा आने लगा।"

तभी पड़ोसी को उस आदमी की बात समझ आई और वह गिड़गिड़ाया, "साहब, यह हिंदी नहीं जानता। वह कह रहा है, 'उसको गोबर आया है।'" हिंदी में गोबर का मतलब गाय या भैंस के गोबर से होता है। उसे शायद स्कूल में गाय पर लिखा निबंध याद आ गया होगा। सिपाही के हाथ से बंदूक छूट गई और वह वहीं गिरकर हँसते-हँसते लोटपोट हो गया।

जब हम भी हँस रहे थे तो इस कहानी ने मेरे मन को उदास कर दिया। शायद मेरे दोस्त भी उदास हुए होंगे। उन्हें रोज यह सब सहना होता था, परंतु हमने अपनी उदासी को इससे आगे नहीं जाने दिया। इसके बाद यह विषय 1989-90 की घटनाओं पर चला जाता और हमारे सच आपस में अलग-अलग हो जाते। उनके लिए 1990 की घटनाएँ भारत के खिलाफ बगावत थीं। मेरे लिए वही घटनाएँ निष्कासन और स्थायी रूप से बेघर होने से जुड़ी थीं। जब भी मैं जाता तो हम आपस में हँसते, गाने गाते और एक-दूसरे से गले मिलते।

कई बार हम बिल्कुल शांत बैठे रहते और सिगरेट का कागज तक सुलगने की आवाज आती थी।

तब मुझे एक लड़की की याद आ जाती।

जब हम वादी में अपने घर में थे तो मेरी एक दूर की कजिन ने झेलम में कूदकर जान दे दी थी। पहले यही माना गया कि वह अपने प्रेमी के साथ कहीं भाग गई थी। उसके ओझल होने के एक सप्ताह पहले वह अपने घर के कोने में बैठी रशीद हाफिज का यह गीत सुन रही थी—

यलि चअ म्योनुय मकबर सजावख पानय पछतावख
आसमानिक तारख गंजरावख पानय पछतावख
(जब तुम मेरी कब्र सजाओगे, तब तुम पछताओगे
तब तुम आकाश के तारे गिनोगे और पछताओगे)

उन्हें एक सप्ताह बाद घर से बहुत दूर नदी में उसकी फूली हुई लाश मिली। मैं छोटा था, इसलिए उसके संस्कार में नहीं जाने दिया गया। मेरी और उसकी पहली मुलाकात तब हुई थी, जब दादाजी की मौत हुई, उन दिनों उसका परिवार हमारे घर रहने आया था। मैंने उसके भाइयों के साथ घंटों क्रिकेट खेला था और छिप-छिपकर उसका नेलपेंट और लिपस्टिक सराहे थे, जिन्हें वह फिरन की जेब में छिपाए रखती थी। उसकी डायरी में रूमी की पंक्तियाँ लिखी हुई थीं।

उसकी मौत की खबर से दिल बहुत दुःखी हो गया था—मानो उसने मुझसे मिलने को ही झेलम में छलाँग लगाई होगी, पर मैं उसे बचाने के लिए उस जगह मौजूद नहीं था। वह बहुत अकेली रही होगी, प्रेम में होगी या फिर दोनों ही!

कई सालों बाद, जब भी बेघर होने का खयाल आता या शादी-ब्याह में लोगों को गाते सुनता तो हमेशा उसकी याद आती रही। मैं उस जगह के बारे में सोचता, जहाँ वह झेलम से मिली होगी। मुझे वह क्षण भी याद था, जब उसने मेरे घर में सीढ़ी के पीछे से मुझे आँख मारी थी।

वह उस जगह बैठी डायरी में कुछ लिख रही थी और फिर किस तरह उसने मेरा गाल चूम लिया था।

उसकी याद से मेरा मन उसी तरह के दर्द से घिर जाता—कहीं से निष्कासित होने की पीड़ा जैसा!

□

वादी में गरमी के मौसम में हम लोग घर के पहले तल पर आ जाते। मुझे कारण कभी समझ नहीं आया, पर शायद रात को चलनेवाली ठंडी हवा ही इसका कारण रही होगी। कश्मीर में फ्रिज या पंखों की जरूरत नहीं थी। टेबल फैन ही काफी था। घर के बाहर से आकर पसीना सुखाने के लिए वही बहुत होता। गरमी में खिड़की खुली रहती और हम पतली सफेद चादरें ओढ़कर सोते।

ऐसी ही एक रात को मैंने एक बुरा सपना देखा। 1987 का समय रहा होगा। मैंने देखा कि हमारे मामा और हमारे घरों के बीच की वह जगह—जिसमें हमने अपनी सब्जियाँ उगा रखी थीं—उसमें तलवारें लिये हत्यारे जमा हो गए थे, जिन्होंने पैरों में सूखी घास से बने सैंडिल पहन रखे थे। मेरे दादाजी कबायली हमलावरों के बारे में इसी तरह बताते थे, जो 1947 में कश्मीर में घुस आए थे। मेरे बुरे सपने में कबायली मार-काट मचाते, अपनी तलवारें और खंजर लोगों के सीनों में उतार

रहे थे। हम लोग डरे हुए थे और हमने अलमारियों में छिपने की कोशिश की। तभी कुछ लोगों ने रवि को पकड़ लिया। उनमें से एक ने अपनी तलवार रवि के पेट में उतार दी और वह मेरी माँ को पुकारने लगा। मैं उठा तो पसीने से तर-ब-तर था। सुबह हो चुकी थी और सभी जाग गए थे। मैं अब भी उनींदा था और डर के मारे उठ नहीं पा रहा था। फिर मैंने मोटरसाइकिल की आवाज सुनी और खिड़की की ओर लपका। रवि को अपनी मोटरसाइकिल पर जिंदा देखकर मन को अच्छा लगा—शायद यूनिवर्सिटी जा रहा था। उसे देखकर मन को इतना दिलासा मिला कि मैंने उसे आवाज लगा दी। उसने सुना नहीं और चला गया।

रवि मेरे मामा का लड़का था। मैं उसे बहुत पसंद करता था और मुझसे ज्यादा माँ की आँखों का तारा था। कश्मीरियों में औरतें अपने भाई के बच्चों से बहुत लगाव रखती हैं, पर मेरी माँ को अपने भानजे से ज्यादा ही लगाव था।

रवि बॉटनी में एम.फिल. कर रहा था। मैं उसे अकेला नहीं छोड़ता था और कई बार तो माँ मुझे उसके कमरे से घसीटकर वापस लाती, ताकि उसे अकेले में समय बिताने का मौका मिल सके। वह एक नौजवान था। वह कड़कड़ाती सर्दियों के महीनों में, कई घंटों तक अपने फिरन के नीचे काँगड़ी दबाए, कमरे में बंद होकर गजलें सुना करता। जब मैं छोटा था तो मुझे जगजीत सिंह और तलत अजीज से जलन होती थी, मैं कैसेट पर दिखती उनकी तसवीरों को उस सुई से छेद कर खराब कर देता, जिससे रवि फूलों से परागकोश अलग करता था। वह उन कैसेटों को देखकर मुझे गोद में ले लेता और हाथापाई करने का अभिनय करता। उसने कभी मेरी शिकायत नहीं की। कई बार वह मुझे मेरे नाम पर बनाई हुई तुकबंदी से चिढ़ाता—

'विकी को भर दो डिक्की में, अपना काम करेगा।'

जब वह रोजमर्रा के काम करता तो मैं मंत्रमुग्ध भाव से उसे देखता। वह सफेद एनेमल कप में पानी भरकर हजामत करता और मैं मन-ही-मन उसके ओल्ड स्पाइस आफ्टरशेव का नाम रटता, जिसे वह गालों पर लगाता था। उसकी तरह मैंने भी अपनी अलमारी में क्रिकेटर क्रिस श्रीकांत का पोस्टर अपनी अलमारी में लगा लिया था। कई बार वह मुझे अपने दोस्तों से मिले उपहार दिया करता, जो दवा कंपनी में काम करते थे—ग्लैक्सो की प्लास्टिक की बिल्ली, जिसके पेट में एक थर्मामीटर बना रहता था या फिर ब्रूफेन का पॉकेट पेपर-कटर। उसके कई दोस्त थे और वह अकसर उनके साथ बाहर जाता। मैं उन्हें स्थानीय परचून की दुकान पर बैठा देखता—उसका मालिक भी उनका दोस्त था। पर अधिकतर वह अपने कमरे

में बैठा गजलें सुनते हुए, अपनी सुंदर लिखावट में बॉटनी के नोट्स बनाता दिखता।

मुझे याद है, कई दिन तक वह मुझे सिखाता रहा कि 'जियोग्राफी' शब्द को सही तरह कैसे बोलना है और मैं जानकर उसे चिढ़ाने के लिए गलत तरीके से बोलता।

यह हमारे बीच मजाक बन गया था। जब उन दिनों को याद करता हूँ तो समझ सकता हूँ कि वह उन दिनों हमउम्र लड़कियों के बीच कितना लोकप्रिय रहा होगा। उनमें से कुछ कभी-कभी नोट्स या ऑडियो कैसेट लेने के बहाने घर भी आती थीं। वह हमेशा अपने फिरन के साथ जींस पहनता था। जब मैं थोड़ा बड़ा हुआ तो समझ आया कि बचपन से हम जो धारीदार पाजामे पहनते थे, उनमें कितनी शर्म आती थी। तब उसके जींस पहनने का कारण समझ आया।

उसके सभी दोस्तों में से कजरारी आँखोंवाला लतीफ लोन उसका खास यार था। सारा परिवार उसे जानता था। हम उसे जॉन रैम्बो कहते। वह लंबा और गठीला था, वह हमेशा जींस और स्पोर्ट्स शूज के साथ पूरी तरह से चुस्त फिरन पहनता, जिसे वह श्रीनगर के बंड इलाके से सिलवाता था, जो अपने दर्जियों के लिए जाना जाता था। लतीफ रोमानी मिजाज का था और मुहम्मद रफी का दीवाना था। वह 'बॉम्बे ब्यूटीज' नाम से छोटी सी कॉस्मेटिक की दुकान चलाता था और बिजली के काम की भी एक दुकान थी। दोनों कोई खास नहीं चलती थीं, पर उसे लगता था कि कभी तो उनसे चार पैसे आने शुरू होंगे। इस तरह वह सारा दिन रफी के गाने सुन सकता था, जिन्हें वह ऊँचे से स्पीकर पर चलाया करता।

मैंने उसे अकसर रवि के घर पर यह बहस करते पाया कि क्रिकेट में सबसे तेज गेंदबाज कौन था। उसे लिप्टन चाय का एक गरम प्याला बहुत पसंद था। कश्मीर में आपके लिए यह बताना जरूरी था कि आपको कौन सी चाय चाहिए। गुलाबी नमकवाली चाय, जिससे सारे नौजवान नाक-मुँह सिकोड़ते थे, उसके अलावा कहवा बनता था। पर फूलों के नमूनेवाले बोन चाइनावाले प्यालों से, अंग्रेजों की तरह लिप्टन चाय पीने का अंदाज ही निराला था।

उन दिनों दूरदर्शन का टी.वी. नेटवर्क बोरिंग लगता था, इसलिए हम कश्मीर में अपने एंटीना को छतों पर इस तरह सेट करते कि वे पाकिस्तान टी.वी. दिखा सकें। मुझे याद है, उनके कुछ सीरियल अच्छे होते थे, जिनमें से कुछ बच्चों के लिए भी थे। हमें 'अरेबियन नाइट्स' पर आधारित 'अलिफ लैला' बहुत पसंद था। बड़े लोगों को 'इमरजेंसी वार्ड' देखने में आनंद आता था।

कड़ी सर्दियों के मौसम में रात को अकसर भारी बर्फबारी होती और हम टिन की छत पर गिरती बर्फ की आवाज सुनकर जाग जाते, ऐसा लगता था, मानो आसमान फट पड़ेगा। कई बार इसी वजह से एंटीना टूट जाता। रवि को लतीफ लोन को लाने भेजा जाता। लतीफ एंटीना देखता और फिर छत पर चढ़ने की जगह खोजता, ताकि उसे फिर से लगा सके। जब वह छत पर लटकता तो अचानक उसके मुँह से निकलता—'या पीर दसगीर।' परिवार उसे नीचे से देखते हुए उसकी सलामती की दुआ करता। कई बार रवि की माँ खुद को कोसती कि उसने लतीफ को छत पर जाने क्यों दिया।

वह कोसती, 'त्रठ पेयिन पाकिस्तान टी.वी.एस।' पाकिस्तान टी.वी. पर बिजली गिरे!

लतीफ रवि से एंटीना के खंभे को सीधा करने को कहता। फिर बाईं और दाईं ओर देखता, मानो नमाज पढ़ रहा हो और एंटीना फिट कर देता। वह कहता, "अब मुझे एक प्याली लिप्टन चाय चाहिए।" और इस तरह लतीफ रवि की माँ और बहन के साथ टी.वी. के आगे बैठकर चाय पीता और देखता कि सिग्नल सही तरह से आया या नहीं।

मैं अकसर लतीफ को लाल चौक पर एक लड़की के साथ देखता, कई बार तो वे मेरे ही साथ बस में सवार होते। और अगर मेरे पास सीट होती तो मैं उस लड़की के लिए खाली कर देता। वे मुसकराकर मुझे अपनी गोद में बैठने को कहते, पर मैं हमेशा मना कर देता। मेरी उम्र उस समय ग्यारह साल थी। मैं लतीफ की तरह बस में खड़ा होना चाहता था; वह अपना हाथ मेरे कंधे पर रख देता और मैं गर्व से भर उठता।

कई बार मैं उसकी दुकान पर गाने रिकॉर्ड करवाने भी जाता। मुझे रफी के गानों में तब कोई दिलचस्पी नहीं थी। मैं उससे कहता कि 'डांस डांस' और 'त्रिदेव' के गाने रिकॉर्ड कर दे। जब भी पैसे देने की कोशिश करता तो वह उन्हें मेरी ही जेब में वापस डाल देता और लापरवाही से सीटी बजाते हुए रफी का गाना सुनाने लगता। वह अकसर इसी तरह गीत गाता था।

□

जून 1983, सात वर्ष की आयु में मेरे पास इंडियन क्रिकेट टीम के वर्ल्ड कप जीतने की धुँधली सी यादें हैं। वह दिन-रात का मैच था; जब भी सोने जाता तो

जश्न मनाने की आवाजों से नींद टूटती। पर 13 अक्तूबर, 1983 पूरी तरह से याद है। उस दिन जम्मू और कश्मीर में पहली बार अंतरराष्ट्रीय मैच खेला गया था और वह आखिरी भी रहा। मैच से एक दिन पहले भारत और वेस्टइंडीज की टीम आ गई और उन्हें शेर-ए-कश्मीर स्टेडियम के पास ही होटल में ठहराया गया। रवि ने किसी तरह मैच के दो टिकट जुटा लिये और हम स्टेडियम में जल्दी ही चले गए। हमारे आसपास खोजी कुत्ते घूम रहे थे।

हमने ताजा पेंट की हुई हरी बेंचों पर अपनी जगह ली। दोनों कप्तान टॉस करने आए और वेस्टइंडीज ने टॉस जीता। उन्होंने तय किया कि वे फील्डिंग करेंगे। जब कुछ देर बाद इंडिया की ओर से बल्लेबाजी की पारी चालू करने के लिए सुनील गावस्कर और श्रीकांत मैदान में उतरे तो मैं मारे खुशी के चिल्लाया।

और तभी वह सब शुरू हो गया।

रवि और मैं अविश्वास से ताकते ही रह गए। सारा स्टेडियम 'पाकिस्तान जिंदाबाद' के नारों से गूँज उठा। लोग जमात-ए-इसलामी के झंडे हाथों में लिये घूम रहे थे। भीड़ में लोगों ने पाकिस्तानी क्रिकेटरों के पोस्टर भी ले रखे थे। भारतीय बल्लेबाजों को देखकर लग रहा था, जैसे चकाचौंध रोशनी के बीच खरगोश फँसे हों। गावस्कर सोलहवीं गेंद पर आउट हुए। वे केवल ग्यारह रन ही बना सके। सारी टीम 41 ओवर में केवल 176 रन ही बना सकी।

बाद में वेस्टइंडीज आई और भारतीय फील्डर्स को शर्मिंदगी का सामना करना पड़ा। उनके खिलाफ नारेबाजी हुई। दिलीप वेंगसरकर पर किसी ने अधखाया सेब फेंका, जो उनकी पीठ पर आ लगा।

बेशक उस दिन इंडिया मैच हारा था।

कई वर्षों बाद, एक पत्रकार के रूप में क्रिकेटर कीर्ति आजाद से एक पार्टी में भेंट हुई। आजाद उस भारतीय टीम का हिस्सा थे और उस दौरान दो छक्के जड़े थे। वे बोले, "मैं उस दिन को कैसे भूल सकता हूँ? मानो हम पाकिस्तान में पाकिस्तान के खिलाफ खेल रहे थे।"

इस पागलपन को देखने के बाद रवि और मैं पूरी तरह से खामोश हो गए थे। उसने मुझे रास्ते में सॉफ्ट ड्रिंक पिलाकर शांत करना चाहा।

अगली सुबह मैं रहमान से कन्नी काट रहा था, पर यह भी जानता था कि उससे बचना आसान नहीं था।

रहमान हमारे घर दूध देने आता था। हर सुबह वह दरवाजा खटखटाकर अपने

आने की खबर देता। अधिकतर तो मैं ही दूध लेने बाहर जाता था। हम लोग आपस में क्रिकेट और पाकिस्तान को लेकर बहस करते। यह अकसर हलकी-फुलकी ही होती थी, पर कई बार मामला गंभीर हो जाता था।

"कहाँ है वह?" जब माँ दूध लेने बाहर गईं तो रहमान ने उनसे पूछा। मैं दरवाजे के पीछे छिपा था।

"पाकिस्तान जिंदाबाद।" वह चिल्लाया, मानो उसे पता हो कि मैं वहीं छिपा था। मेरी माँ मुसकराई।

"अपने बेटे से कह दो, गावस्कर हमारे पाकिस्तानी हीरो के आगे मेमना है।" वह बोला।

अब मैं चुप नहीं रह सका। हालाँकि मैं गावस्कर के प्रशंसकों में से नहीं था, पर मुझे लगा कि आगे जाना होगा। मैं झट से रहमान का सामना करने को तैयार हो गया।

"तुम्हारे सारे पाकिस्तानी हीरो क्रिस श्रीकांत से डरते हैं।" मेरे आँसू टपकने को तैयार थे।

"आ गया।" वह बोलकर हँसा। "ये दाल खानेवाले हिंदुस्तानी पाकिस्तान से नहीं लड़ सकते।"

"क्या तुम भी इसकी तरह बच्चे हो?" माँ ने बीच में कहा।

"यह तो युद्ध है, बहनी।" उसने कहा और मेरी ओर मजाकिया नजरों से देखा।

"और तू, यह मैच देखना बंद कर। इनका कोई मतलब नहीं। यह बस खेल है।" माँ बोलीं।

पर तब तक यह सचमुच युद्ध में बदल चुका था।

□

1986 तक देश के स्वतंत्रता दिवस पर घाटी में जबरन किए जानेवाले ब्लैक-आउट आम बात हो चुकी थी। कुछ जगहों पर अगर इंडिया पाकिस्तान से क्रिकेट मैच जीतता तो किसी की भी खिड़की से पत्थर आकर बिस्तर पर गिर सकता था। 18 अप्रैल, 1986, ऑस्ट्रल-एशिया कप के लिए शारजाह में होनेवाले भारत-पाकिस्तान मैच का फाइनल था। मैंने टोठा पर जोर डाला कि महाराजगंज से पटाखे खरीद दें।

टी.वी. पर दिखाई दे रहा था, जब भी कोई पाकिस्तानी बल्लेबाज गेंद को बाउंड्री पार करवाता तो वी.आई.पी. घेरे में बैठे अरब शेख हवा में नोट उछालते। पर भारत किसी तरह खेल में बना रहा।

आखिरी ओवर। मेरा दिल तेजी से धड़क रहा था। आखिरी गेंद। पाकिस्तान को जीतने के लिए चार रन चाहिए थे। जावेद मियाँदाद बल्लेबाजी कर रहे थे और चेतन शर्मा गेंद डाल रहे थे। मेरे हाथों में माचिस की डिबिया थी। शर्मा ने गेंद डाली और जावेद ने उस पर छक्का दे मारा। स्टेडियम में उल्लास की लहर झूम उठी। मियाँदाद और ग्यारहवें नंबर के खिलाड़ी तौसीफ अहमद टीम पवेलियन की ओर भागे, वे खुशी से मग्न थे। मेरी माचिस की डिबिया हाथ में ही सील गई। शारजाह के मैदान में हर जलनेवाली चीज जल रही थी।

कुछ ही मिनटों बाद, जैसे पूरे कश्मीर में दीवाली हो गई। शायद उस एक घंटे में कश्मीर का आखिरी पटाखा तक फोड़ दिया गया था। लोग घरों से बाहर निकलकर चिल्ला रहे थे। सड़कों पर 'अल्लाह हो अकबर' के नारे लगा रहे थे। घाटी में लोगों ने ठीक उसी तरह लिम्का पीकर जश्न मनाया, जैसे उन्होंने क्रिकेटरों को शैंपेन खोल जश्न मनाते देखा था।

और मैं अपने घर के कोने में दुबका रहा।

इस घटना के पच्चीस बरस बाद, 2011 में जब हमें उस जगह से निकले दो दशक से अधिक हुए तो इंडिया ने वर्ल्ड कप में अपनी जीत हासिल की। अब मैं बड़ा हो गया हूँ और खेल की जीत-हार मेरे लिए मायने नहीं रखती। पर इस जीत की खबर से पिता की आँखें नम थीं। उन्होंने मुझे आस भरी नजरों से देखा। मुझे उन्हें यह बताने का साहस नहीं था कि खेल के बारे में मेरी सोच बदल चुकी थी। हालाँकि 1986 की यादें अभी भूलीं नहीं।

'मोर डाई ऑफ हार्टब्रेक' में सॉल बैलो ने ऐसी भावनाओं को 'फर्स्ट हर्ट' का नाम दिया है। मेरा फर्स्ट हर्ट आज भी चेतन शर्मा की उस असफल यॉर्कर गेंद के साथ है।

□

गरमी के अवकाश में मैं घर में रहता और माँ-पिताजी काम पर जाते। माँ को काम के सिलसिले में सुदूर गाँवों में जाना पड़ता था। जब वे शाम को वापस आतीं तो उनके थैले में गाँववालों की दिल से दी हुई सौगातें होतीं। वे माँ के पास हेल्थ

सेंटर में इलाज के लिए आते थे। किसी को अखरोट के पेड़ से गिरकर चोट आ गई या कोई गलती से कुल्हाड़ी से चोट लगवा बैठा। या फिर बच्चे का बुखार माँ की दी दवा से उतर गया। माँ के बताए हेल्थ सप्लीमेंट की मदद से उस औरत को आराम आया, जिसके शरीर में खून की कमी थी। जब वे ठीक हो जाते तो अकसर अपने साथ सेब, कच्चे अखरोट, बादाम, रसीले सिंघाड़े या केसर का छोटा पैकेट लेकर आते। हम आते ही माँ का बैग छीनकर उन चीजों पर धावा बोल देते।

पर कई बार सारा दिन घर में रहने से भी बोरियत हो जाती थी। ऐसे ही एक दिन मैंने रवि से कहा कि मैं उसके साथ यूनिवर्सिटी जाना चाहता था। उसे समझ आ गया कि मेरा मन अच्छा नहीं था। "आज मेरी क्लास है और वैसे भी उस जगह देखने लायक कुछ नहीं है। तू कल तैयार रहना, हम घूमने चलेंगे।" उसने कहा। मैं उत्साहित हो गया और शाम को माँ के आते ही उन्हें इस बारे में बताया।

माँ के बिस्तर पर लिटाने के बाद भी मैं घंटों जागता रहा। और जब नींद आई तो अगले दिन के ही सपने देख रहा था कि हम कितना मजा करनेवाले थे।

अगली सुबह सूरज निकलते ही आँख खुल गई। मैंने अपना सबसे अच्छा कपड़ों का जोड़ा पहना, जो मेरे लिए ब्लू फॉक्स गारमेंट स्टोर से आया था। फिर मैं रवि के उठने का इंतजार करने लगा।

हम दोपहर को उसकी यामाहा बाइक पर निकले। जल्दी ही हम लाल चौक पहुँचे और फिर शंकराचार्य मंदिर की पहाड़ियों की ओर जानेवाली शांत सड़क पर हो लिये।

उस लंबी सड़क पर चलते हुए, रवि ने बाइक धीमी की और मुझे अपने आगे दूर तक देखने को कहा। उसने पूछा, "क्या तुम्हें सड़क पर पानी दिख रहा है?" मैंने आगे की ओर देखा, पर कुछ नहीं दिखा। मैंने शर्मसार होकर झूठ कह दिया कि मुझे पानी दिख रहा था।

"यह एक छलावा है। उस जगह पानी नहीं है, धूप के कारण ऐसा लगता है। इसे मिराज (मरीचिका) कहते हैं।" रवि ने समझाया।

"अच्छा, मुझे तो साफ दिख रहा है।" मैंने फिर से झूठ बोला।

हम सबसे पहले शालीमार बाग में रुके। हमने फोटो स्टूडियोज के पास बाइक लगा दी। स्टूडियोज के मालिकों ने फिल्मी सितारों के साथ अपनी तसवीरें लगा रखी थीं।

बाग में रवि ने लाल चैरी का लिफाफा लिया और हम ऐसे दोस्तों की तरह

बैठकर खाने लगे, जो बहुत लंबे अरसे के बाद मिले हों। उसने मुझे ऑस्ट्रियन संन्यासी ग्रेगर मेंडल के बारे में बताया, जिन्होंने मटर के पौधों के साथ जेनेटिक्स के नियमों को भी बदल दिया था। उसने और भी बहुत-कुछ बताया, पर तभी मेरा ध्यान हरे बालोंवाली विदेशी युवती को देखकर भटक गया। वह एक पेड़ पर चढ़ी हुई थी और उसका साथी उससे नीचे आने को कह रहा था। पर उसने मना कर दिया और फिर वह जोर-जोर से हँसने लगी। मेरे स्कूली दोस्तों ने बताया था कि विदेशी नशा करते हैं। मुझे इस बारे में कुछ पता नहीं था। मैंने सुन रखा था कि उनके पास ब्राउन शुगर होती है। हमें लगता था कि अगर चीनी को बरतन में जला दें तो वह ब्राउन शुगर हो जाएगी और उससे नशा करते होंगे। उस दिन मैंने हरे बालोंवाली युवती को देखकर यही सोचा कि उसने ब्राउन शुगर ली होगी।

हम उन अंग्रेजों को पढ़ा-लिखा 'इंगलिशमैन टाइप' या फिर बोहेमियन समझते थे। हम उन्हें 'हिप्पी' कहते थे और उनके लिए एक तुकबंदी भी बना रखी थी—

जानाना ये अजब हाल देखो, हिप्पियों के लंबे-लंबे बाल देखो।

शालीमार बाग से हम परी महल गए और रवि ने बताया कि दारा शिकोह ने उसे अपने पुस्तकालय के रूप में बनवाया था। कहते हैं कि उस जगह परियों का डेरा था और मुझे याद है कि मैंने रवि से परियों के बारे में बहुत से सवाल किए थे। चश्म-ए-शाही बाग के प्रवेश द्वार पर रवि ने मुझे आइसक्रीम लेकर दी।

इसके बाद हम नेहरू पार्क गए और वहीं से शिकारा किराए पर लिया, जो हमें डल झील के बीच ले गया। रवि ठेठ कश्मीरी में बात कर रहा था, मैंने उसे पहले कभी ऐसे बोलते नहीं सुना था। उसने शिकारेवाले से पैसों के लिए मोल-भाव किया। जब झील के बीच लहरों के कारण शिकारा डोलने लगता तो मैं डर जाता। पर मैंने चेहरे पर नहीं झलकने दिया। मैं नहीं चाहता था कि रवि मुझे डरपोक मान ले।

जब हम बोलीवार्ड रोड पर आए तो कुछ खाने के लिए रुके। रवि ने हमारे लिए हॉट डॉग खरीदे। उसने मेरे लिए गोल्ड स्पॉट और अपने लिए थम्स अप भी लिया। वह हमेशा थम्स अप ही पीता था।

जब हम घर वापस आ रहे थे तो मैंने उससे तेज बाइक चलाने को कहा। उसने कई जगह पर ऐसा किया। मैं रोमांचित हो गया। मैंने उसे कसकर पकड़ रखा था।

कई दिन बाद भी मैं दोस्तों के बीच मेंडल, दारा शिकोह और हरे बालोंवाली युवती के किस्से सुनाता रहा।

उस बेपरवाही से भरे दिन के ग्यारह वर्ष बाद, कुछ माह पहले रवि के बारे में देखा हुआ बुरा सपना सच हो गया।

□

सितंबर 1986, टोठा हमें छोड़कर चले गए। उनकी मौत से कुछ सप्ताह पहले, ईद के दिन वे कमरे में गिरे और बेहोश हो गए। इसके बाद वे फिर अपने पैरों पर खड़े नहीं हो सके। सिगरेट फेफड़ों को निगल चुकी थी। किडनी ब्लड शुगर बढ़ने के कारण खराब हो गई थीं। उन्हें पहली मंजिल के बड़े कमरे में ले जाया गया और उनका पलंग काँच के कैबिनेट के पास रखा गया, जिसमें रवि अपनी 'इंडिया टुडे' की प्रतियाँ रखता था।

टोठा इन हालात से घबरा गए। वे कुछ कहे बिना घंटों शून्य में ताकते रहते। हम रोज उनके पास जाते और सहज करने की कोशिश करते।

एक दिन मेरी मामी कमरे में गईं तो देखा कि वे सिगरेट पी रहे थे। उन्होंने मामा को बुलवाया और टोठा को इस हरकत के लिए डपटा। टोठा के सामान की तलाशी लेने पर सिगरेट मिलीं। उनसे सिगरेट ले ली गईं। इस सारी घटना में वे एक शब्द भी नहीं बोले। उन्होंने आँखें बंद कर लीं।

एक दिन बाद, मैं छोटी चहारदीवारी फाँदकर उनसे मिलने गया। वे धीरे से मुसकराए। मैंने उनसे कहा कि वे अपने हाथ नीचे रखें और मैं उन पर चढ़ गया। उन्हें इस तरह अपने हाथ दबवाना अच्छा लगता था।

कुछ देर बाद वे मुझे देखकर बोले, "अगर कुछ करने को कहूँ तो करेगा ?"

"क्यों नहीं।" मैंने कहा।

"मेरे कमरे में जा। लकड़ी का संदूक खोल, उसमें थोड़े पैसे हैं। दस का नोट निकाल ला।" वे बोले।

मैं उनके कमरे में गया और दस का नोट ले आया।

"अब बाजार जाकर दुकान से दो सिगरेट ला दे ? तू अपने लिए चॉकलेट ले लेना। पर सुन, किसी को पता न चले, ठीक ?"

अकसर मैं उनका सामान दुकान से ले आता था। पर एक दिन पहले जो हुआ, वह मुझे पता था। मैं उन्हें मना भी नहीं करना चाहता था। मैंने नोट को मुट्ठी

में दबाए, बाहर कदम रखा और सफेदे के पेड़ के नीचे रखी सिल पर जा बैठा। कुछ देर बाद टोठा के पास वापस अंदर गया।

"कोई दुकान नहीं खुली। आज हड़ताल है।" मैंने कहा। उन्होंने कुछ देर मुझे देखा और फिर हौले से बोले, "ठीक है।"

"नोट रख ले। जो जी में आए खरीद लेना और अपनी बहन को भी देना।" वे बोले।

मैं बाहर आ गया, पर यह नहीं भूल पा रहा था कि मैंने उनसे झूठ कहा। ऐसा नहीं कि पहले कभी झूठ नहीं कहा था। कई बार वे कोई उपहार देते और वह सही तरह से काम न करता, जैसे मिसाल के लिए कोई पेन। वे कुछ दिन बाद पूछते कि मुझे पेन कैसा लगा तो मैं कह देता कि बढ़िया चल रहा है। पर इस बार की बात अलग थी।

मैं बाजार गया, दो कैप्सटन सिगरेट लीं, जो वे अकसर पीते थे।

"टोठा, एक दुकान खुली मिल गई।"

"अच्छा, ध्यान रख। कोई आए तो बता देना।"

मैंने उन्हें उठाकर बिठाया और पीछे तकिया लगा दिया। उन्होंने सिगरेट जलाई और मैं पहरेदारी पर रहा। इस दौरान कमरे में झाँका तो वे सिगरेट के गहरे कश ले रहे थे।

चेहरा शांत था। सिगरेट खत्म हुई तो मैंने उसका ठूँठ और जली हुई तीली खिड़की से बाहर फेंक दिए। टोठा बिस्तर पर लेट गए। फिर उन्होंने कश्मीरी में कृष्ण के जन्म से जुड़ी कुछ पंक्तियाँ कहीं। जब मैं छोटा था तो वे अकसर मुझे वही लोरी सुनाते थे—

गट्टअ कनि गाश आव चान्ये जंगे
जय, जय जय देवकी नन्दअन्य

(हे देवकी के प्रिय पुत्र, अमावस्या की रात को भी तुम्हें प्रणाम करने के लिए प्रकाश प्रसारित होता है)

कुछ दिन बाद वे चल बसे। उनका संस्कार वहीं हुआ, जहाँ देद्दा और मेरे दादा का हुआ था। उनके कमरे की खिड़की से बाग का वह हिस्सा दिखता था। मैंने उनके लिए एक तीर्थ-सा बनाकर उसे गेंदे के फूलों और छोटी च्युइंग गम से सजा दिया, जो वे अकसर मेरे लिए लाते थे।

उनकी मौत से कुछ महीने पहले मैंने टोठा से पूछकर उनकी तसवीर ली थी। हमारे और रवि के परिवार के कई एलबम बने हुए थे, पर उसमें टोठा की तसवीर नहीं थी। मेरे कई दिन के इसरार के बाद वे मान गए और मैंने उनके साथ तसवीर खिंचवाई, जिसमें वे अपना ट्रेडमार्क कुरता पहने, फोटोग्राफर के रेनबो स्टूडियो परदे के आगे खड़े थे।

जब हम जम्मू चले गए तो मैंने वह तसवीर खोजी। मुझे उम्मीद थी कि हम उसे अपने साथ ले आए होंगे, पर वह नहीं मिली। दरअसल हम शुक्रगुजार थे कि मेरे पिताजी की माँ के अलावा उस पीढ़ी का कोई व्यक्ति जीवित नहीं था, जिसे इस निष्कासन की पीड़ा और कठिनाइयों का अनुभव करना पड़ा।

कुछ साल बाद पिताजी के ब्रीफकेस के दस्तावेजों में मुझे वही तसवीर मिल गई। अब वह पिता के पूजावाले कमरे में दूसरे पुरखों की तसवीरों के साथ रखी है।

□

गरमी की एक रात, 1988 का समय था, हम लोग घर के पीछे बने बी.एस.एफ. कैंप से आते शोर को सुनकर जागे। जब तक मैं उठा, तब तक घर के बड़े लोग पीछेवाली बालकनी में आकर कैंप की ओर देख रहे थे। मैं भी वहीं खड़ा हो गया। पिता ने चुप रहने को कहा। मैंने उनींदी आँखें मलते हुए देखा, एक नौजवान को बी.एस.एफ. के कुछ जवान मिलकर मार रहे थे। वह सड़क पर पड़ा पानी माँग रहा था, पर उसे ठोकर-पर-ठोकर मिल रही थी। कुछ देर बाद उसे जबरन उठाकर एक इमारत में ले गए।

अगली सुबह ही पता चला कि माजरा क्या था। उस आदमी का नाम गौहर था और हमारे ही मोहल्ले के पास रहता था। वह कराटे का माहिर था और हम बच्चे उसे बहुत पसंद करते थे। कुछ दिन पहले ही बी.एस.एफ. के एक जवान से उसकी झड़प हुई और उसने उसे मुक्का दे मारा। फिर एक दिन जब वह बी.एस.एफ. के मेन गेट के आगे जा रहा था तो उस जवान और उसके दोस्तों ने उसे घेर लिया और भीतर ले गए। उन्होंने उसे मारा और बंदी बना लिया। अगली शाम गुस्साई भीड़ कैंप के बाहर आई और उसे छोड़ने को कहा। बी.एस.एफ. को हार माननी पड़ी और इस तरह गौहर की जान बची।

जब मुझे गौहर की रिहाई का पता चला तो मैं स्कूल का काम कर रहा था। किसी ने कहा कि वह नानबाई की दुकान पर कुछ खा रहा है। मैं उससे जाकर हाथ

मिलाना चाहता था। वह हमारा हीरो था, जो उन सैनिकों की ठोकरें खाकर भी बच गया था। जब मैं उस जगह गया तो वह दुकान पर नहीं था। नानबाई को भी पता नहीं था कि वह कहाँ गया। मैं लतीफ की दुकान पर पता करने गया, पर दुकान बंद थी।

लतीफ बहुत कम दिखता था। दुकान पर उसके भाई या दोस्त होते या वह बंद रहती। मैंने रवि से भी पूछा, पर उसे भी कुछ पता नहीं था। उनके बीच थोड़ी दूरी आ गई थी। रवि अपनी डॉक्टरेट पूरी करने में लगा था। उसे पढ़ाई करके नौकरी भी खोजनी थी। उसके कुछ दोस्त प्राइवेट कंपनियों के लिए काम करने बाहर जा चुके थे, पर वह श्रीनगर में ही रहना चाहता था।

इसी दौरान पिताजी को दिल का हलका दौरा पड़ा। मेरे पिताजी को अकसर पेट की तकलीफ रहती थी। उस दिन वे ऑफिस में थे कि पेट के निचले हिस्से में तेज दर्द हुआ। पेट के डॉक्टर के पास ले गए तो उसने दर्द कम करने का इंजेक्शन दे दिया। इंजेक्शन से पूरे शरीर पर पित्त निकल आई और आवाज भी अजीब सी हो गई।

माँ ऐसे ही पलों में जॉन ऑफ आर्क बन जाया करती थीं। वैसे वे बहुत डरपोक थीं। उन्होंने मुझे इस डर से अहरबल झरने की स्कूल पिकनिक पर नहीं जाने दिया था कि कोई मुझे पानी में न धकेल दे। सर्दियों में, जब हम पिताजी के कामकाजी दौरे पर उनके साथ जम्मू जाते तो वे जवाहर सुरंग आते ही पेंसिल टॉर्च ऑन कर देतीं। वह सुरंग ही कश्मीर घाटी और पूरे भारत के बीच इकलौता संपर्क थी। तूफान आता तो वे घर के सारे दरवाजे और खिड़कियाँ बंद कर कोने में दुबक जातीं और उसके खत्म होने का इंतजार करतीं। अगर तूफान न थमता तो वे पिताजी को देखकर पूछतीं, "क्या आपको लगता है कि यह खत्म हो जाएगा?"

वे कई बार दिलासा देते, पर बार-बार यही सवाल पूछने पर खीझ भी जाते और कहते, "नहीं, यह तो कयामत के रोज तक ऐसे ही चलेगा।"

उस दिन माँ ने किसी तरह साहस बटोरा और पिताजी को ऑटो में बिठाकर बड़े अस्पताल ले गईं।

सरकारी अस्पताल में भीड़ थी और इमरजेंसी में भी पिताजी को देखने के लिए कोई डॉक्टर मौजूद नहीं था। माँ एक से दूसरे कोने की ओर दौड़ रही थीं कि एक नौजवान डॉक्टर आगे आया। उसके माथे पर बना निशान बता रहा था कि वह पाँच वक्त का नमाजी था। माँ याद करती थीं कि किस तरह उसने पिताजी का तत्काल उपचार किया और तभी पिताजी को भारी उलटी हुई। डॉक्टर का सारा जूता गंदा हो गया, पर वह बेहिचक उनका इलाज करता रहा।

एक दिन बाद पिताजी घर आ गए, पर उन्हें स्वस्थ होने में पूरा एक सप्ताह लग गया था।

जीवन इसी तरह चलता रहा। पर इस बार कुछ बदलाव आने लगा था। हवा में कुछ तो ऐसा था, जो दिखता नहीं था, पर सूँघा और महसूस किया जा सकता था।

माँ एक शाम काम से आईं तो अनमनी-सी दिखीं। उन्होंने अपना बैग रखकर बहन से पानी लाने को कहा। पिता उस दिन काम से जल्दी आ गए थे।

"क्या तबीयत ठीक नहीं?" उन्होंने पूछा।

वे कुछ देर तो चुप रहीं और फिर बताने लगीं कि उन्होंने क्या देखा। बस में घर वापस आ रही थीं, एक आदमी ने बूढ़ी पंडित औरत को बस से उतरने में मदद की। एक औरत, जो मुसलमान थी, वह उस आदमी को डपटने लगी कि उसने पंडित महिला की मदद क्यों की, उसे तो ठोकर मारकर बस से बाहर कर देना चाहिए था। माँ ने उस दिन बस में जो देखा, वह हमारे लिए आम नहीं था।

इस दौरान, रहमान भी कई बार अजीब तरीके से पेश आने लगा। मुझे याद है, हम लोग अपने घर में परछत्ती का काम करवा रहे थे तो वह बोला—

"इतना पैसा क्यों बरबाद कर रहे हो, आज नहीं तो कल, यह घर हमारा ही होना है।" माँ ने हमेशा की तरह उसकी बात अनसुनी कर दी।

रवि लाइन ऑफ कंट्रोल के पास लोलाब घाटी में पौधे जमा करने के दौरे पर गया था। उसके विभाग के सहकर्मी भी साथ थे, उनमें से एक उसका सबसे अच्छा दोस्त इरशाद भी था। जंगल में उनके आगे एक हथियारबंद आदमी आ गया और पूछा कि क्या उनमें से कोई हिंदू था। रवि इकलौता हिंदू था और उन लोगों ने कहा कि वे सब मुसलमान थे। जब सबके नाम पूछे गए तो रवि ने अपना झूठा मुसलिम नाम बताया। तब भी हमें अहसास नहीं हुआ था कि हमारे साथ क्या होनेवाला था।

31 जुलाई, 1988, दो कम क्षमतावाले बमों ने श्रीनगर को दहला दिया। एक बम, सेंट्रल टेलीफोन एक्सचेंज के बाहर लगाया गया था और दूसरा गोल्फ कोर्स के बाहर। इसके बाद और भी बम धमाके हुए। माना जा रहा था कि यह पंजाब से आए आतंकवादियों का काम था, जो कश्मीर में पुलिस से छिपने के लिए आए थे।

एक अंकल शंकराचार्य मंदिर से पूजा करके वापस आ रहे थे। उन्होंने कहा, "मैंने कुछ लोगों को शंकराचार्य की सीढ़ियों से चढ़ते-उतरते देखा।" वही बात हरि पर्वत के लिए भी कही गई। बाईपास रोड पर, हमारे घर के पास मैंने कुछ लोगों को कसरत करते देखा। हमें बाद में अहसास हुआ कि इनमें कुछ ऐसे लोग भी शामिल

थे, जो पाकिस्तान की सीमा पार कर हथियार चलाने का प्रशिक्षण ले चुके थे और यह कसरत उनकी फिटनेस का हिस्सा थी।

मार्च 1989 में, श्रीनगर में हुए बम विस्फोट में एक पंडित की जान गई। 14 मार्च को, चाढूरा तहसील की प्रभावती, हरि सिंह स्ट्रीट पर हुए धमाके में मारी गई। उसी महीने एक दिन लतीफ दिखाई दिया। मैं पिताजी के साथ सब्जीवाले की दुकान पर खड़ा था, वह हमारे पास से हरे रंग की चादर का टुकड़ा पकड़े हुए निकला, जिसके तीन छोर दूसरे लोगों ने पकड़े हुए थे। उसने हमें नहीं देखा। वह लोगों से कह रहा था कि वह मसजिद बनवाने के लिए चंदा जमा कर रहा है।

मैंने उसे देखा। वह पहले से कहीं मरियल दिखा। दाढ़ी घनी और चेहरे की चमड़ी सख्त लग रही थी। तभी हमारी नजरें मिलीं और वह मुसकराया। उसने पिताजी की ओर नहीं देखा और यह बात मेरे दिल में तीर की तरह चुभी।

वे लोग चादर थामे आगे बढ़ गए।

□

हमने एक पड़ोसी के मुँह से पहली अफवाहें सुनीं। वह राशन की दुकान पर चीनी लेने गया था, उसने लोगों को वहीं बातें करते सुना—"इंशा अल्लाह, अगला राशन इस्लामाबाद में लेंगे।"

उन्हीं दिनों लाल चौक के बस कंडक्टर भी चिल्लाते सुने जा सकते थे—सोपोर, हंदवोर, उपोर। सोपोर और हंदवारा सीमा से लगे गाँव थे, जबकि उपोर का मतलब था पार सीमा पार। लाइन ऑफ कंट्रोल के पार। यह उन नौजवानों के लिए लालच था, जो उस ओर जाकर हथियार चलाने का प्रशिक्षण लेना चाहते थे, ताकि भारत के खिलाफ जिहाद में हिस्सा ले सकें।

बादामी बाग छावनी में किसी ने पहाड़ी पर 'जे.के.एल.एफ.' पेंट कर दिया। यह दूर से ही दिखाई देता था। इसका मतलब था—'जम्मू-कश्मीर लिबरेशन फ्रंट'। कहा जा रहा था कि यह ऐसे नौजवानों का संगठन था, जो सीमा पार से हथियार चलाना सीखकर आए थे।

स्कूल में हमने 'मुजाहिद' शब्द पहली बार सुना। हम इस शब्द को जानते थे। हमने इसे टी.वी. पर देखा था, अफगानिस्तानी लोग अपने कंधों से रॉकेट दागते हुए, परंतु कश्मीर के मामले में समझ नहीं आ रहा था। कश्मीर में मुजाहिदों का क्या काम था?

23 जून, 1989, श्रीनगर में परचे बाँटे गए। यह 'हज्ब-ए-इसलामी' नामक संगठन की ओर से मुसलिम महिलाओं के लिए चेतावनी थी कि वे दो दिन के अंदर इसलामिक नियमों को मानना शुरू करें, वरना उन्हें खामियाजा भुगतना होगा। पंडित महिलाओं से कहा गया कि वे माथे पर तिलक करें, ताकि उन्हें अलग पहचाना जा सके।

2 सितंबर, बाबा ऋषि की तीन सौ साल पुरानी दरगाह रहस्यमयी तरीके से आग में झुलस गई। उसी सुबह हमारे पड़ोस में सी.आर.पी.एफ. (सेंट्रल रिजर्व पुलिस फोर्स) के एक वायरलेस ऑपरेटर को गोली मार दी गई।

14 सितंबर की दोपहर, मैं स्कूल के मैदान में क्रिकेट खेल रहा था। मेरी टीम ने मैच जीता और मैं अपने जेब खर्च से ऑरेंज चुस्की खरीदने ही वाला था कि कंधे पर किसी का हाथ महसूस हुआ। पलटकर देखा तो पिताजी खड़े मुसकरा रहे थे।

"चलो, बैग उठा लो। हमें घर जाना है।" वे बोले।

मुझे लगा कि घर में कुछ हो गया है। "क्यों? क्या हुआ?" मैंने पूछा।

"किसी को हब्बा कदल में गोली मार दी गई। हालात खराब हैं। हमें जल्दी घर जाना है।"

तब पहली बार किसी पंडित को गोली लगी थी। कुछ हथियारबंद लोग ऐक्टिविस्ट टीका लाल टपलू के घर में घुसे और उन्हें गोली मार दी।

अगले दिन पिताजी ने मुझे स्कूल नहीं जाने दिया। हमें पता चला कि टीका लालजी के अंतिम संस्कार के जुलूस में भी पत्थर बरसाए गए। पर इसके अलावा, उनकी मौत के तुरंत बाद कुछ नहीं हुआ। मैं दो दिन बाद स्कूल जाने लगा। हिंदी की कक्षा में जब मुसलमान लड़के उर्दू सीखने चले जाते तो पंडित टीचर मौका पाते ही हमसे इन हत्याओं के बारे में बात करतीं, "हालात मुश्किल होते जा रहे हैं, इसलिए और भी जरूरी हो गया है कि तुम लोग दुगने जोश से पढ़ो।"

शुरुआती पूछताछ में राजकीय पुलिस को यही लगा कि टपलू की मौत का कश्मीरी आतंकवादियों की कारवाई से कोई लेना-देना नहीं था।

टपलू की मौत के बारह दिन बाद तत्कालीन मुख्यमंत्री फारूक अब्दुल्ला ने मार्तंड मंदिर में एक सांस्कृतिक कार्यक्रम के दौरान, शास्त्रीय नर्तकी यामिनी कृष्णामूर्ति के नृत्य का आयोजन करवाया। कुछ ही दिन बाद उन्होंने लोगों को आश्वासन दिया कि आतंकवाद को जल्द ही समाप्त कर दिया जाएगा।

14 अक्तूबर, ईद-ए-मिलाद-उन-नबी के दिन, श्रीनगर के बीच बड़शाह

चौक पर भारी भीड़ जमा हुई और वे ईदगाह से कब्रिस्तान की ओर चले, जिसे शहीदों के कब्रिस्तान का नाम दिया गया था। देखनेवालों ने नारे लगाते हुए, उन लोगों पर 'शीरीन' बरसाई, मानो किसी शादी की बारात का स्वागत हो रहा हो। उस शाम पिताजी एक पड़ोसी के साथ घर वापस आए और बताया कि उन्होंने वह जुलूस देखा था। भीड़ ऐसे नारे लगा रही थी, जिसे सुनकर वे सकते में आ गए थे।

यहाँ क्या चलेगा, निजाम-ए-मुस्तफा

ला शरकीया, ला गरबीया, इसलामिया, इसलामिया
(यहाँ क्या चलेगा, मुस्तफा का शासन चलेगा
न पूरब, न पश्चिम, केवल इसलामी, केवल इसलामी)

जलजला आया है कुफ्र के मैदान में
लो मुजाहिद आ गए मैदान में

जलजला ही था। इसने कुछ ही सप्ताह में कश्मीर में सबकुछ पलटकर रख दिया। कुछ ही दिन में सबकुछ बदल गया था। भारतीयता के अन्य प्रतीकों के बाहर भी कुछ और बम धमाके हुए—इंडिया कैफे हाउस, पंजाब नेशनल बैंक, द प्रेस ट्रस्ट ऑफ इंडिया। इसके बाद शराब की दुकानों और सिनेमा हॉलों की बारी आई।

बहुत बाद में जाकर हम दुनिया भर में चल रही घटनाओं के साथ इन घटनाओं का ताना-बाना जोड़ सके। रशियावाले अफगानिस्तान से नौ साल बाद वापस आ गए थे। इरान में आयतुल्ला खुमैनी ने मुसलमानों से आग्रह किया कि वे 'द सैटनिक वर्सेज' के लेखक को मार दें। इजरायल में, पहली बार बस में एक फिलिस्तीनी मानव बम ने सोलह नागरिकों को मार दिया। पूरे पूर्वी यूरोप में एक क्रांति उमड़ रही थी; और अजरबैजान में आर्मेनियन ईसाई समुदाय के खिलाफ रक्तरंजित पागलपन सामने आने ही वाला था।

इसी कलह के बीच मेरे बड़े चाचा, पिताजी के गाँव से, हमसे मिलने आए। "देवी के गर्भगृह के सरोवर का पानी काला हो गया", वे हौले से बोले। इसे अपशकुन माना जाता था। कहते थे कि जब भी हमारे समुदाय पर कहर टूटेगा, सरोवर का पानी काला हो जाएगा।

वास्तव में यह बात 19 जनवरी, 1990 की रात को सच हो गई।

□

भाग–2

“कश्मीरियों की रगों में मुजाहिदों और गाजियों का खून है···।”

जब वह पूरे जोर से चिल्लाई तो उसका चेहरा काँप रहा था और दुपट्टा बार-बार खिसक रहा था, पर लिपस्टिक अपनी जगह दुरुस्त थी। बेशक वे उसके पल थे। बेनजीर भुट्टो के मुँह से निकला हर शब्द सुनकर भीड़ का जोश दुगना और चौगुना होकर उमड़ रहा था। और उसकी आवाज उस शोर के सागर पर लहर की तरह तैर रही थी। उसकी कट्टरता और पागलपन किसी गॉडजिला जैसे थे।

‘हर एक गाँव से एक ही आवाज बुलंद होगी; आजादी! हर एक मसजिद से एक ही आवाज बुलंद होगी; आजादी! हर एक स्कूल से बच्चा-बच्चा कहेगा—आजादी, आजादी, आजादी!’

यह 1990 का समय था, ठीक सत्रह साल बाद बेनजीर के गाजी उसे ही निगलनेवाले थे।

एक ही छलाँग में यह सब इस्लामाबाद से कश्मीर आ गया और यह स्वयं बडगाम जिले के एक पंडित के घर में प्रकट हुआ। भूषण लाल रैना अपनी माँ के साथ बडगाम के ओमपोरा इलाके में रहते थे और सोउरा (SOURA) मेडिकल इंस्टीट्यूट में काम करते थे। वे श्रीनगर के हालात से डर गए थे और जम्मू जाना चाहते थे। उनके जाने से एक दिन पहले कुछ हथियारबंद लोग उनके घर में घुसे। रैना की बूढ़ी माँ ने उनके आगे हाथ जोड़े कि वे उनके बेटे को छोड़ दें, “इसका ब्याह होनेवाला है, चाहो तो मुझे मार दो, इसे छोड़ दो।’ पर गाजी कहाँ सुननेवाले थे। उनमें से एक ने लोहे की छड़ से रैना की खोपड़ी फोड़ दी। फिर वे उसे घसीटकर बाहर लाए, कपड़े उतारे और पेड़ पर टाँग दिया।

1990 के दौरान पंडितों को चुन-चुनकर मारा गया। उन्हें इसलिए मारा गया, क्योंकि कश्मीर से उनका सफाया करना था। और अगर चुना हुआ व्यक्ति न मिलता तो उसके बदले में किसी दूसरे पंडित को मार दिया जाता। यह सब आँकड़ों का खेल था। यह सब इसलिए था, ताकि बताया जा सके कि कितने मारे गए। वे जानते थे कि अगर एक मारा जाएगा तो एक हजार अपने-आप भागेंगे।

पर हम मूर्ख थे। हालाँकि हम जानते थे कि कुछ गलत हो रहा है, हमने यह मानने से इनकार कर दिया कि हमारी बारी भी जल्दी आएगी।

भूषण लाल रैना की मौत उनकी माँ के सामने हुई, इस घटना के कुछ समय बाद ही मोहन लाल एक शाम हमेशा की तरह अपने घर से निकले। वे बहुत सादा दिल इनसान थे और छोटे-मोटे काम करके परिवार का पेट भरते थे। उनके गाँव के तीन हिंदू परिवारों में से उनका घर ईंटों का ढाँचा भर था, हर बार सर्दियों में भारी बर्फबारी के दौरान उनके टीन की छत ढह जाती। वे अकसर शाम को घूमने निकलते और दूसरे पंडित परिवार के बरामदे में बैठते, जो पैसेवाले थे। उनके कई बागान थे। घर के बाहर बड़ा सा बाग था, जिसमें गृहिणी सूखी लाल मिर्चें और कश्मीरी मसालों की टिक्कियाँ सुखाती थी।

1990, सर्दियों की उस शाम को वह महिला घर में अकेली थी और पति के वापस आने की प्रतीक्षा कर रही थी। मोहन लाल उनके घर के बाहर बैठे थे। वे अकसर अपनी घड़ी देखकर आने-जानेवालों से टाइम पूछते। दो फिरन पहने हुए आदमी घर में आए और उन पर सरसरी निगाह डाली।

"पति कहाँ है तुम्हारा?" उनमें से एक ने महिला से पूछा।

"वे यहाँ नहीं हैं। वे कल वापस आएँगे।" वह उन लोगों के खतरनाक इरादे भाँप गई थी, इसलिए उसने झूठ कहा।

उन लोगों ने एक-दूसरे को देखा और कुछ कहे बिना ही बाहर आ गए। बाहर उन्होंने मोहन लाल को बैठे हुए देखा। उनमें से एक ने बंदूक निकाली और उन्हें गोली मार दी। मोहन लाल ने वहीं दम तोड़ दिया। मुँह खुला-का-खुला था और हाथ से कलाई घड़ी को जकड़ रखा था।

□

सितंबर 1989 के बाद बंदूकों का शोर कभी नहीं थमा। हर रोज सेना के कारवाँ या बंकरों पर हमले की खबरें आतीं। श्रीनगर शहर युद्ध का मैदान बन गया

था। हथियारबंद लोग खुलेआम घूमते और पैरामिलिटरी जवानों के साथ उनकी मुठभेड़ में नागरिक फँसते।

जब पंडित जा चुके तो लोगों को बाजार में हुई मुठभेड़ के बारे में सचेत करने के लिए नए तरीके निकाले गए। आतंकी कमांडर मुश्ताक जरगर (वह दस साल बाद अंतरराष्ट्रीय सुर्खियों में आया, वह उन तीन लोगों में से था, जिन्हें हाईजैक फ्लाइट आई.सी.-814 के बंधकों को छोड़ने के बदले में रिहा कर दिया गया) ऐसी जगहों पर सब्जीवाले भेज देता था। वे अपनी रेहड़ी ले जाते हुए आवाज लगाते—'टमाटर पाव, भाईजान आव' (टमाटर एक पाव किलो हैं और भाईजान आने वाले हैं)। क्षेत्र के जवान इसे समझ न पाते और नागरिकों को संकेत मिल जाता कि उस जगह मुठभेड़ होनेवाली थी, इसलिए वे उस जगह से चुपचाप खिसक जाते।

पंडितों के लिए ऐसी कोई चिंता नहीं थी। बेनजीर भुट्टो के भड़काए हुए गाजियों के लिए हम काफिर हैं और हमें मरना ही चाहिए।

'अक्तूबर 1989, हम तब भी कुछ नहीं जानते थे।

31 अक्तूबर, आतंकी कमांडर हमीद शेख सेना के साथ भिड़ंत में बुरी तरह से घायल हुआ। वह उन पहले दलों में से था, जो 1988 में सीमापार से हथियार चलाने का प्रशिक्षण लेने गए थे। 1989-90 तक हजारों लोग उसके कदमों पर चल चुके थे।

अक्तूबर तक कुछ और पंडित मारे गए। रिटायर्ड जज, नीलकंठ गंजू को श्रीनगर के बीच हरि सिंह स्ट्रीट पर तीन लोगों ने घेर लिया और वहीं गोली मार दी। उनका शव पूरे पंद्रह मिनट तक ऐसे ही पड़ा रहा। बाद में पुलिस आई और उसे उठा ले गई।

□

6 दिसंबर, 1989, बाबरी मसजिद ढहने के ठीक तीन साल पहले, दिल्ली में केंद्र सरकार ने अचानक ही एक कश्मीरी नेता को केंद्रीय गृहमंत्री नियुक्त कर दिया। मुफ्ती मुहम्मद सईद, जिनका राजनीतिक कॅरियर, कांग्रेस पार्टी के साथ आरंभ हुआ, पंडित उन्हें 1986 के अनंतनाग दंगों का जिम्मेदार मानते थे।

सईद के पद सँभालने के दो दिन बाद, सशस्त्र युवकों ने उनकी बेटी रुबैया का मिनी बस से अपहरण कर लिया, जब वह ललद्यद अस्पताल से वापस आ रही थी। वह एक डॉक्टर थी। आतंकियों ने कहा कि रुबैया के बदले में उनके पाँच

साथियों को रिहा करना होगा। ये उस पहले दल के लोग थे, जो लाइन ऑफ कंट्रोल पार कर हथियार चलाने का प्रशिक्षण लेने गए थे।

कश्मीर मानो किसी भेड़िए की जकड़ में फँसे हिरण जैसा तड़प रहा था।

आठ दिन बाद, रुबैया को रिहा करने के लिए श्रीनगर में पाँच आतंकी रिहा किए गए। उनमें से एक हमीद शेख था। जिस दिन उसे सोउरा मेडिकल संस्थान से रिहा किया जाना था, एक स्थानीय अखबार के रिपोर्टर ने उसे तसवीर के लिए पोज देने को कहा। उसने खुशी से ऐसा किया और हाथों से जीत की मुद्रा बनाते हुए तसवीर खिंचवाई। मुझे उसके पीछे की मेज पर रखा सिंथॉल टेलकम पाउडर का डिब्बा भी दिखा। तीन बजे के बाद से कश्मीर घाटी में जश्न मनाया जाने लगा। लाल चौक में जे.के.एल.एफ. के झंडे फहराए गए। लोगों की भीड़ बटमालू में हमीद के घर के बाहर जमा थी। मिठाई बाँटी गई और औरतों ने उसी तरह पारंपरिक गीत गाए, मानो दूल्हे का स्वागत हो रहा हो। कई जगहों पर बंदूकें चलाकर सलामी दी गई। शोपियाँ, दक्षिण कश्मीर में भीड़ ने सड़कों पर पंडितों को पीटा। कई औरतों के साथ बदतमीजी की गई। कुछ ही देर बाद, आतंकियों ने फतवा जारी किया कि अखबार पढ़नेवाले रेडियो और टी.वी. की नौकरी छोड़ दें, ताकि सरकार का सूचना तंत्र ठप हो जाए।

□

19 जनवरी, 1990, घने बादलों के पीछे से सूरज की क्षीर्ण किरणों के बावजूद सर्दी कड़ी थी। मैं दोपहर को पड़ोस के लड़कों के साथ क्रिकेट खेल रहा था। उन सबने मोटे स्वेटर और फिरन पहने हुए थे। मैं हमेशा अपना फिरन उतारकर हमारी बगिया की मेड़ पर रख देता। खेलने के बाद, उसे पहनने के बाद घर में दाखिल होता, ताकि माँ के गुस्से से बचाव हो सके। उन्हें चिंता रहती थी कि मुझे सर्दी न हो जाए। वे अकसर कहतीं, "पड़ोसी तो यही कहेंगे कि मैं अपने बच्चे का खयाल नहीं रख सकती।"

हमने उस शाम जल्दी ही खाना खा लिया, बिजली नहीं आ रही थी, इसलिए टी.वी. भी नहीं देख सकते थे। पिताजी ने हमेशा की तरह खबरें सुनने के लिए रेडियो चलाया और जब हम सोने ही जा रहे थे तो बिजली आ गई।

'मैं गहरी ऊँघ में हूँ। मैं अजीब सी आवाजें सुन सकता हूँ। मुझे डर ने जकड़ा हुआ है। कुछ तो गलत हो रहा है। सबकुछ बदलनेवाला है। मुझे अपने घर की दीवार के आसपास छिपे लोग दिख रहे हैं और तभी वे छलाँग लगाकर अंदर आ

गए। एक-एक कर! वे बहुत सारे लोग हैं।'

मैं झटके से उठ गया। पर जीरो वाट का बल्ब नहीं जल रहा था। सौ वाट का बल्ब जल रहा था। पिताजी मुझे उठा रहे थे। वे बोले, "बाहर कुछ हो रहा है।" सड़कों पर लोग निकले हुए थे। वे जोर-जोर से बोल रहे थे। कोई खास ही घटना घट रही थी। क्या वे हमारे मोहल्ले को आग लगाने जा रहे थे?

'तो वह सपना नहीं था! अब क्या वे हमारे घर में छलाँग लगानेवाले थे?'

फिर एक सीटी की आवाज सुनाई दी। यह मसजिद के लाउडस्पीकर की आवाज थी। हम इसे अलस्सुबह रोज सुनते थे, अजान से पहले ही यह सुनाई देती थी। पर वह थोड़ी देर के लिए होती थी, यह आवाज तो बंद ही नहीं हो रही थी। उस रात मुअज्जिन ने आवाज नहीं दी। उस रात मानो कुछ अनिष्ट होनेवाला था।

घर के बाहर का शोर थम गया था, पर मसजिद से लोगों की आवाजें सुनाई दे रही थीं। वे आपस में कोई बहस कर रहे थे।

मामा का परिवार हमारे घर की ओर आ गया। मामा ने पूछा, "ये क्या हो रहा है?" पिता ने कहा, "ये लोग कुछ करना चाहते हैं।"

तभी फुसफुसाहटों के बीच दोबारा उसी तेजी से लाउडस्पीकर बजने लगा।

'नारा-ए-तकबीर, अल्लाह-हो-अकबर!'

मैंने देखा, पिताजी का रंग फक्क पड़ गया था। केवल वही जानते थे कि उन शब्दों का क्या अर्थ था। मैंने भी इसे कुछ साल पहले दूरदर्शन पर दिखाए गए एक धारावाहिक में सुना था। यह भीष्म साहनी के उपन्यास 'तमस' पर बना था, जो 1947 के भारत-पाक विभाजन की घटनाओं पर आधारित था। मुसलमान दंगाई हिंदुओं के इलाके में यह नारा लगाते थे, यह उनके लिए रणघोष था।

कुछ ही मिनटों में चारों दिशाओं से यह आवाज सुनाई देने लगी। वे हमें जहर बुझे तीरों की तरह चुभ रही थीं।

हम क्या चाहते—आजादी!!!

ए जालिमो, ए काफिरों, कश्मीर हमारा छोड़ दो।

फिर कुछ देर को नारेबाजी थम गई। दूसरी मसजिद से गीत बजने लगे, उनमें अफगानिस्तान पर सोवियत कब्जे के खिलाफ मुजाहिदीन के विरोध की प्रशंसा की गई थी। पूरा ऑडियो कैसेट चला और फिर से नारे लगने लगे। हम अब भी सोच ही रहे थे कि अब क्या होगा, अगले नारे से वह भी जाहिर हो गया। मुझे याद है, जब हमने इसे सुना तो माँ किसी सूखे पत्ते की तरह काँपने लगी थीं।

'असि गछि पनुनुई पाकिस्तान, भट्टव रस्तुइ भट्न्येन सान'

भीड़ चाहती थी कि कश्मीर को पाकिस्तान में बदल दिया जाए। उसमें पंडित मर्द न हों, पर उनकी औरतें शामिल हों।

वे आकर हमें मार देंगे। बस कुछ ही मिनटों की बात है। हमें यही लग रहा था।

माँ रसोई की ओर भागीं और लंबा चाकू ले आईं। वह उनके पिता का था। "अगर वे आए तो मैं इसे मार दूँगी।" उन्होंने मेरी बहन को देखा। "और फिर मैं अपनी जान ले लूँगी। तुम देखो कि तुम दोनों को क्या करना है।"

पिता ने उन्हें हैरानी से देखा, पर वे एक शब्द नहीं बोले।

हम बहुत डरे हुए हैं। कुछ समझ नहीं आ रहा कि क्या करें? हम कहाँ भागेंगे? क्या माँ अपनी जान ले लेंगी? मेरी बहन का क्या होगा?

मेरा पूरा जीवन किसी मूक फिल्म की तरह आँखों के सामने से गुजर गया। मैं कैसे उसके साथ खेलता था और वह कैसे मेरे साथ 'टीचर-टीचर' खेलते हुए मुश्किल शब्दों की वर्तनी याद करवाती थी।

बी-ई-ए-यू-टी-आई-एफ-यू-एल

टी-ओ-आर-टी-ओ-आई-एस-ई

एफ-ई-बी-आर-यू-ए-आर-वाई

सी-एच-आर-आई-एस-टी-एम-ए-एस

पी-ओ-आर-सी-यू-पी-आई-एन-ई

मुझे उसका लाल रिबन याद आया, याद आया कि कैसे वह स्कूल के बंद गेट के पास खड़ी होकर पिताजी के जूते दिखने की राह देखती थी। मुझे याद है, कैसे उसने एक बार अपने एक दोस्त पर डस्टर दे मारा था, जो मुझे तंग कर रहा था। मुझे याद आया कि मैं कैसे उसे स्टापू के खेल के बीच छोड़ आया था, क्योंकि मैंने रवि की माँ को उनके घर में पिंजरे में बंद तोता लाते देख लिया था। *'क्या माँ उसे भी चाकू मार देंगी? और खुद को भी? हम क्या करेंगे?'*

"बी.एस.एफ. कुछ तो करेगी।" मामा बोले, पर किसी ने कुछ नहीं किया। सारी रात नारे लगते रहे। हमें सर्चलाइट से आकाश में बनती मेहराब दिख रही थी। क्या बी.एस.एफ. निगरानी पर थी? वे इस जुनून को रोक क्यों नहीं रहे थे?

सारी रात नारे सुनाई देते रहे और सूरज की पहली किरणों के साथ ही मुझे नींद आ गई। जब उठा तो सभी जाग रहे थे। माँ के हाथ में अब भी चाकू था।

भीड़ ने कुछ देर के लिए आराम करना मुनासिब समझा और मुझे नहीं लगता कि उस दिन सुबह होने की जितनी खुशी हुई, उतनी पहले कभी हुई होगी। हमारे भीतर एक आशा और सुरक्षा का भाव पैदा हुआ।

फिर बाद में पता चला कि यह केवल हमारे मोहल्ले की बात नहीं थी। पूरे कश्मीर में यही सब हुआ था। यह सब पहले से तय था। यह पंडितों को डराने और भगाने की योजना थी।

तीन सौ किलोमीटर दूर, एक भूतपूर्व महल में एक आदमी ने पूरी तरह से असहाय होकर रात बिताई। नई दिल्ली से जगमोहन को जम्मू और कश्मीर का गवर्नर बनाकर भेजा गया था। 19 जनवरी की दोपहर, वे एक बी.एस.एफ. के विमान से जम्मू आए। जब वे राजभवन आ रहे थे तो सड़क के दोनों ओर खड़े लोगों ने उनका स्वागत किया। जगमोहन बहुत लोकप्रिय प्रशासक थे और 1986 में राज्य के गवर्नर के रूप में उन्होंने विशाल स्तर पर सुधार लाते हुए लोगों के दिल जीते थे। उस रात जम्मू के राजभवन में रात दस बजे से फोन की घंटी बजने लगी। घाटी में कहीं से एक डरे हुए पंडित ने धीमे स्वर में कहा, "वे हमें मारने आ रहे हैं।" "प्लीज सेना से कहें कि हमारी मदद करे।" कोई दूसरा विनती करने लगा। पर उस रात जगमोहन किसी की मदद करने की स्थिति में नहीं थे। वे जानते थे कि प्रशासन पूरी तरह से ध्वस्त हो गया था। पुलिस के कुछ लोग आतंकी दलों के साथ थे। कोई भी आदेश देनेवाला नहीं था। हमेशा की तरह नई दिल्ली में बाबुओं को कुछ पता नहीं था कि कश्मीर में क्या हो रहा था। जगमोहन ने आगे चलकर अपने संस्मरणों में बताया कि उस दिन दूरदर्शन पर अजरबैजान के सजातीय विद्रोह पर विशेष कार्यक्रम दिखाया जा रहा था। एक ही सप्ताह पहले, बाकू में भारी भीड़ ने सोवियत रूस से आजादी माँगते हुए, ईसाई आर्मेनियन समुदाय पर हमला कर दिया था और उस खून-खराबे में सैकड़ों लोग मारे गए। उनके घर और दुकानें लूट ली गईं। नई दिल्ली को कुछ पता नहीं था कि ऐसी ही घटना कश्मीर में घट रही थी।

अब केवल भगवान् ही पंडितों को बचा सकते थे।

□

अगले दिन से लोग कश्मीर छोड़कर जाने लगे। परिवारों ने छोटे सूटकेसों में सामान डाला और चुपके से जम्मू चल दिए। कुछ जगहों पर, जैसा कि हमें बाद में पता चला, लोगों को पिछली रात से ज्यादा कष्ट सहना पड़ा।

दरेबयार, हब्बा कदल में घंटों पंडितों के घरों पर पत्थरबाजी हुई। कई जगहों पर परिवारों को धमकाया गया। जवाहर नगर में कोई पिताजी के सहकर्मी के घर के बाहर आकर चिल्लाया, "पेट्रोल लाओ, जला दो इन सबको।" अगली सुबह वह परिवार अपने मुसलमान पड़ोसियों को चाबी देकर घर छोड़कर चला गया।

कई बार 19 जनवरी की रात को घटी घटना पर विचार करता हूँ। हमने उस रात जिस डर को महसूस किया, उसे कोई कैसे बता सकता है? मैंने अपना जवाब बहुत बाद में जाकर आर्ट स्पीगलमैन का 'माउस' पढ़ते हुए पाया, यह एक ग्राफिक उपन्यास है, जिसमें लेखक अपने पिता का इंटरव्यू लेता है, जो होलोकॉस्ट की त्रासदी से बचकर आए हैं। स्पीगलमैन यहूदियों को चूहे और नाजियों को बिल्ले संबोधित करते हुए अपने पिता से पूछता है कि उन्हें ऑश्वित्ज के यातना शिविर में कैसा लगता था? उसके पिता अचानक उसे 'भौ' बोलकर चौंका देते हैं और कहते हैं, "ठीक ऐसा ही लगता था और लगातार लगता रहता था।" हमने भी 19 जनवरी की रात को ऐसा ही महसूस किया था।

दो दिन बाद, हमारे मोहल्ले से श्रीनगर की जामा मसजिद तक एक जुलूस रवाना हुआ। भीड़ आजादी चाहती थी। हमारे मुसलमान पड़ोसियों में से एक का बच्चा तीन साल का रहा होगा। उसके सिर पर भूरे घुँघराले बाल थे। उस दिन वह खो गया। चारों ओर दीवानों की तरह तलाश होने लगी, पर उसका कुछ पता नहीं चल रहा था। फिर बाद में शाम को परिवार के किसी जानकार ने बताया कि बच्चा कुछ बड़े लोगों के पीछे चलते हुए उस जुलूस में साथ निकल गया था। चार दिन बाद, 25 जनवरी को इंडियन एयरफोर्स के चार निहत्थे लोगों को हमारे घर के पास ही गोली मार दी गई। सुबह के आठ बजे थे और वे अपनी बस आने की प्रतीक्षा में थे कि मोटरसाइकिलों पर आए बंदूकधारी नौजवान उन्हें मारकर निकल गए। उन मृतकों में से एक स्क्वैड्रन लीडर भी था।

मसजिद से नारे और युद्ध के जयघोष लगातार सुनाई देते रहे। इस तरह 19 जनवरी के बाद कश्मीर में हर दिन 19 जनवरी ही था। बस अब यह सिलसिला थोड़ा व्यवस्थित हो गया था। वे लोग रात को चालू होते और अलस्सुबह तक यही जारी रहता। फिर कुछ समय बाद वापस आ जाते और दोपहर तक यही सिलसिला रहता। शायद बारी-बारी से यह सब हो रहा था।

श्रीनगर में चारों ओर से आनेवाले जुलूसों की भरमार थी। कई जगह पंडितों को ऐसे जुलूसों में जबरन आगे लाया गया। वे लोग चाहते थे कि अगर भीड़ पर

फायरिंग हो तो पंडित ही पहले मरें।

शुरुआत में पंडितों को सर्जिकल तरीके से मारा गया। पर जब दीवानगी हावी होने लगी तो हत्या जघन्य होने लगीं। 2 फरवरी, नौजवान पंडित व्यवसायी सतीश तिक्कू को कुछ लोगों ने उसके घर के बाहर बुलवाया और वहीं गोली मार दी। तिक्कू उन्हें जानता था। उनमें से एक पास में ही रहता था और अकसर तिक्कू उसे अपने स्कूटर पर साथ लाता-ले जाता। जब उस आदमी ने बंदूक निकाली तो तिक्कू ने अपनी काँगड़ी उन पर उछालकर जान बचानी चाही, पर निशाना चूका और पहली गोली जबड़े में लगी। जब वह गिरा तो पूरे शरीर पर गोलियों की बौछार कर दी गई।

तिक्कू को मारनेवाला फारूक अहमद डार उर्फ बिट्टा कराटे था। उसे उसी साल जून में बंदी बनाया गया। कुछ समय बाद टी.वी. पर उसका इंटरव्यू आया, उसने माना कि उसने बीस से ज्यादा लोगों को मारा था, जिनमें से अधिकतर पंडित थे और सबसे पहला शिकार तिक्कू था। उसी इंटरव्यू से एक अंश—

पत्रकार : तुमने कितने लोगों को मारा है?

कराटे : मुझे याद नहीं है।

पत्रकार : तो इतने लोगों को मारा कि गिनती भी याद नहीं?

कराटे : शायद दस-बारह रहे होंगे।

पत्रकार : दस-बारह या बीस?

कराटे : बीस कह सकते हो।

पत्रकार : क्या वे सभी कश्मीरी पंडित थे? या फिर कुछ मुसलमान भी थे?

कराटे : कुछ मुसलमान भी थे।

पत्रकार : कितने मुसलमान और कितने पंडित?

(खामोशी)

पत्रकार : तो ज्यादा कश्मीरी पंडित ही थे?

कराटे : हम्म।

पत्रकार : ऐसा क्यों?

कराटे : हमें हुक्म मिला था।

पत्रकार : तुमने सबसे पहले किसे मारा?

(लंबी खामोशी)

पत्रकार : पहला कत्ल कब किया?

कराटे : जरा सोचने दो। पहले सतीश को मारा था।

पत्रकार : कौन सतीश?

कराटे : सतीश कुमार तिक्कू।

पत्रकार : सतीश कुमार तिक्कू! वह कौन था?

कराटे : मुझे ऊपर से उसे मारने का आदेश मिला और मैंने ऐसा किया।

पत्रकार : वह कौन था?

कराटे : पंडित लड़का।

हालाँकि कराटे ने सोलह साल जेल में बिताए, पर उसे सजा नहीं हुई। जज ने उसे बेल पर छोड़ते हुए कहा—

> कोर्ट जानता है कि इस व्यक्ति पर बहुत ही गंभीर आरोप हैं और इसे फाँसी या उम्रकैद की सजा होनी चाहिए, पर सच तो यह है कि अभियोग पक्ष ने केस लड़ने में कोई दिलचस्पी नहीं दिखाई, जो संविधान की धारा 21 का उल्लंघन है।

कराटे का मामला कोई अलग नहीं है। पंडितों को मारने के सैकड़ों मामलों में किसी भी आदमी को सजा नहीं दी गई। कराटे सामान्य जीवन में लौट आया। अब उसका विवाह हो गया और औलाद भी हो चुकी है। वहीं दूसरी ओर, जम्मू के एक बदहाल कमरे में पृथ्वीनाथ तिक्कू अपने बेटे की तसवीर देखकर आँखें भरते हुए कहते हैं, "उसे आभास हो गया था कि कुछ होनेवाला है।" वे याद करते हैं। वे दोनों मेडिकल एजेंसी चलाते थे। सतीश ने अपनी मौत से पहले पिता से कहा था कि वे जम्मू चले जाएँगे। "पर किसी को शक न हो कि हम जा रहे हैं, इसलिए हमने कहा कि अपना सामान धीरे-धीरे जम्मू पहुँचा देंगे।" पृथ्वीनाथ ने बताया। जब वे जम्मू आ गए तो तिक्कू के परिवार ने अपना घर कौड़ियों के दाम बेच दिया। सतीश के पिता बिना खिड़की के बासी हवा से भरे कमरे में बैठकर कहते हैं, "मेरा घर तीन मंजिला था और उसमें सैंतालीस खिड़कियाँ थीं।"

8 फरवरी की सुबह, मैं घर में पढ़ रहा था कि एक तेज धमाका सुनाई दिया, जैसे कोई इमारत ढह गई हो। फिर खामोशी छा गई। हम बरामदे में बाहर आए और कुछ समझ नहीं आ रहा था। पिता बोले कि शायद कहीं भारी गोलीबारी हुई है। हमारी एक पड़ोसिन रोते हुए घर से निकल आई। उसका बेटा बाहर गया हुआ था और वह उसके लिए परेशान थी। पर शुक्र है, वह जल्दी ही वापस आ गया। वह दूधवाले की दुकान से दही खरीदने गया था, अचानक ही अफरातफरी के बाद गोलीबारी होने लगी। उसने हाथ का बरतन वहीं फेंका और जान बचाकर भागा।

कुछ ही देर में, सारे मोहल्ले को सीमा सुरक्षा बल के जवानों ने घेर लिया। एक सिपाही हमारे घर के ठीक सामने था। हम सही ढंग से देखने के लिए छत पर चले गए। सिपाही ने हमें देखा तो अंदर जाने को कहा। हमें बाद में पता चला कि सीमा सुरक्षा बल के दो जवान सब्जी खरीद रहे थे, जब उन्हें गोली मार दी गई। दुकान के सामने बने मंदिर से गोली चली और वह दूधवाला भी नहीं रहा, जिससे हमारा पड़ोसी दही लेने गया था। मैं उस दूधवाले को अच्छी तरह जानता था। जब सर्दी के मौसम में घर में दही नहीं जमता था तो मैं भी उसकी तरह वहीं से दही लेने जाता था।

एक दिन बाद, मैं दोस्त के साथ वह जगह देखने गया। दुकानें बंद थीं। सब्जी की दुकान के बाहर खून के धब्बे थे। सड़क पर कुछ प्याज बिखरे हुए थे।

13 फरवरी की रात, हमें एक और मौत के बारे में पता चला। इसके बाद दूरदर्शन कश्मीर के डायरेक्टर लस्सा कौल की बारी थी। कौल मेरे पिता के जानकार थे—वे जानते थे कि कौल बहुत ही संभ्रांत परिवार से थे और अपने दमखम और संकल्प के बल पर इतनी सम्मानित पोस्ट तक आए थे। पिछले कुछ सप्ताह में, कौल के लिए धमकियों के बीच काम करना भारी हो रहा था। वे अपनी हत्या से दो दिन पहले, सरकारी आवास में चले गए थे, जिसकी पूरी पहरेदारी थी। हत्या की रात, वे बेमीना में अपने अपाहिज पिता से मिलने गए थे, जो अकेले रहते थे। उनकी मौत के बाद जाँच में पता चला कि उनके साथ काम करनेवाले किसी आदमी ने ही आतंकियों को उनके अपने घर जाने की खबर दी थी।

पिता कई दिन तक यकीन नहीं कर सके कि कौल साहब नहीं रहे और उन्हें ऐसी दर्दनाक मौत मिली।

मैं अकसर उन दिनों को सोचता हूँ कि पिता ने सबकुछ इतनी अच्छी तरह देखने के बाद भी हमारे प्रस्थान को इतना विलंबित किया। शायद यह सब उस घर के कारण था, जो उन्होंने पूरे जीवन की कमाई लगाकर बनवाया था—वह मकान, जो हमारा घर था, वह घर जिसमें बाईस कमरे थे।

□

उस साल, 22 फरवरी को हमने घर में अपनी आखिरी शिवरात्रि मनाई। उस साल हम मछली खरीदने हब्बा कदल नहीं गए और न ही मिट्टी के बरतन लिये। चारों ओर दुःख और डर था। माँ ने झट से खाना बनाया और हमने चुपके से पूजा

की। हम इतने सहमे हुए थे कि पिता ने शंख भी नहीं बजाया, जिसे वे हर बार भगवान् शिव के स्वागत में बजाया करते थे।

पंडितों के एक नेता, एच.एन. जत्तू ने जे.के.एल.एफ. को खुला खत लिखा और कहा कि वह कश्मीरी पंडितों के बारे में अपनी राय साफ जाहिर करे। जे.के.एल.एफ. ने इसे गंभीरता से लेते हुए, अगले ही दिन जवाब दिया।

शिवरात्रि के दूसरे दिन सबसे ज्यादा ठंड थी। भारी बर्फबारी के बाद सड़कों पर बर्फ जमा थी और आने-जाने में भी दिक्कत हो रही थी। पर उस मौसम में भी, सैकड़ों बसों में हजारों लोग जुलूसों में बाहर थे। बसों की छतों पर बैठे लोग नारे लगा रहे थे कि वे आजादी पाने के लिए कुछ भी करने को तैयार थे। वे लोग चरार-ए-शरीफ जा रहे थे, जो सूफी संत नुंद ऋषि की दरगाह थी। 1438 में बाबा नहीं रहे, उनकी दरगाह पर हिंदू और मुसलमान दोनों ही माथा टेकते थे। उन लोगों के रास्ते में जो भी पंडित दिखता, वे उसे देखकर गालियाँ बकते। कई लोग औरतों को देखकर आँख मारते और अश्लील बातें करते। टांकीपोरा में जत्तू के निकटतम सहयोगी अशोक कुमार काजी को तीन हथियारबंद लोगों ने घेर लिया। दो लोगों ने पकड़ा और तीसरे ने घुटनों में गोली मार दी। जब वह सड़क पर गिरे तो उन्हें ठोकरों से मारते हुए नाली में गिरा दिया गया। एक आदमी ने उन पर पेशाब किया। अशोक दर्द से तड़प रहे थे तो उन्होंने एक और गोली मारकर उन्हें मौत की नींद सुला दिया। यह मौत जे.के.एल.एफ. की ओर से जवाब था।

इस खबर से पिता बुरी तरह से दहल गए। वे काजी परिवार के परिचित थे। दरअसल अशोक के एक भाई हमारे घर के पास ही रहते थे। दो दिन बाद, पिता सीधा दूध गंगा नदी गए और देवों का विसर्जन किया, मानो शिव अपनी वधू के साथ कहीं अलोप हो गए थे। कोई उमंग या प्रसन्नता नहीं थी।

27 फरवरी की शाम, नवीन सप्रू हमेशा की तरह अपने कार्यालय से निकले। सैंतीस वर्षीय टेलीकॉम कर्मचारी नवीन हब्बा कदल के लिए मिनी बिस से रवाना हुए, उन्हें दर्जी से अपना कोट लेना था। हब्बा कदल में, एक मसजिद में कुछ घंटों पहले जमा हुए लोग उन्हें मारने की योजना बना चुके थे। वे कई दिन से उनका पीछा कर रहे थे। ज्यों ही नवीन हब्बा कदल के पुल तक आए, उन पर गोली चला दी गई। हमलावर उन्हें घेरकर नाचने लगे। एक बूढ़ी पंडित महिला ने उन लोगों के सामने हाथ जोड़े कि नौजवान को छोड़ दें। पर उन्होंने उसे भी गाली देकर धकिया दिया। जब वे वहाँ पड़े दम तोड़ रहे थे तो भीड़ में से कुछ लोगों ने उन पर उसी तरह

शीरीन फेंकी, जैसे जनाजे में करते हैं। कुछ मिनट बाद, नवीन चल बसे।

जब पुलिस की गाड़ी उनके शव को संस्कार के लिए ले गई तो भीड़ खुशी से हुंकारे भरते हुए नारे लगा रही थी और साथ चल रही थी।

नवीन सप्रू के दोस्त, कवि और लेखक, महाराज कृष्ण संतोषी ने उनकी मौत पर एक कविता लिखी, जिसका भावार्थ आपके लिए दे रहा हूँ—

नवीन मेरे मित्र थे, जो मारे गए हब्बा कदल में। और दर्जी के हैंगर पर टँगा रहा उनका गरम कोट। एक दिन पहले, दर्जी के हाथों कैंची और सुई-धागे से गुजरते हुए, वह किसी व्यक्ति का कोट था। पर आज अचानक ही वह एक हिंदू के कोट में बदल गया था।

वे आखिरी पंक्तियों में कहते हैं—

मैं उससे हर बार पूछता था। वह श्रीनगर जैसी चतुराई क्यों नहीं सीखता?
मैं आज भी उसके उत्तर की प्रतीक्षा में हूँ।
मेरा दोस्त! हाँ, मैंने अपना पता बदल दिया।
तुम्हारे कत्ल के बाद से,
अब यह हब्बा कदल का दोस्तीवाला पुल नहीं रहा।

□

इस दौरान मसजिद से भी आघात जारी रहे। हम अधिकतर घरों में ही बंद रहते। बस जरूरी सामान और सब्जी लेने ही बाहर जाते थे। कानून और व्यवस्था समाप्त हो रही थी, इसलिए कर्फ्यू भी आम होते जा रहे थे। जब भी कर्फ्यू हटता तो माँ और पिताजी को काम पर जाना पड़ता।

7 मार्च की सुबह, मैं घर के बरामदे में खेल रहा था। सुबह के दस बजे होंगे। माँ और पिताजी काम पर जा चुके थे। अचानक ही दूर से गोली चलने की आवाज सुनाई दी। हमारी परछत्ती से डर के मारे कबूतर उड़ गए। मैं वहीं जम गया। आवाज बहुत तेज थी और पास से ही आई थी। कुछ ही मिनटों में, हमारे मुसलमान पड़ोसियों में से एक की मिनी बस लौट आई। इसका मतलब कुछ तो गड़बड़ थी। कुछ ही देर में पिता भी लौट आए। कुछ बोल ही नहीं पा रहे थे।

"माँ आ गई क्या?" मैंने इनकार किया।

"बहुत गोलीबारी हुई है।" वे बोले।

जब वे माँ के साथ गए थे तो माँ ने साथ काम करनेवाली एक महिला को

देखा और उसके साथ बस में सवार हो गई। पिता को चिंता थी कि माँ को जिस जगह जाना था, वहीं कहीं गोलीबारी हुई थी।

हमने कुछ देर इंतजार किया। पर माँ नहीं आईं। हमारे पड़ोसी ने बताया कि गोलीबारी में दो सिपाही मारे गए और कई घायल हुए हैं।

पिता की चिंता और भी बढ़ गई। वे नेहवी अंकल के पास भागे गए, वे हमारे पड़ोसी थे। हालाँकि पिताजी ने मुझसे कुछ नहीं कहा, पर मैं जानता था कि उनके दिमाग में क्या चल रहा था। उन्हें डर था कि कहीं माँ को गोली न लगी हो। वे नेहवी अंकल के साथ बारामूला के उस अस्पताल में गए, जिसमें घायलों को भर्ती करवाया गया था। माँ उन लोगों में नहीं थीं। वे घर वापस आ गए।

माँ एक घंटे बाद वापस आईं। पिता ने उन्हें देखकर चैन की साँस ली। माँ धीरे-धीरे आ रही थीं और उनके होंठ काँप रहे थे। वे बरामदे में ही बैठ गईं और पानी माँगा। हमें उन्हें सही-सलामत देखकर बहुत खुशी हुई। जब वे थोड़ा सँभलीं तो उन्होंने बताया कि हुआ क्या था। जब वे बस से उतरीं तो गोलियाँ चलने लगीं। एक आदमी के पेट में गोली लगी और उससे खून निकलने लगा। सभी इधर-उधर भाग रहे थे। वे भी एक दुकान के पीछे छिप गईं। कुछ देर बाद, वे खेतों के रास्ते घर आने लगीं। पर वे रास्ता भूल गईं। फिर उन्हें लतीफ दिखा। उसने उन्हें देखा और कुछ भी कहे बिना हाथ पकड़कर खेतों से बाहर ले आया। जब वे बाहर आईं तो कुछ सिपाही गश्त कर रहे थे। उन्हें देखते ही लतीफ गायब हो गया। पर माँ सुरक्षित थीं, उन्हें उसके आगे घर का रास्ता भी पता था।

"पर यह नहीं समझ आया कि लतीफ क्यों भागा?" वे कुछ देर बाद बोलीं।

हम चुप थे। शायद पिता जानते थे। और मैं भी जानता था। पर हमने इस बारे में ज्यादा नहीं सोचा। मुझे खुशी थी कि माँ घर आ गई थीं।

एक दिन बाद, भूतपूर्व प्रधानमंत्री राजीव गांधी के नेतृत्व में बहुदलीय राजनीतिक दल हालात का जायजा लेने के लिए कश्मीर आया, पर भूतपूर्व प्रधानमंत्री केवल अनावश्यक हल्ला मचाने ही आए थे। श्रीनगर एयरपोर्ट पर आते ही राजीव गांधी ने इस बात पर एतराज जताया कि गवर्नर जगमोहन उपप्रधानमंत्री देवी लाल को लिवाने नहीं आए। जगमोहन ने कहा कि उन्हें इस बारे में बताया नहीं गया था। फिर गांधी ने शिकायत की कि देवी लाल को गवर्नर के बाईं ओर बिठाया गया था, जो प्रोटोकॉल के खिलाफ था। इस दल में जॉर्ज फर्नांडिस और हरकिशन

सिंह सुरजीत जैसे दिग्गज भी शामिल थे, वे जम्मू ही नहीं गए, ताकि उन पंडितों के कोप से अपनी रक्षा कर सकें, जो अपने घर छोड़कर, अपने ही देश में शरणार्थियों की तरह रह रहे थे।

एक अनुभवी साम्यवादी नेता, रेशी देव, जो एक कश्मीरी पंडित थे, उन्होंने सुरजीत को हालात बताते हुए कहा कि वे इस जुल्म के खिलाफ आवाज उठाएँ, जो पंडितों पर हो रहा था। उन्होंने पलटकर कहा, "ऐसी बातें तो चलती रहती हैं।"

हम लोग पहले से ही बेआसरा और बेसहारा हो चुके थे।

□

जल्दी ही, हम एक सुबह घर से निकले और अपनी मौसी के घर शरण ली। उनका परिवार सेना की छावनी के पास ही रहता था, इसलिए वह सुरक्षित था। पिता सारा दिन खबरें सुनते, पर राज्य के रेडियो और टी.वी. पर कोई खबरें नहीं थीं। केवल बी.बी.सी. रेडियो से ही सारे हालात पता चलते थे। खबरों से साफ था कि घाटी में हालात बेकाबू हो रहे थे।

एक सप्ताह बाद, पिता बेचैन हो गए, वे घर जाना चाहते थे। हमने मेरी बहन को वहीं छोड़ा और एक दोपहर तीनों वापस चल दिए।

सारे पड़ोसी जा चुके थे। सारा मोहल्ला वीरान था। राजदान जा चुके थे, भान जा चुके थे और मट्टू भी चले गए। भूतों का मोहल्ला लग रहा था। परिंदा भी पर नहीं मार रहा था। हम चोरों की तरह अपने घर में घुसे। हम बंजर और ठंड की मार से जर्जर बगिया से होते हुए, घर के पिछले दरवाजे से अंदर घुसे। पिताजी ने सारे दरवाजे अच्छी तरह बंद कर दिए, ताकि यही लगे कि घर में कोई नहीं है। हमें कहा गया कि लाइट नहीं जलानी और धीरे बात करनी है। वे सुरक्षित महसूस करने के लिए अपने स्टाफ के एक सदस्य सतीश को साथ ले आए थे। सतीश हमारे साथ रह रहा था। उसका हाल ही में विवाह हुआ था और मैं पिताजी के साथ बडगाम में उसकी शादी में भी गया था। सतीश का परिवार जम्मू जा चुका था। सरकारी नौकरी के कारण वह दुविधा में था कि जम्मू जाए या नहीं, इसलिए वह अब तक यहीं था।

हम तीनों ऊपर के कमरे में बैठे हालात का जायजा ले रहे थे। सतीश ने बताया कि पूरी घाटी में पंडितों के कत्ल हो रहे हैं।

अचानक ही बाहर से हँसने की आवाज सुनाई दी। फिर किसी ने कोई फिकरा कसा और सारे खिलखिलाने लगे। पिता ने गहरी साँस भरी, फिर परदे का कोना

उठाकर बाहर झाँका। मैं भी वहीं घुटनों के बल बैठकर बाहर देखने लगा। मेन गेट के पास ही लड़कों का झुंड था। उनमें से कुछ सिगरेट पी रहे थे। मैं उनमें से अधिकतर को जानता था। वे हमारे ही आसपास के रहनेवाले थे और कभी-न-कभी उनके साथ खेलता भी रहा था। उनका नेता पास ही रहता था। उनमें से एक ने अपने नातेदार भाई की तारीफ की, जो उन दिनों आतंकी दल का हिस्सा था, "उसे तो रॉकेट लांचर भी चलाना आता है।"

"चल ये घर बाँट लें।" उनमें से एक चिल्लाया। "अकरम, तू कौन सा लेगा?"

"मैं किसी दिन यह घर ले लूँगा।" उसने एक घर की ओर इशारा किया।

"हरामी," दूसरा बोला। "तू तो यही चाहता है कि घर के साथ उस घर की लड़की भी तेरी हो जाए।"

सब फिर से खिलखिला उठे। वे अपनी मुट्ठियों से भद्दे इशारे कर रहे थे और अकरम ने इस तरह दिखाया, मानो वह उस लड़की का बलात्कार कर रहा था और अब चरम सुख तक आने ही वाला हो। मैं पिता के पास ही घुटनों के बल बैठा था, इसलिए देख सकता था कि उनकी टाँगें काँपने लगी थीं।

अगले कुछ मिनटों में उन सबके पास एक घर था। इस दौरान वे दूसरी लड़कियों की भी बातें करते रहे और फिर अकरम ने नेता से पूछा, "ओए खोजा, तूने अपनी पसंद नहीं बताई?"

नेता ने फिरन पहन रखा है और हाथ में क्रिकेट का बैट है। वह सिगरेट पी रहा है। उसने एक पल के लिए विचार किया। सभी उसे ही देख रहे हैं। फिर वह मुड़ा और हमारे घर की ओर देखा। उसने हाथ उठाकर घर की ओर संकेत किया। कुछ देर हाथ को उसी मुद्रा में रखने के बाद बोला—

"यह वाला घर!!"

पिता के हाथ से परदे का कोना छूट गया। वे वहीं फर्श पर ढेर हो गए। उन्होंने आँखें बंद कर लीं, वे काँप रहे थे। शायद मैंने बाहर से आती आवाज भी सुनी, "बहुत अच्छे, बढ़िया भइया, बहुत बढ़िया!"

फिर सन्नाटा छा गया। अब कुछ सुनाई नहीं दे रहा था। कानों में लगातार झन्नाहट-सी लग रही थी। उनमें से किसी ने पत्थर उठाकर राजदान साहब के घर पर फेंका था।

बर्फीली हवा में काँच टूटने की आवाज तैर गई। कबूतर डरकर उड़े और कुत्ते भौंकने लगे।

उनमें से एक बोला, "हाय, अकरम का नुकसान कर दिया। अब उसे ही इसे बदलवाना पड़ेगा।"

"चल अंदर जाकर पेशाब कर आ, तब यह तेरा इलाका हो जाएगा। कुत्ते ऐसे ही अपना इलाका तय करते हैं।"

फिर वे चले गए। उनकी आवाजें दूर तक सुनाई देती रहीं और फिर शांत हो गईं। जानवरों के भौंकने और कबूतरों के वापस लौटने के सिवा कोई आहट नहीं थी।

पिता बोले, "सब खत्म। अब हम इधर नहीं रह सकते।"

माँ स्टोर से कुछ मोमबत्तियाँ ले आईं, जो वे हमेशा तैयार रखती थीं। उस रोशनी में उन्होंने पीले चावल बनाए। न तो किसी को भूख थी और न ही भरपेट खाने की इच्छा। हमने चुपचाप जल्दी ही खाना खा लिया। तनाव के मारे पेट में मरोड़ हो रही थी। सतीश को सर्दी लगने लगी तो पिता ने उसे कहा कि वह हमारी लकड़ी की बड़ी अलमारी से स्वेटर ले ले। जब हम स्वेटर लेने गए तो उसने मारे घबराहट के अपनी जेब से मुचड़ी हुई सिगरेट निकालकर जलाई और तीन-चार गहरे कश में ही पूरी पी गया। जब वह कमरे से चला गया तो मैंने सिगरेट को उठाकर फिर से जलाया और फिल्टर जलने तक पीने लगा। मैं भी घबराया हुआ था, ऐसा लगा कि उसे पीने से राहत मिलेगी।

पिता ने कहा कि हमें अगले दिन सुबह ही निकलना होगा। उस रात सो नहीं सके। बस अपने बिस्तरों में दुबके रहे। माँ ने हमेशा की तरह टॉर्च पास रखी। पिता सतीश से धीरे-धीरे बातें करते रहे। आधी रात को धड़ाम की आवाज सुनकर लगा कि कोई हमारे बरामदे में कूदा, पर वह कुछ खास नहीं था। कबूतर के उड़ने से परछत्ती की एक ढीली ईंट गिर गई थी।

उस दिन सुबह ही बर्फ पड़ने लगी। सड़कों पर पहले से बर्फ थी, जो कीच में बदल चुकी थी। पिता ने कहा कि पहले वे जाकर देखेंगे, अगर सुरक्षित होगा, तभी सारे बाहर निकलेंगे। उन्होंने बड़े ही आराम से दरवाजा बंद किया। मैं उनका हाथ पकड़े हुए बाहर निकला। तभी हमने एक दाढ़ीवाले आदमी को मोटी जैकेट पहने, सड़क से आते देखा। उसकी जेबें लटक रही थीं। पिताजी उसे देखते ही लड़खड़ा गए और मेरे हाथ पर उनके हाथ की पकड़ और भी कस गई। हम पीछे मुड़े और पिताजी ने ऐसा दिखावा किया, मानो हम घर में कुछ भूल गए हों। हम जल्दी से

अंदर आए और अपने पीछे सारे दरवाजे बंद कर दिए।

कुछ देर बाद हम फिर से बाहर आए। नीले रंग के मेन गेट पर कागज का टुकड़ा चिपका हुआ था। वह हिटलिस्ट थी। उर्दू में थी। पहले जे.के.एल.एफ. लिखा था और फिर पंडितों को चेतावनी दी गई थी कि वे तत्काल घाटी खाली कर दें। इसके बाद दस लोगों के नाम थे और कहा गया था कि उन्हें मार दिया जाएगा।

मैंने कुछ नाम पढ़े, उनमें से कुछ नाम हमारे पड़ोस के ही थे। पिता बोले, "हमें कौल साहब को इस बारे में बता देना चाहिए।" हम सीधा उनके घर की ओर भागे।

"ओह! किसी ने हमें देखा न हो।" पिता बोले।

पिछली शाम, हमने अपने कौल साहब को बस स्टॉप पर देखा था। पिता और उनके बीच बात हुई थी और उन्होंने बताया था कि वे वहीं रहनेवाले थे।

"पंडित साहब, आप चिंता न करें। सेना आ गई है। दो महीने में सब सँभल जाएगा।" उन्होंने कहा था।

कौल साहब के घर झाड़ियों की पैदावार पर नजर गई, जिन्हें कब से सँवारा नहीं गया था। मेन गेट खुला था। हम अंदर चले गए। हमने देखा कि लकड़ी के दरवाजे पर ताला था।

"हो सकता है कि वे अंदर हों।" पिता ने कहा। हमने कौल साहब का नाम पुकारा, पर कोई जवाब नहीं आया। कौल जा चुके थे। हम झटपट वापस आ गए। सतीश और माँ इंतजार कर रहे थे। माँ ने यथासंभव सामान बाँध लिया था और हम जल्दी से चल दिए।

पिता बड़े गेट के पास रुके और पीछे मुड़कर देखा। आँखों में एक अजीब सा संकल्प दिखा, मानो कुछ तय कर लिया हो। आँखें नम थीं। माँ शांत थीं। सतीश साथ ही खड़ा था। कोई एक शब्द भी नहीं बोला। पिता ने जाने से पहले कुछ कहा था, मुझे अब भी याद है। घर के पास ही कुत्ता रोने लगा, इसे बदशगुनी माना जाता था। ऐसा होने पर घरवाले कहते—'यीत गछ, यीत छुय घर दिवता' (इधर से जाओ, दुर्भाग्य, इस घर के इष्ट इसकी रक्षा करते हैं)।

सतीश भी घर से सामान ले आया और उसने उसी रात जम्मू जाना तय कर लिया।

हम बस स्टॉप की ओर चले तो सारी दुकानें बंद दिखीं। सड़कों पर लोग नहीं थे। कर्फ्यू में कुछ घंटों की ढील थी, पर सड़कें वीरान थीं।

हम एक मिनी बस में सवार होकर लाल चौक आए। माँ ने सोने के अट्ट

कानों से उतारकर माथे की बिंदी भी हटा दी, ताकि वे पंडितों की तरह न पहचाने जाएँ। पिता ने कलाई से मौली उतार दी थी। लाल चौक पर पिता ने ऑटोरिक्शा को मनाया कि हमें छावनी के बाहर उतार दे, उस जगह से मौसी के घर आराम से जा सकते थे।

रास्ते में जगह-जगह सेना दिखी। जवानों ने सड़कों और इमारतों के अंदर बंकर बना लिये थे। जब तक हम मौसी के घर पहुँचे, बर्फ से पैरों की हालत खराब हो चुकी थी। ऐसा लग रहा था कि उन्हें काटना ही पड़ेगा। मैंने गीली जुराबें उतारीं और पैरों को काँगड़ी पर सेंकते हुए कराह निकल गई। बहन को हमारे वापस आने की खुशी थी। सभी चिंता कर रहे थे।

खबर अच्छी नहीं थी। उर्दू अखबारों में विज्ञापन आ चुके थे। कई आतंकी दलों ने पंडितों से कहा था कि उन्हें घाटी को खाली करना होगा, वरना उन्हें अंजाम भुगतना होगा।

□

अगले कुछ सप्ताह एक तंद्रा में बीते। आनेवाले कल का कुछ पता नहीं था। सड़कों पर जुनून जारी था। हर दिन किसी-न-किसी को गोली मार दी जाती। मेरी मौसी के घर भी हम एक तरह से नजरबंद ही थे।

समझ नहीं आ रहा था कि यह सब क्यों हो रहा था। अगर कश्मीरी आजादी चाहते थे तो पंडितों को क्यों मार रहे थे? हमें अपने घर छोड़कर क्यों जाना होगा, जिसमें मैं खेलता था, अपनी साइकिल चलाता था, अपने दोस्तों के साथ कॉमिक्स बाँटता था? किसी मंदिर को जलाने या सड़क पर पंडितों की औरतों को छेड़ने से आजादी का क्या लेना-देना था?

उन बदनसीब दिनों में हमें केवल कश्मीर दूरदर्शन चैनल की शाम की खबरों का इंतजार रहता था। अनुभवी न्यूज एंकर नहीं रहे, इसलिए दूरदर्शन ने कुछ नए लोगों को इस काम के लिए रखा। खबरें यकीन करने लायक नहीं होती थीं। पर उन हालात में थोड़ा हँसने का मसाला जुट जाता था। साढ़े सात बजे खबरें चालू होतीं, परदे पर खबरें सुनानेवाला अपने लिए संकेत होने की प्रतीक्षा करता दिखता। वह कुछ देर तक कैमरे को घूरने के बाद किसी रट्टू तोते की तरह खबरें पढ़ने लगता। इस दौरान, वह रुकता, कई बार घबराता और भूल जाता कि वह टी.वी. पर लाइव था। फिर वह कैमरामैन या निर्देशक की ओर संकेत कर अपने लिए निर्देश पूछता।

हम बच्चे इनकी तुलना उस कश्मीरी कॉमेडियन से करते थे, जो अस्सी के दशक के बीच हमें टी.वी. से चिपकाए रखता था। वह दो तरह की भूमिकाओं को एक साथ निभाता। एक में वह एक अजीब निरंकुश राजा बनता, जिसे होश में लाने के लिए शाही हथौड़ा मारना पड़ता। फिर वह होश में आकर जिस अदा से पानी माँगता, हम महीनों स्कूल में उसकी नकल उतारते रहे थे। हमारे कश्मीर से आने के बाद, एक दुर्घटना में उसकी जान जाने के बारे में सुना था। पर कुछ साल पहले, उसे दिल्ली के एक उत्सव में प्रदर्शन करते देख खुशी हुई और बहुत अच्छा लगा।

"हम ज्यादा दिन ऐसे नहीं रह सकते।" पिता ने एक दिन कहा। "हमें निकलना होगा। तुम्हें स्कूल भेजना होगा।"

पिछले कुछ दिनों से पिताजी मुझे और मेरी बहन को देख रहे थे और उन्होंने यही तय किया। मेरी बहन कॉलेज में थी। मैं हर सुबह किताबें तो निकालता, पर सारा दिन एक से दूसरे कमरे में घूमने, क्रिकेट खेलने या कॉमिक बुक्स पढ़ने के सिवा कुछ नहीं करता था, क्योंकि सर्दी के कारण बाहर नहीं जा सकते थे।

जिस दिन पिता ने तय किया कि हम जम्मू चलेंगे, उस दिन धूप खिली हुई थी। उन्होंने एक सहकर्मी से बात की थी, जिसने मदद करने का वादा किया था। उसने जम्मू के लिए टैक्सी का प्रबंध कर दिया था और हमें कहा था कि चालक को पता न चले कि हम हमेशा के लिए जम्मू जा रहे हैं। कई जगहों से खबर आई थी कि भीड़ ने भागनेवाले परिवारों को पीटा और उनका सामान लूट लिया। एक परिवार ट्रक में अपना सामान लादकर निकल ही रहा था कि भीड़ ने घेर लिया। वे उनका सबकुछ लूट ले गए।

हमारे मामले में ज्यादा मुश्किल नहीं था। हमारे पास ऐसा कोई सामान नहीं था, जिससे शक पैदा होता। पिता ने भले ही मन पक्का करके घर छोड़ा था, पर जाने क्यों उन्हें भी, कई दूसरे लोगों की तरह यही लगा था कि देर-सवेर उनकी घर वापसी अवश्य होगी।

टैक्सी अगली सुबह ही आ गई। हमारे पास एक छोटा बैग और दो सूटकेस थे। इसके अलावा मेरा स्कूल बैग था। हमने टैक्सीवाले से कहा कि हम एक विवाह में शामिल होने जम्मू जा रहे हैं। जब वह डिक्की में सामान रख रहा था तो मेरा बैग देखकर बोला, "पंडितजी, माना आप लोग पढ़ाई-लिखाई पर बहुत ध्यान देते हो, पर बच्चे को एक हफ्ते तो मौज करने दो।"

फिर उसने चाबी घुमाई और माँ ने चिल्लाकर मौसी से कहा, "हम जल्दी

वापस आते हैं।" कार में सन्नाटा था। पिता आगे बैठे और मैं पीछे बैठा था। माँ और बहन के सिर दुपट्टे से ढके थे।

"हमें सेना के कारवाँ से पहले निकलना होगा, वरना लंबे फँसेंगे।" उसने कहा। हाईवे पर लोग कई जगह झुंड बनाए दिखे। कुछ जगह कोहरे में जलते टायर दिखाई दिए। थोड़ा आगे जाने पर मार्तंड सूर्य मंदिर के खँडहर दिखने लगे।

हम चुपचाप आगे जा रहे थे। आगे जाकर सँकरी सड़क पर गति धीमी करनी पड़ी। अचानक ही एक आदमी सामने आ गया। वह छकड़ा गाड़ी चला रहा था। उसने हमें देखा, हवा में मुट्ठी उछालकर चिल्लाया—"मरो, पंडितो, तुम मरो!" (मरयु बट्टाव मरयु।)

हम डरे हुए थे। चालक शांत रहा। वह इस तरह आगे देखता रहा, मानो कुछ सुना ही न हो, मानो उस आदमी, उसकी मुट्ठी या उसकी आवाज का अस्तित्व ही न हो।

मानो उस टैक्सी में हमारा ही अस्तित्व न हो।

मेरे लिए हाईवे की यात्रा हमेशा सुखद हुआ करती थी। हम सर्दियों में उसी रास्ते से पिता के औपचारिक दौरे पर उनके साथ जम्मू जाते। माँ हमेशा घर के खाने का प्रबंध लेकर चलतीं। उनके पास कुछ बरतन, गैस स्टोव और घर के मसाले होते। हम डाकबँगले या फिर जम्मू शहर के ज्वैल चौक के छोटे से आरामदेह होटल में ठहरते।

जब मैं बचपन में पिता के साथ ऐसे ही दौरे पर साथ गया था, तब उनके लिए परेशानी हो गई थी, क्योंकि मैंने होटल का खाना खाने से इनकार कर दिया था। फिर वे मुझे जम्मू रेलवे स्टेशन ले गए। हम प्लेटफॉर्म पर खड़े थे, उन्होंने मूँगफलियाँ खरीदीं और मुझे खिलाने लगे। तभी छुक-छुक करती रेल देखकर मैं रोमांचित हो गया था। हम रेल के जाने के बाद भी वहीं खड़े रहे, मानो हम दोनों दार्शनिकों की तरह जीवन और उसके अर्थ पर विचार कर रहे थे। उसके बाद हम अमिताभ बच्चन की फिल्म 'राम-बलराम' का नाइट शो देखने गए और मैंने पासवाले आदमी से पॉपकॉर्न लेकर खाते हुए, उन्हें शर्मिंदा कर दिया था। उसके बाद पिता ने मुझे बल्ला भी खरीदकर दिया था, जिस पर कपिल देव के हस्ताक्षर थे।

और अब, हम हमेशा के लिए जम्मू जा रहे थे। सब बदल गया था और यात्रा यातना हो गई थी। जवाहर सुरंग आई तो मैंने माँ को देखा। वे प्रार्थना कर रही थीं।

जल्दी ही हम सुरंग पार कर रामबन आ गए। यह जम्मू-श्रीनगर के बीच शांत

इलाका है। मुझे याद है, लैंड स्लाइड के कारण रास्ता बंद था। उसके खुलने में अभी समय था। हमने उस जगह जो नजारा देखा, उसे देखकर सन्न रह गए। ट्रकों में पंडितों के परिवार भरे हुए थे, जो जम्मू जा रहे थे। उत्तर और दक्षिण कश्मीर के देहाती इलाकों में हालात हमारी उम्मीद से कहीं ज्यादा बुरे थे।

ट्रकों में महिलाओं को पशुओं की तरह ठूँसा गया था। मैं और पिता टैक्सी से बाहर आए हुए थे। एक ट्रक से तिरपाल हटाकर कुछ महिलाएँ बाहर ताकने लगीं। उन आँखों में एक सूनेपन के सिवा कुछ नहीं था। एक ऐसा खालीपन, जो किसी को भी अपने भीतर सोख सकता था। कई सालों बाद, मैंने ऑश्वित्ज के एक यहूदी कैदी की तसवीर देखी। जब मैंने उसकी आँखें देखीं तो मुझे वही दिन याद आ गया और उस महिला की सूनी-सूनी नजरें मेरे आगे दौड़ गईं।

□

हम उस शाम जम्मू पहुँचे। पिता के सिर पर रहने की जगह खोजने की चिंता सवार थी। हम जिस डाकबँगले में ठहरते थे, वह महँगा था और अब तो यह भी नहीं पता था कि हमें उस जगह कब तक रहना था। आखिर में, हमने एक सस्ते से होटल में एक कमरा लिया। माँ ने झट से कमरे के एक कोने में रसोई जमा ली और बहन को एक बाल्टी पानी लाने भेजा। कुछ साल पहले तक हमने पानी जमा करनेवाली टंकियों के बारे में सुना तक नहीं था। हमें यह समझने में समय लगा कि जम्मू में जो पानी मिल रहा था, वह पानी ताजा नहीं था।

पहले दिन, मैंने नहाने के लिए बाल्टी भरी। पहला डिब्बा अपने पर डालते ही याद आ गया कि मैं श्रीनगर में कैसे नहाता था। सर्दियों में हमें माँ सूरज निकलने से पहले जगा देतीं। बाथरूम में ताँबे के बड़े पुराने बरतन में गरम पानी भरा रहता। हम नहाते तो वे हमारे कपड़े गरम होने के लिए काँगड़ी के पास रख देतीं। फिर हम खुद को जोर-जोर से सुखाकर गरम कपड़े पहनते और अपने बिस्तरों में दुबक जाते। गरमी में जब माँ घर में न होतीं तो मैं मस्ती के लिए अपनी बगिया में लगे नल के पानी से नहाता।

जम्मू में मेरे लिए हमारे प्रवास की निशानी एक जोड़ी जूते बने। घर में एक बार पिता ने मुझे अपने से दुगनी उम्र के लड़के से फुटबॉल खेलते देखा तो वे मेरे लिए सनचेजर्स नामक स्टोर से बढ़िया फुटबॉल जूते ले आए। पर वे वहीं छूट गए थे। जम्मू आकर उनकी कमी सताने लगी। पिता ने गुमट बाजार से सस्ते कैनवास

के जूते ले दिए। मुझे पसंद नहीं थे, पर उनकी हालत समझता था। उनके पास पैसे नहीं थे और आनेवाले दिनों का कुछ पता नहीं था।

श्रीनगर में पिछले कुछ दिन केवल जान बचाने में ही बीते, ऐसी जगह जा सकें, जहाँ नारे न सुनाई दें। कोई लाउडस्पीकर न हों, हवा में तनी मुट्ठियाँ न हों, कोई हिटलिस्ट न हो, कोई कलशनिकोफ न हों, आजादी के तराने न हों, कोई हमें देखकर भद्दे इशारे न करे। इस तरह हम जवाहर सुरंग पार कर दूसरी ओर आकर निश्चिंत हुए।

जम्मू आते ही दूसरी तरह की चिंताओं ने सिर उठा लिया? अब हम कहाँ रहनेवाले थे? पैसा कहाँ से आएगा? क्या बाकी सब सलामत थे—हमारे अपने, हमारे रिश्तेदार? अचानक ही पिछले कुछ महीनों का आश्वासन टूटने लगा था कि सब ठीक हो जाएगा। लगता था कि अब वापस जाने में समय लगनेवाला था। हालाँकि तब भी दिमाग में यह नहीं आया था कि हमारी कभी वापसी नहीं होगी।

होटल में केवल कुछ ही दिन रहना संभव था। हमारे पास बचत नहीं थी। पिता का पैसा मकान बनवाने में लग चुका था। जब हम चले तो परछत्ती को बढ़ाने का काम चल रहा था। बढ़िया देवदार की लक्कड़ मँगाई गई थी और हमारे घर में तैयार पड़ी थी। बढ़ई फारूख को अलमारियों, दराजों और शेल्फों के नमूने भी बता दिए गए थे।

होटल में तीन दिन लगाने के बाद पिता बेहतर आवास की तलाश करने लगे।

शाम को हम पुराने जम्मू के बीच गीता भवन मंदिर में जाते। वहीं जाकर हमें पता चला कि हम अपने ही देश में कैसे विस्थापितों की तरह दुःख पा रहे थे। भवन में बहुत बड़ा बरामदा था। इमारत के कुछ हिस्सों पर उन परिवारों का कब्जा था, जिनके पास सिर छिपाने को जगह नहीं थी। कंबल, साड़ी या चादरें लगाकर घरों का भरम बना लिया गया था।

हम सभी भवन जाकर अपने जानकारों की बाबत पता करते। पड़ोसी और पड़ोसी मिलते, भाई और भाई आपस में मिलते। वे बरामदे में बैठकर अपने सुख-दुःख बाँचते।

उन दिनों सब यही बोलते सुनाई देते—'त्रठ हअ् सअ् पेयअ्'। (हम पर तो बिजली गिरी है।) कुछ एक के बाद एक सिगरेट पीते रहते। औरतें पानी भरने जातीं। सबकुछ किसी बुरे सपने की तरह था, पानी की अविश्वसनीय आपूर्ति भी इसमें से एक थी। बूढ़ी औरतें उस गरमी में भी अपने पारंपरिक फिरन पहने बाँस के हथपंखों से हवा करती दिखतीं।

उसी भवन में हमने जाना और सुना कि अनंतनाग में क्या हुआ तथा सोपोर, बारामूला, बडगाम और कुपवाड़ा में क्या हुआ। हंदवारा में 25 जनवरी को भारी भीड़ सड़कों पर उतर आई और उनके हाथों में चाकू, कुल्हाड़ी और लोहे की सलाखें थीं। कुछ ने तो कफन पहन रखे थे। एक रात पहले हुए ऐलान के जवाब में वह जुलूस निकाला गया था। "हमें आजादी मिल गई है और हम कल बड़े बाजार के चौक में आकर इसका जश्न करेंगे।" भीड़ पंडितों के मोहल्ले से निकली तो किसी ने चिल्लाकर कहा कि बंदूकें निकालो और इन्हें मार दो। सफा कदल, विस्थापित पंडित परिवारों पर सिक्के और शीरीन बरसाए गए, ताकि उन्हें बताया जा सके कि अब वे मर चुके हैं। भीड़ चिल्ला रही थी—'राम नाम सत्त है, अक्स अकीस पत्ते हैं।' (राम का नाम सच है, पंडित एक के बाद एक जा रहे हैं) पोरशियार में एक बूढ़े पंडित ने देखा कि एक नौजवान पंडित को हाथ-पैर बाँधकर झेलम की सीढ़ियों तक ले गए और उसका सिर इतनी बार पटका कि उसके नाक और मुँह से खून आने लगा।

जो बच गए थे, अब सड़कों पर थे। हमने सब खो दिया था—घर, सामान और चूल्हा; वह सबकुछ, जो कई पीढ़ियों में बना था। हर किसी को किसी-न-किसी चीज के जाने का गम था। मेरी माँ की एक जानकार औरत सीढ़ियों पर गुमसुम बैठी थी। उसकी पड़दादी ने उसे पश्मीने और शहतूश के दुशाले दिए थे। वह दशकों से उन्हें नैफ्थलीन की गोलियाँ रखकर सँभालती आई थी, ताकि अगली पीढ़ी को दे सके—उसे लगता था कि समय आने पर शॉलों को अपनी बेटियों और बहुओं में बाँट देगी और अब वह सब खो गया था, बारामूला के उस जुनून में कहीं छूट गया था।

"काश! मैं पड़ोसियों को किसी तरह संदेशा भिजवा सकती कि वे उस सामान को सँभाल लें।" उसने कहा।

"पागल न बन।" उसके पति ने कहा। "तुझे नहीं पता कि तेरी सहेलियों ने हमारे साथ क्या किया?" वह मेरे पिता की ओर मुड़ा और आपबीती बताने लगा। वे लोग सामान सहित जम्मू आनेवाले थे। उस आदमी ने छोटे ट्रक पर सामान लाने की बात भी कर ली थी। जब वे इंतजार कर रहे थे तो कुछ आदमी आए और दरवाजा पीटने लगे। फिर वे ठोकर मारकर भीतर आ गए।

बूढ़े दंपती कोने में सिकुड़ गए। "पंडित, सुना है कि तू जा रहा है, अच्छा है, दफा हो जा, पर तू अपना कोई सामान नहीं ले जा सकता।" इस तरह वह परिवार खाली हाथ ही जम्मू वापस आया। शुक्र है कि उन लोगों ने इनकी जान बख्श दी थी। बूढ़े ने बताया, "मुझे यकीन है कि पड़ोसी सब जानते थे। अब तक तो उन्होंने

तुम्हारी सारी शॉलें ले ही ली होंगी।"

उस औरत का रंग फक्क पड़ गया और उसके आदमी को उसी समय अफसोस हुआ होगा कि उसने इतनी निश्चितता से यह बात क्यों कही। कई बार कुछ बातों को इसी तरह रहने देना चाहिए, ताकि थोड़ी आस बनी रहे। मुझे लगता है कि ऐसे ही हालात में उस औरत ने जीने की आस भी छोड़ दी होगी।

कुछ महीने बाद, वह अपने उस एक कमरेवाले घर में चल बसी।

□

गीता भवन में ही ऐसा एक अनुभव हुआ, जो मेरा जीवन हमेशा के लिए बदल सकता था। एक शाम मैंने भवन के पीछे कुछ बड़े लोगों और लड़कों को जमा देखा। वे खाकी निक्करों में थे। उनमें से एक केसरिया रंग के झंडे का खंभा मैदान में गाड़ रहा था। फिर उन्होंने दो कतारें बनाईं और अपना हाथ हृदय पर रखकर कुछ मंत्र पढ़े। उनमें से एक ने मुझे देखा और पास आने को कहा।

"क्या तुम पंडित शरणार्थी हो?" उसने पूछा।

उसने मुझे पास बिठा लिया। एक और लड़का हमारे आगे उकड़ूँ बैठ गया और उसकी बातें ध्यान से सुनने लगा।

"तुम्हें मुसलमानों ने तुम्हारे ही घरों से निकाल दिया है। पता है, है न?" उसने पूछा।

"जी, उन्होंने हमें निकाल दिया है।" मैंने कहा।

"तो इससे तुम्हें क्या फर्क पड़ा?" उसने पूछा।

मुझे बात समझ नहीं आई, इसलिए मैं उसे देखता रहा। वह लड़का बोला, "गुरुजी पूछ रहे हैं कि क्या इससे तुम्हें कुछ महसूस हुआ? तुम्हें कैसा लगता है?"

मैंने सोचना चाहा कि मुझे कैसा लगता था। कुछ सेकंड तक दिमाग में कई तसवीरें कौंध गईं। उन लड़कों का हमारे घर पर दावा करना। 19 जनवरी की रात का डर। मेरे कमरे की गरमी। अचानक ही पसीना छूटने लगा।

"मैं बहुत गुस्सा हूँ।" मैंने कहा।

उन्होंने मुझे शांत भाव से देखा, "कितना गुस्सा?"

"बहुत गुस्सा।"

"जोर से कहो। कितना गुस्सा?"

"बहुत गुस्ससससससा!!!!"

"बढ़िया।" वे बोले। "अब सवाल यह है—तुम इस बारे में क्या करना चाहते हो ? क्या तुम नपुंसक की तरह बैठे रहोगे या कुछ करना चाहते हो ?" उन्होंने पूछा।

"नपुंसक।" मैं अचानक ही कुछ करना चाहता था। जी में आया कि बंदूक लेकर जुल्म करनेवालों को गोलियों से भून दूँ। लाल चौक से निकलनेवाले जुलूसों पर बम फोड़ दूँ।

"हम आर.एस.एस. से हैं। राष्ट्रीय स्वयंसेवक संघ। हम तुम्हारे गुस्से को दिशा देंगे।" वे बोले। "आओ, इन लोगों के साथ शामिल हो जाओ।" वे दूसरे आदमी को देखते हुए बोले।

हम जाकर केसरिया झंडे के आगे खड़े हो गए।

"अपना हाथ छाती पर रखो।" वह आदमी बोला।

मैं उन्हें पहले ऐसा करते देख चुका था, इसलिए ठीक यही किया। उन्होंने मुझसे एक मंत्र पढ़वाया।

"इस जगह रोज आया करो। हम यहीं मिलेंगे। हम तुम्हें बहुत-कुछ सिखाकर इनसान बना देंगे। एक आदमी, एक ऐसा आदमी, जो केवल अपने हक के लिए नहीं, बल्कि अपने समुदाय के लिए भी लड़ना चाहता है। हम सब हिंदू हैं। क्या तुमने परशुराम के बारे में सुना है ?" उसने कहा।

मैंने सुना हुआ था। मैंने प्रभु राम के छोटे भाई लक्ष्मण और परशुराम योद्धा के कुछ संवाद भी सुने हुए थे। मैंने उनमें से कुछ दोहराए। उसने मुझे देखा, पर उसे कुछ समझ नहीं आया। उसे वे श्लोक नहीं आते थे। फिर मैंने अपनी बात समझाई।

"ओह, अच्छा। अब याद आया।" उसके चेहरे पर मुसकान आ गई।

"कल आना। हम यहीं मिलेंगे।" उसने कहा।

उन सबने मुझसे हाथ मिलाए।

मैं इतना उत्साहित था कि मैदान से सीधा गीता भवन की इमारत तक भागता चला गया, ताकि जल्दी से पिताजी को सब बताया जा सके। भीड़ इतनी थी कि उन्हें खोजने में थोड़ा समय लगा।

ज्यों ही पिता ने मुझे देखा, "ओह, तुम इधर हो ?"

"तुम कहाँ गायब हो गए थे ?" वे गुस्से से बोले। वे हलका गुस्सा आने पर ऐसा ही कहते थे। मैंने उनकी बात अनसुनी की और अपने साथ घटी घटना के बारे में बताने लगा। मैं इतना रोमांचित था कि इस दौरान उनके भाव ही नहीं देखे।

"मैं उनसे कल और फिर रोज मिला करूँगा। वे मुझे सिखानेवाले हैं कि उन

मुसलमानों से कैसे लड़ना है, जिन्होंने हमें घर से निकाला है।"

"सुन, पागल कहीं के!" पिता ने गुस्से को दबाना चाहा, पर उनके सुर ने थप्पड़ की तरह वार किया। "हम इस जगह लड़ने नहीं आए, बल्कि तुझे स्कूल भेजकर पढ़ाई करवाने आए हैं। तुझे और किसी बात की चिंता नहीं करनी। हम कहाँ रहेंगे, क्या खाएँगे और पैसा कहाँ से आएगा—इनमें से कोई भी तेरी चिंता नहीं है। बस अपनी पढ़ाई पर ध्यान दे। और हाँ, कल स्कूल में तेरा नाम लिखवा रहे हैं।"

"दोबारा उन लोगों से मिलने की कोशिश भी मत करना।" वे गुस्से से फुफकारे।

कई वर्षों बाद, मैंने पिताजी को अहसान जाफरी के कत्ल की रिपोर्ट पढ़ते देखा, जिसे हिंदू भीड़ ने अहमदाबाद के गुलबर्ग मोहल्ले में बेरहमी से मार दिया था, जो मुसलमानों का पड़ोस था। मैं उनके पास ही बैठा था, मैंने पढ़ा कि जाफरी ने किस तरह अपने कमरे में अबाबील पक्षी का घोंसला बना रखा था और उन्हें बचाकर रखने के लिए पंखा तक नहीं चलाता था। उस दिन मुझे अहसास हुआ कि पिताजी ने मुझे एक अमूल्य उपहार दिया था। कुछ ऐसा, जिसके बल पर मैं एक दिन टी.वी. न्यूज स्टूडियो में हो-हल्ला मचानेवाले पियक्कड़ आर्मी जनरल का सामना भी पूरी शांति से कर सका। हम कश्मीर में मानव अधिकारों के हनन पर बहस के लिए जमा हुए थे और मैंने कहा कि ऐसे अपराधों के खिलाफ जीरो टॉलरेंस होनी चाहिए। वह चिल्लाया, "तुम यह कैसे कह सकते हो? उन लोगों ने तुम्हें जबरन तुम्हारे घरों से निकाला। तुम्हें शरणार्थी बनाया।"

मैंने उसकी आँखों में आँखें डालीं और देखते हुए कहा, "जनरल, मैंने अपना घर खोया है, इनसानियत नहीं खोई।"

□

पिता की ओर से अच्छी रिहाइश की कोशिश जारी रही। कई पंडित परिवारों ने जम्मू के स्थानीय लोगों से किराए पर कमरे लिये थे, परंतु वह भी कम डरावना नहीं था। हम मकान मालिकों के हाथों शोषण और बुरे बरताव की कई घटनाएँ सुन चुके थे।

कुछ दिन की खोज के बाद पिता ने कहा कि उन्हें एक जगह मिल गई है। वह पुराने शहर में बाजार के बीच राजपूतों की सस्ती धर्मशाला थी। उसे राजपूत सभा कहते थे, कुछ कमरे उनके अपने समुदाय के लोगों के लिए खाली रहते थे। जब वे वैष्णो देवी दर्शन करने आते तो वहीं ठहरते। उनके बड़े हॉल में ही ब्याह-शादी

वगैरह भी होते। उसके आसपास शादी–ब्याह और दुलहनों का सामान मिलता था। पास ही में मिठाई की दुकान थी और रंगरेजों की दुकानों पर लड़कियों के झुंड दुपट्टे रँगवाने आया करते। कमरा छोटा था, छत से मरियल पंखा झूल रहा था, जो किसी ने अपने दादा की याद में दान किया था।

होटल की तरह इस जगह गद्दे और पलंग नहीं थे। एक कंबल और चादर के अलावा हमारे पास कुछ नहीं था। कई दिनों तक हम फर्श पर अखबार बिछाकर सोते रहे। माँ केरोसिन के छोटे स्टोव पर खाना पकातीं और हम इस उम्मीद में खाना खा रहे होते कि इस दौरान बिजली न जाए। हम मिनट में ही पसीने से भर जाते थे। रात को गरमी के कारण सो नहीं पाते थे। एक सप्ताह बाद ही पिताजी सूती चादरें ले आए, ताकि हम उन पर सो सकें। पानी सुबह के समय केवल एक ही घंटे के लिए आता था।

रविवार को मैं स्थानीय दुकानदारों की सीढ़ियों पर चुपके से खड़े होकर 'महाभारत' देखने निकल जाता। उनके कामगार वहीं से टी.वी. देखते थे और मैं भी उनमें शामिल हो जाता। जम्मू में बिजली तो आती थी। श्रीनगर में तो पहले 'रामायण' और फिर बाद में 'महाभारत' दिखाने के समय जानकर बिजली बंद कर दी जाती थी।

उसके ठीक बाद एक और धारावाहिक आता था। यह एक बच्चे लेखू के बारे में था, जो विज्ञान की मदद से छोटे बदलाव लाते हुए लोगों के जीवन को खुशहाल बनाता था। पर 'महाभारत' के बाद सबको उस जगह से हटना पड़ता था, क्योंकि दुकानवाले का परिवार दरवाजा बंद कर लेता था। फिर मैं पासवाले मंदिर के बाहर बेंच पर बैठकर सोचता कि लेखू ने आज क्या किया होगा? एक बार पिता ने बताया था कि कैसे उन्होंने चुंबक और ताँबे की तार से रेडियो बनाया था। उस बेंच पर बैठकर मैं भी यही सोचता कि मैं टी.वी. कैसे बना सकता था, ताकि लेखू के कारनामे देख सकूँ।

राजपूत सभा में माँ को भारी मानसिक सदमा झेलना पड़ा। एक शाम उस हॉल में किसी परिवार की बेटी की शादी थी। जब अँधेरा हुआ तो नए जगमग करते कपड़ों में लोग आने लगे। स्टीरियो पर फिल्मी गाने चल रहे थे और कई लोग उन पर थिरक भी रहे थे। उस रात किसी ने हमारा दरवाजा खटखटाया। माँ ने देखा कि एक आदमी हाथ में प्लेट लिये खड़ा था। उसने उन्हें प्लेट दी और वापस चल दिया। माँ ने अखबार हटाकर देखा तो उसमें दाल, चावल और कद्दू की तरकारी

थी। माँ उसे कुछ देर घूरती रहीं और फिर जार-जार रोने लगीं।

अगली सुबह, मैं उनके साथ दूध लेने गया। वे कतार में आगे खड़ी महिला से बात करने लगीं। 'पता है, कश्मीर में हमारे घर में बाईस कमरे थे।'

□

एक दिन अचानक ही राजपूत सभा में हमारे प्रवास का अंत हो गया। केयर टेकर सामुदायिक केंद्र के नियमों का हवाला दे रहे थे—किसी को भी एक सप्ताह से अधिक समय तक रहने नहीं दिया जा सकता था और हमें उस जगह एक माह से अधिक हो गया था।

जब भी वे नियमों की बात करते, माँ कुछ अच्छा बनाकर केयरटेकर को भेज देतीं। और अब पाँच सप्ताह बीत गए थे और मामला उसके हाथ से बाहर था। प्रबंधन ने सब जान लिया था, एक दिन केयरटेकर ने आकर कहा कि हमें चौबीस घंटों में कमरा खाली करना होगा।

हमें अपना सामान बाँधने में बहुत देर नहीं लगी। पर हमें कहाँ जाना है, यह प्रश्न हमारे अस्तित्व पर किसी काले बादल की तरह मँडरा रहा था। एक बार फिर से पिताजी रिहाइश खोजने चले।

उस शाम उन्होंने वापस आकर कहा, "कुछ नहीं मिला। हमें किसी और धर्मशाला में जाना होगा।" हमने एक ऑटोरिक्शा किया। एक सप्ताह पहले, हमारी दादी भी साथ आ गई थीं। उन्होंने चाचा के साथ पहले ही श्रीनगर छोड़ दिया था।

विनायक धर्मशाला का प्रमुख द्वार पुराना था और एक सब्जी की दुकान के पीछे छिपा-सा हुआ था। मुझे उसके बारे में सबसे पहले यही याद आता है कि उस इमारत से अमोनिया की गंध आती रहती थी, इमारत के बीच में ही गंदा और बदबूदार मूत्रालय स्थित था। हमारे कमरे की खिड़की दीवार के आगे खुलती थी। उस जगह एक चारपाई थी और चारों ओर सिंदूर के निशान थे। पंखा टूटा हुआ था और उस पर सदियों की धूल जमा थी। जबरदस्त गरमी थी। माँ कमरे में अखबार बिछाए बैठी थीं और रो रही थीं। हमारे उस जगह जाने के एक ही घंटे बाद बिजली चली गई। बाहर पियक्कड़ मजदूर गाली-गलौज कर रहे थे, वे हमारे कमरे के बाहर बरामदे में लेटने के लिए हाथापाई कर रहे थे। उस जगह बहुत मच्छर थे। कुछ ही देर में थकान के मारे दादी को नींद आ गई। वे नींद में भी खुद को हवा कर रही थीं। पिता बाहर के वैष्णो देवी ढाबे से थोड़ा खाना खरीदकर लाए, पर हमारी भूख मर चुकी थी।

हमने सुबह होते ही कमरा छोड़ दिया। हमने एक-दूसरे को देखा। ऐसा लगा कि सबको माता निकल आई थी। हम हमारे चाचा के घर चले गए, जो एक कमरेवाले घर में रह रहे थे। मेरे पिता और चाचा मिलकर घर खोजने निकले। हमने मच्छरों के काटे पर नींबू का रस मला। मेरी चाची ने नाश्ता बनाकर दिया, पर उस जगह ज्यादा नहीं ठहर सके, क्योंकि मकान मालिक को किराएदार के मेहमान नहीं भाते थे। हम यही हाथ जोड़ते रहे कि हमें रहने को जगह मिल जाए। पिता और चाचा दोपहर को लौटे तो कमीजें पसीने से तर थीं, चेहरे का रंग लाल हो गया था। पर मैं देख सकता था कि पिताजी शांत थे। मदन लाल उनके सुकून की वजह था।

कई बरस पहले, हम जम्मू आए तो रात हो चुकी थी। डाकबँगले में कमरा नहीं मिला और हमें उपयुक्त कमरे की खोज में होटल-होटल भटकना पड़ा। वहीं हमारी भेंट तवी व्यू होटल के मैनेजर मदन लाल से हुई। यह होटल कार मरम्मत की दुकानों के पीछे छिपा था। मदन लाल पंडित थे, जो कई साल पहले जम्मू आकर बस गए थे। वे मेरे चाचा को जानते थे, जिनका चेहरा पिता से मिलता था, वे हमें पहचान गए। उस बरसती शाम में उन्होंने न केवल हमें कमरा दिया, बल्कि गरम खाने और चाय का प्रबंध भी किया था। वे बहुत कर्मठ थे और सारे होटल को चमकाकर रखते थे।

और अब, इतने साल बाद, उन्होंने ही हमारे जीवन के कठिन दौर में हमारी मदद की। अब वे होटल गुलमोहर के मैनेजर थे। अचानक ही वे पिता और चाचा को मिल गए। इसके बाद वे यह कहानी कई बार सुनाते थे कि वे किस तरह अपने बीमार रिश्तेदार को देखने जा रहे थे और उनसे मिल नहीं सके।

उन्होंने एक हजार में कमरा किराए पर दिया, जिसे बाद में नौ सौ रुपए कर दिया। हम तत्काल अपने कमरे में आ गए। हमारा कमरा सबसे ऊपरी मंजिल पर था, जिससे पहाड़ी दिखती थी, जिस पर एक कॉलोनी बनी थी। हमने उसी जगह सबसे पहले बड़ी सफेद दीवार देखी, जिसकी कौंध दोपहर की रोशनी में अंधा कर सकती थी। आनेवाले दिनों में हम उसे देखकर ही अंदाजा लगाते थे कि उस दिन कितनी गरमी थी।

इस तरह जीवन में नए अध्याय का आरंभ हुआ। गरमी की इंतहा हो गई थी। हमें सुबह उठते ही नीचे से पानी लेने जाना होता था। हर सुबह, पूरा एक घंटा पानी लाने के नाम हो जाता। यह काम मुश्किल लगता था, क्योंकि उस समय ही गरमी कम होती थी और सोने का मन करता। पर अगर सोते रह जाओ तो पानी नहीं

मिलता था। फिर भी हमारा जीवन उनके जीवन से बेहतर था, जो शरणार्थी कैंपों में थे या मेरे चाचा की तरह एक कमरे में गुजारा कर रहे थे।

रातें डरावनी थीं। आधी रात को सारा शहर इस तरह आग उगलता, मानो किसी ड्रैगन के मुँह से आग निकल रही हो। हम माँ के दुपट्टे भिगोकर लपेटते। जब तक नींद आती, तब तक उठकर पानी लाने का समय हो जाता। उसके ठीक बाद स्कूल जाना होता था।

मैं लाल चैकवाली कमीज और जींस पहनकर बाहर निकलता। जब वापस आता तो सूरज सिर पर होता। होटल तक वापस आने में ही सिर चकरा जाता। हर तीन-चार दिन बाद मैं बस का किराया बचाने के लिए स्कूल से होटल तक पैदल आता-जाता, ताकि बचाए हुए पैसों से गोल्ड स्पॉट पी सकूँ। पीने का पानी पीने से जी मिचलाता था। मुझे ठंडा पानी पीने का मन करता था। कई बार हमें किसी जानकार के घर से बर्फ मिल जाता, जिसके घर फ्रिज होता। उसके बाद हमने ठंडे पानी के लिए अपना ही इंतजाम कर लिया। हर सुबह, मैं रघुनाथ बाजार जाकर एक रुपए का बर्फ खरीद लाता और उसे पॉलीथिन में डालकर छोटे वाटर कूलर में रख देते। इस तरह हमें दोपहर तक पीने का ठंडा पानी मिल जाता।

उन गरमी में हमने बहुत कम खाना खाया। हमारे पेट पानी से भरे रहते। कई बार रात को श्रीनगर की बगिया दिखाई देती और दिखता कि मैं उस नल के नीचे रहा हूँ। मेरी दादी अकसर कहतीं, "काश, मैं मुँह से पाइप लगाकर गटागट ढेर सारा ठंडा पानी पी सकती।"

हमें हर दिन होटल से 'डेली एक्सलशियर' की प्रति मिलती। मदन लाल उसे पढ़ने के बाद मुझे पढ़ने को दे देते। मैंने देखा कि अखबार में मृतकों के प्रति श्रद्धांजलि की खबरें बढ़ती जा रही थीं। कड़ी गरमी और बेघर होने का दुःख उन पर भारी पड़ा था।

□

जून 1990 की सुबह, मैं होटल के रिसेप्शन में बैठा था कि अखबार का पहला पन्ना देखते ही दहल गया। 'खूँखार आतंकी लतीफ लोन एक मुठभेड़ में मारा गया।' मैं भागकर पिताजी को सब बताना चाहता था, पर पहले उसकी पूरी रिपोर्ट पढ़ने लगा। लतीफ सुरक्षाबलों के साथ मुठभेड़ में मारा गया। उसमें लिखा था कि वह सुरक्षाबलों के खिलाफ कई हमलों का मास्टरमाइंड रहा था। उनमें से वह हमला भी शामिल था, जब हमारे घर के बाहर दो सुरक्षाकर्मी मारे गए थे। कहते हैं

कि उसने अफगानिस्तान में मुजाहिदीन से प्रशिक्षण लिया था।

मैं घर में गया और सबको बताया। माँ रोने लगीं। वे यही कहती रहीं—'लतीफ, जवान-ए-रइल'; 'लतीफ, जवान-ए-रइल'; 'लतीफ, जवान-ए-रइल' (लतीफ तो अभी जवान था)।

उस दिन घर में खाना नहीं पका। माँ ने कौर तक नहीं खाया। मन नहीं मान रहा था कि लतीफ नहीं रहा।

हमें रवि ने बाद में विस्तार से सब बताया। जब सारे पंडित परिवार मोहल्ले से जा चुके थे तो हम दोनों परिवारों ने ही रुकने की सोची थी। दूसरा परिवार रवि का था। रवि को हाल ही में सरकारी कॉलेज में लेक्चरर की नौकरी मिली थी। उसे लगा कि कोई उसके परिवार को नुकसान नहीं पहुँचा सकता था। उसे अपने दोस्तों और सहकर्मियों पर भरोसा था।

जिस दिन लतीफ मारा गया, उस दिन बारहवीं के बोर्ड के नतीजे आए थे। वह बॉम्बे ब्यूटीज के बाहर हाथ में गजट लिये खड़ा था। उसने हमेशा की तरह नया पठानी सूट पहना था, आँखों में काजल लगा हुआ था। अचानक ही सेना की जिप्सी सामने आकर रुकी और लतीफ उन्हें देखकर भागा। दुकान के पीछे ही कँटीली तारें लगी थीं, जिनके पीछे कुछ घर और खुला मैदान था। जब वह उसे पार करने लगा तो उसकी सलवार तारों में उलझी। सिपाहियों ने देखते ही गोली चलानी शुरू कर दी। लतीफ की आंटी ने उसे बचाना चाहा, पर गोली की गति अधिक थी। वह तारों के बीच उलझे हुए ही मर गया। उसकी लाश को तुरंत हटा दिया गया।

रवि ने बताया कि उसके जनाजे में हजारों लोग शामिल थे। कुछ ही सप्ताह बाद, हमारा एक मुसलमान पड़ोसी घर से कुछ मील की दूरी पर पेड़ से लटका हुआ मिला। वह दर्जी था और कई बार ब्लैक में सिनेमा के टिकट बेचता था। वह चरसी भी था। लतीफ के संगठन को शक था कि उसने ही लतीफ के बारे में सेना को बताया था, इसलिए उसे घुटनों पर गोली मारकर पेड़ से लटका दिया गया।

लतीफ की मौत की खबर बार-बार पढ़ते हुए मुझे वह समय याद आया, जब हम रवि की छत पर एंटीना ठीक कर रहे थे। एंटीना के पास ही लकड़ी के कुंदे पर निकली अजीब सी चीज ने मेरा ध्यान खींचा।

जब हम नीचे आए तो मैंने लतीफ से पूछा, "भाईजान, यह क्या है?"

उसने उसे देखा, मेरे बालों में हाथ फिराते हुए कहा, "यह शैवाल है।"

□

भाग–3

मार्च 1990 के बाद से घाटी में पंडितों का कत्ल-ए-आम कई गुना हो गया। कश्मीर से दुःखदायी खबरें आ रही थीं। आजादी के नाम पर पंडितों को खोजा जाता और सड़कों पर बेरहमी से मार दिया जाता। हिंदू अल्पसमुदाय की हत्या एक तरह से रक्तपिपासा हो गई थी। अप्रैल 1990 तक मुखौटा उतर चुका था। न केवल हथियारबंद आतंकियों को इन हत्याओं में गर्व अनुभव हो रहा था—सड़कों पर आम लोग भी ऐसे घृणित काम में हिस्सा ले रहे थे।

श्रीनगर के छोटा बाजार इलाके में, छत्तीस वर्षीय बी.के. गंजू को चेतावनी दी जा चुकी थी कि उसका नाम पड़ोस की मसजिद में हिटलिस्ट पर था। यह मार्च 1990 था। गंजू और उसकी पत्नी ने जान की सलामती के लिए अगली सुबह श्रीनगर छोड़ने का निर्णय लिया। जब वे सुबह निकलने लगे तो फोन की घंटी बजने लगी, पर उन्होंने फोन नहीं उठाया।

जल्दी ही दरवाजे पर खटखटाने की आवाज आने लगी। गंजू की पत्नी से उसके पति के बारे में पूछा गया।

"गंजू किधर है? उससे जरूरी काम है।" बाहर से किसी ने कहा।

"वे तो काम पर चले गए।" गंजू की पत्नी ने कहा। बाहर से आवाज आनी बंद हो गई, पर गंजू की पत्नी ने दरवाजा नहीं खोला।

अचानक गंजू की पत्नी ने पहली मंजिल की खिड़की से बाहर देखा। दरवाजे पर कोई नहीं था। तभी निचले कमरे से आहट आने लगी। अजनबी खिड़की तोड़कर अंदर आना चाह रहे थे। उसने पति से आग्रह किया, वह परछत्ती में चावल से भरे ड्रम में छिप जाए। तब तक दो लोग घर में आ चुके थे। उनमें से एक के हाथ में राइफल और दूसरे के हाथ में पिस्तौल थी। उन्होंने गंजू की पत्नी को एक ओर

धकेला और सारे घर की तलाशी ली, जब उसका पति नहीं मिला तो वे चले गए।

पुराने श्रीनगर में घर बहुत नजदीक बने हुए थे। गंजू के पड़ोस की एक मुसलमान औरत ने गंजू को छिपते देख लिया था। जब वे आदमी बाहर गए तो उस औरत ने इशारा कर दिया और बताया कि उसने क्या देखा था। वे लोग वापस आए और गंजू को वहीं गोली मार दी।

जब वे नीचे आए तो गंजू की पत्नी बोली कि उसे भी गोली मार दी जाए। वे बोले, "नहीं, इसकी लाश पर कोई रोनेवाला भी तो होना चाहिए।"

अनंतनाग, दक्षिण कश्मीर में एक जाने-माने कश्मीरी कवि और लेखक सर्वानंद कौल 'प्रेमी' से उनके रिश्तेदार आग्रह कर चुके थे कि वे श्रीनगर छोड़ दें। पर वे नहीं माने, उनका कहना था कि कोई उन्हें छू भी नहीं सकता। वे बोले कि उनका पूरा जीवन मुसलमानों के पड़ोस में ही बीता था। उनका मानना था कि वे लोग उनकी रक्षा करेंगे।

जब वे सत्रह साल के थे तो उन्होंने भारत छोड़ो आंदोलन में हिस्सा लिया था। इसके बाद, 1946-47 में कश्मीर के डोगरा महाराज के शासन के खिलाफ कश्मीर छोड़ो आंदोलन का भी हिस्सा रहे। प्रेमी ने टैगोर की 'गीतांजलि' और भगवद् गीता का कश्मीरी में अनुवाद किया था। वे धर्मनिरपेक्ष थे—उनके पूजा के कमरे में कुरान की दुर्लभ प्रति रखी थी। वे रिटायर होने के बाद से साल में तीन महीने दो स्कूलों में पढ़ाते आ रहे थे। उनमें से एक इसलामी स्कूल था और दूसरी हिंदू शैक्षिक सोसाइटी थी।

29 अप्रैल, 1990 की रात, तीन हथियारबंद लोग प्रेमी के घर में घुसे। उन्होंने परिवार को एक कमरे में आने का आदेश दिया—"अपना सारा कीमती सामान इधर लेकर आओ।" वे लोग गहने, नकद, खानदानी पश्मीने की शॉलें लेकर आ गए। फिर औरतों से कहा गया कि शरीर पर पहने जेवर भी उतार दें। वैसा ही किया गया। उन्होंने सारा सामान बड़े से सूटकेस में भरा और प्रेमी से उसे उठाने को कहा गया।

"तुम इन्हें कहाँ ले जा रहे हो?" औरतों ने उन तीन आदमियों से विनती की।

जब प्रेमी ने सूटकेस उठाया तो उनके हाथ काँप रहे थे। वे छप्पन साल के थे। सत्ताईस वर्षीय बेटे वीरेंद्र ने पिता की हालत देखकर साथ चलने की बात कही।

हथियारबंद लोग बाप-बेटे को रात के घने अंधकार में साथ ले गए। परिवार सारी रात इंतजार करता रहा, पर वे वापस नहीं आए।

पुलिस को अगले दिन उनकी लाशें पेड़ से लटकी हुई मिलीं। उन लोगों ने

माथे पर उस जगह कील ठोंकी थीं, जहाँ वे तिलक लगाते थे। उनके हाथ-पैर टूटे हुए थे और शरीर पर सिगरेट से दागने के दाग थे। उन्हें गोली भी मारी गई थी।

बांदीपोरा, उत्तरी कश्मीर में अट्ठाईस वर्षीय गिरजा तिक्कू स्कूल में प्रयोगशाला सहायक थी। परिवार पहले ही जम्मू चला गया था, पर निर्धन परिवार को गिरजा के वेतन का ही आसरा था।

वह हर महीने जम्मू से बांदीपोरा आती थी, ताकि अपना वेतन ले सके। अप्रैल तक हालात बदतर हो गए थे। वह बांदीपोरा के टीकर गाँव में अपनी कजिन के साथ रह रही थी, उसने कहा कि उसे अपना वेतन लेकर जल्दी से निकल जाना चाहिए। उसने सलाह भी दी थी कि वह दोबारा न आए। पर वेतन की जरूरत थी, इसलिए गिरजा को मई में फिर से आना पड़ा। इस बार कजिन भी जम्मू जा चुका था, इसलिए गिरजा को एक मुसलमान परिवार में रुकना पड़ा। उस घर का मुखिया गिरजा के पिता का दोस्त था। जिस सुबह वह पहुँची, उससे अगले दिन उसे चार लोग उठा ले गए। उसकी लाश कुछ दिन बाद सड़क के किनारे पड़ी मिली।

बरसों बाद, आतंकी संगठन हिजबुल मुजाहिदीन का सीनियर कमांडर बांदीपोरा के रहनेवाले से गिरजा तिक्कू की बात कर रहा था। वे घाटी में आतंकवाद के आरंभिक दिनों की चर्चा कर रहे थे। उनकी बातचीत पंडितों से होते हुए गिरजा तक आ गई। उसने कहा कि गिरजा का अपहरण किया गया और आँखों पर पट्टी बाँध दी गई। चार लोगों ने चलती टैक्सी में उसके साथ बलात्कार किया। जब वे आपस में बारी ले रहे थे तो गिरजा ने उनमें से एक को आवाज से पहचान लिया, जिसका नाम अजीज था।

"अजीज, तुम भी इनमें हो न?" उसने पूछा।

अजीज को चिंता होने लगी। गिरजा ने उसे पहचान लिया था। वे उसे आरा मशीन पर ले गए और उसे जिंदा ही आरा मशीन से काट दिया।

आजादी चाहनेवाले धार्मिक अल्पसंख्यकों के साथ यह सब कर रहे थे।

जून 1990, आतंकियों ने अश्विनी कुमार नामक सी.ए. को गोली मारकर घायल कर दिया। उसके पिता ने पुलिस स्टेशन जाकर एंबुलेंस भेजने को कहा, ताकि बेटे को इलाज के लिए ले जा सकें। स्टेशन के इंचार्ज ने कहा, "इंडिया से हेलीकॉप्टर आएगा, उसका इंतजार कर।" जब वह आखिर में अपने बेटे को अस्पताल लेकर पहुँचे तो डॉक्टरों ने इलाज करने से मना कर दिया। परिवार ने किसी तरह बेटे को सौरा मेडिकल संस्थान में भर्ती किया, पर किसी भी डॉक्टर ने

हाथ तक नहीं लगाया और अश्विनी ने दम तोड़ दिया।

ऐसे ही कई मामले सामने आए, जब डॉक्टरों ने आतंकियों के हाथों घायल हुए पंडितों का इलाज करने से ही मना कर दिया था।

□

माँ जब भी ऐसी बातें सुनतीं तो रोने लगतीं। हर शाम, रात के खाने से पहले पिता के साथ बैठकर रेडियो कश्मीर पर खबरें सुनतीं। इन कत्लों के बारे में सुनकर उन्हें अपने भाई के परिवार और रवि की बहुत चिंता होने लगी थी।

"पता नहीं उन्हें क्या हो गया है? वे सबकी तरह इधर क्यों नहीं आ जाते?" वे अकसर कहतीं।

कई बार जब भी खबरों में हमारे पड़ोस का नाम आता—आतंकियों और सुरक्षाबलों के बीच मुठभेड़ या फिर हथगोले का कोई हमला, सेना का छिपे आतंकियों को मारने के लिए किसी इमारत को उड़ाना। यह सुनकर माँ का दिल डूब जाता और वे प्रार्थना करने लगतीं।

हमारे श्रीनगर छोड़ने से कुछ साल पहले की बात है, रवि पैलेडियम सिनेमा के बाहर अपनी बाइक से गिर गया और घुटने पर बड़ा घाव हो गया। अस्पताल में इलाज के बाद वह घर आ गया। हालाँकि कुछ दिन बाद वह चाहकर भी पट्टी नहीं बदल सका। खून सूखकर पट्टी से चिपक गया था और घाव से पट्टी अलग नहीं हो रही थी। हाथ लगाते ही उसे दर्द होने लगता। उसने कंपाउंडर राम जू को भी हाथ नहीं लगाने दिया। फिर वह हमारे घर माँ के पास आया और उन्हें कहा कि वे पट्टी बदल दें।

माँ ने साफ पट्टी, रुई और एंटीसेप्टिक मलहम निकाला। उन्होंने रवि को देखते हुए, पट्टी का एक छोर हाथ में पकड़कर पूछा, "तो तेरी मोटरसाइकिल की सबसे तेज स्पीड क्या हो सकती है?" रवि का ध्यान दूसरी ओर हो गया। उसके जवाब देने से पहले मुँह से एक तेज कराह निकली। माँ ने झटके से पट्टी खींच दी थी। मैं कभी नहीं समझा कि माँ में उस दिन इतनी हिम्मत कैसे आ गई थी!

और अब रवि और उसका परिवार श्रीनगर में थे और हम जम्मू में थे। माँ की रातों की नींद हराम थी, उन्हें सबकी सलामती की चिंता सवार रहती। वैसे भी आनेवाले कल की चिंता और जम्मू की गरमी के मारे नींद आती ही कम थी।

रवि को जब भी मौका मिलता, वह जम्मू मिलने आता। उसके आते ही माँ

का मन खुश हो जाता। वे गुनगुनाने लगतीं और मुझे बाजार भेजकर रवि की पसंद का सामान लाने को कहतीं।

"जा, सिंथोल साबुन ले आ, उसे अच्छा लगता है।"

"क्या मदन लाल को पूछकर उसके फ्रिज में थम्स अप की बोतलें ठंडी करनी रख सकते हैं?"

"क्या तू ग्रीन लेबल पैकेट चाय ले आएगा? रवि यही पीता है।"

जब रवि दरवाजे पर आता तो माँ की आँखें खुशी से भर आतीं और वे उसे कसकर गले से लगा लेतीं। फिर कई दिन तक उसे भरपेट खाना खिलाया जाता।

"मेरी रोटी पर घी मत लगाना।" रवि इसरार करता।

पर उसकी एक न सुनी जाती। रवि के ज्यादा जोर देने पर माँ कहतीं, "कॉलेज के मैदान में दो राउंड लगा लेगा तो सब गायब हो जाएगा।" फिर वे मन-ही-मन रवि के कॉलेज को याद करने लगतीं।

"भगवान् के लिए तुम लोग इधर क्यों नहीं आ जाते? सब यहीं हैं। सारा परिवार यहीं है।" वे कहतीं। रवि हँसकर कहता, "जाओ, मेरे लिए दम आलू बनाओ।" रवि को अपने दोस्तों पर पूरा यकीन था, इसलिए वह आना नहीं चाहता था। जब वह श्रीनगर चला जाता तो माँ फिर से रेडियो पर शाम की खबरें सुनने की दिनचर्या में लौट जातीं।

□

अगस्त 1990, हमें होटल खाली करना पड़ा। मदन लाल पर गबन का आरोप लगा और उनकी नौकरी जाती रही। जब वे चले गए तो मालिकों ने कहा कि उन्हें होटल में काम करवाना है। हम जानते थे कि हमारे पास कहीं और जाने के सिवा कोई उपाय नहीं था।

गुमट चौक के पास केमिस्ट की दुकान थी, जिससे हम दवा लेते थे। पिताजी केमिस्ट के जानकार हो गए थे, उन्होंने उससे रहने के ठिकाने के बारे में पूछा। केमिस्ट ने कहा कि नहर के पास ही उसकी बहन रहती है। उसका ब्याह सेना अधिकारी से हुआ था और उनके घर में एक कमरा खाली था। उसका किराया पाँच सौ रुपए होगा।

यह होटल के किराए से कम था, इसलिए पिता ने झट से हामी भर दी, हालाँकि हमें पता नहीं था कि हमें कैसे मकान मालिक मिलनेवाले थे।

अपने होंठों पर प्रार्थना लिये, हमने बैग उठाए और 1 सितंबर, 1990 को भगवती नगर आ गए। कॉलोनी छोटी थी, पर नहर के पास ही बनी थी। भीतरी गलियों के चौराहे पर एक मकान था और हमें आगेवाला कमरा दिया गया। हमारा कमरा होटलवाले कमरे से बड़ा था। माँ ने हमेशा की तरह झट से एक कोने में रसोई जमा दी। केमिस्ट की बहन अपनी सास के साथ पिछले हिस्से में रहती थी और वे दोनों बहुत अच्छी थीं। घर की बूढ़ी महिला ने हमें गद्दों के नीचे बिछाने के लिए पुरानी दरियाँ भी दीं। घर का मालिक ड्यूटी पर ही रहता था।

कमरा अँधेरा और सीलन से भरा नहीं था, पर था तो एक छोटा कमरा ही। एक कोने में रसोई बनी, लकड़ी की लंबी हिलनेवाली बेंच पर बरतन और दूसरा सामान रखा गया, जो मकान मालकिन ने ही दिया था।

हर दिन माँ इस डर से जल्दी उठ जातीं कि कहीं पानी भरने से न रह जाए। वह सुबह केवल एक ही घंटे के लिए आता था और कई बार तो वह भी नहीं आता था। कई बार सुबह आँख खुलती तो माँ दीवार की टेक लगाए बैठी दिखतीं, वे पानी आने का इंतजार कर रही होती थीं। उनके लिए यह बहुत बड़ी बात थी कि हमारे लिए पूरे दिन में पानी की कमी न हो।

उसी कमरे में हमने जीवन के बिखरे टुकड़े सहेजने शुरू किए और खुद को लंबी यात्रा के लिए तैयार किया। उस जगह हालात के स्थिर होने का भाव मन में आने लगा।

एक दोपहर स्कूल से आया तो देखा कि घर में बड़ा डेजर्ट कूलर आ गया था। कुछ महीने बाद पिता ने पैसे जोड़कर फ्रिज भी ले लिया। हालाँकि उस साल हमारे पास टी.वी. नहीं था। अगले साल पिता ने किश्तों पर बी.पी.एल. का छोटा टी.वी. लिया, जैसा हमारे पास पहले घर में था।

मैं स्कूल के लिए सुबह ही कमरे से निकल जाता। मुझे अपने जीवन के कारखाने जैसी एकरस और नीरस दिनचर्या से नफरत थी। हर रोज सबको पानी भरने के काम में लगना पड़ता था। हम एक के बाद एक बाल्टी पानी लाकर नहाते और यह सब काम एक घंटे में होता। हमें अपना पानी घर के मालिक और दूसरे किराएदार के साथ भी बाँटना पड़ता था। कई बार पानी की कई दिन तक किल्लत रहती। हम मर्दों को पड़ोस के खाली प्लॉट में बने नल पर नहाने जाना पड़ता। सड़क पर राह चलते हमें देख सकते थे, बड़ी हिचक महसूस होती थी। पर न नहाने से तो बेहतर ही था। ऐसे ही पलों में घर की बहुत याद आती। मेरे माता-पिता

अकसर उस गाँव की बातें करते, जहाँ शादी के बाद उनकी पोस्टिंग हुई थी, जहाँ एक हाथ धरती खोदते ही पानी निकल आता था।

उसी समय के आसपास कश्मीर से आए शरणार्थियों से कहा गया कि वे अपने नाम रजिस्टर करें और हर परिवार को राशन कार्ड दिया गया। मानो यह नागरिकता का दस्तावेज था, इसमें हमें प्रवासी बताया गया था। सरकारी लोग इस तरह अपना वेतन ले सकते थे और अवैतनिक लोगों को पाँच सौ रुपए नकद राहत मिलनी थी। हमारे जैसे परिवारों के लिए जीवन कठोर था, पर हमने किसी तरह सब सँभाला। जिनके पास वेतन नहीं था, उनके लिए जीवन और भी कठिन था। सरकारी पाँच सौ रुपए से घर कैसे चल सकता था और महीने में राशन के नाम पर थोड़ी सी चीनी और चावल मिलता था।

हर राशन कार्ड पर परिवार के मुखिया और उसकी पत्नी की तसवीर लगती थी। कई जगह पति-पत्नी ने अलग-अलग राशन कार्ड बनवा लिये, ताकि ज्यादा पैसा मिल सके। ऐसा करने के लिए बहुत से लोगों ने बिहार प्रवासियों और दूसरे लोगों के साथ तसवीरें उतरवाईं। यह शर्मनाक था, पर उन हालात में इससे बेहतर क्या हो सकता था। कश्मीर में लोगों ने हमारे लिए एक और तुकबंदी बना ली थी—'राम नाम सत्त है, पंच हत्थ ते बत्त हैं।' (राम नाम सत्य है, पंडितों के पास पाँच सौ रुपए और चावल हैं।)

जम्मू में पिछले कुछ महीनों में हालात और भी बुरे हो गए थे। पहले जम्मूवालों को लगा कि कश्मीरी पंडित कुछ समय के लिए आए थे, हालाँकि उन्हें हमसे आर्थिक लाभ हो रहा था, पर उन्हें हमसे कोई हमदर्दी नहीं थी। उनके लिए हम बाहरी लोग थे। कुछ ही महीनों में हमारे नाम पर तुकबंदियाँ होने लगीं—

हाथ में काँगड़ी, मुँह में छोले,
कहाँ से आए ये कश्मीरी लोले।

जब पिता ने यह पहली बार सुना तो शायद वे अच्छी तरह समझ नहीं सके और केवल यही कहा, "पर हम तो छोले नहीं खाते।"

यह हमारे लिए भारत देश था। हमारे अपने ही हिंदू भाई-बहन, जो हर बसंत पंचमी पर हिंदुओं के अधिकारों की रक्षा के लिए जुलूस निकालते थे, वे ही हमारे शोषक हो गए थे।

मकान मालिकों ने जुल्म ढा रखा था। कुछ हजार शरणार्थी रिफ्यूजी कैंपों में दयनीय दशा में थे, हममें से अधिकतर स्थानीय घरों में किराए पर मकान लेने को

विवश थे। कई स्थानीय लोग हमसे अधिक किराया लेना चाहते थे। लोगों ने झटपट मुरगी के बाड़ों जैसे छोटे कमरे बनवा लिये, ताकि उन्हें किराए पर दे सकें। जब कोई परिवार रहने आता तो वे उसके जीवन के हर पहलू को अपने वश में करने की कोशिश करते। उन्हें कितना पानी मिलेगा, वे कितना टी.वी. देख सकते हैं, उनके घर कितने मेहमान आ सकते हैं, वे क्या पका सकते हैं और क्या नहीं पका सकते? कई घरों में तो मकान मालिक किराएदार के कमरे के बाहर मँडराते रहते और बाहर दिखनेवाले जूते-चप्पलों का हिसाब रखते। हमारी बोली, हमारा लहजा उनके लिए मजाक बन गया था। जिस तरह 2000 के शुरुआती दिनों में बेचारे कश्मीरी को अपने सीमित हिंदी ज्ञान के कारण हँसी का पात्र बनना पड़ा था।

मैं एक खास घटना को कभी नहीं भूल सकता। हमारे एक रिश्तेदार का बेटा लगभग ग्यारह साल का रहा होगा। जब वह स्कूल के साथ पिकनिक पर गया तो उसे लगा कि घर के बने खाने के साथ आलू के चिप्स का पैकेट और सॉफ्ट ड्रिंक भी ले लेना चाहिए। उसके पास पैसे नहीं थे, उसने किसी राह चलते बदमाश से बारह रुपए उधार लिये और वादा किया कि वह दस रुपए बढ़ाकर वापस करेगा। पर कई दिन बीत गए और वह उधार चुकता नहीं कर सका। उसने डर के मारे घर में भी किसी से कुछ नहीं कहा। बदमाश उसे धमकाने लगा।

एक दिन वह घर से खेलने निकला तो बदमाश ने उसे पकड़ लिया। उसने बच्चे के पेट में पेचकस घोंप दिया। बच्चे ने भागना चाहा और एक दुकानदार से मदद भी चाही, पर कोई आगे नहीं आया। वह वहीं उसी दुकान की सीढ़ियों पर मारा गया, जिससे उसने उस दिन वह सामान खरीदा था।

उसके माँ-बाप बुरी तरह से बिखर गए। माँ को सँभालना मुश्किल था। जब वह आखिरी बार घर से निकला तो उसने माँ के हाथ से खीरे का टुकड़ा छीन लिया था, जो वह खा रही थी। वह याद जाती ही नहीं थी और अब माँ के कलेजे में फाँस जैसी चुभती थी।

नब्बे के शुरुआती दौर का जम्मू आपराधिक तत्त्वों के बीच था। हर इलाके के अपने डॉन थे और उनके हथियार और नशा बेचनेवालों से भी संबंध थे। हर दिन अखबार में लूट या किसी को चाकू घोंपने की खबर छपती। गोलीबारी भी आम बात थी। कुछ गुंडों को लगा कि पंडित बिरादरी कष्ट में है, ऐसे में इनके परिवार की लड़कियों का आसानी से शोषण हो सकता है। कुछ लड़कियों ने मायूसी और अपनी जिंदगी के हालात बदलने की इच्छा से ऐसे समझौते भी किए। वे बेहतर

जीवन का वचन देनेवाले युवकों के साथ भाग गईं, पर अधिकतर मामलों में ऐसे लालच को ठुकराया ही गया। हम घाटी से अपनी जान बचाने आए थे और हमें अपनी जान से ज्यादा अपनी इज्जत प्यारी थी।

भगवती नगर नया इलाका था, इसलिए इस ओर यातायात की सुविधा कम थी। हर आधे घंटे बाद एक मेटाडोर मिनी बस आती थी, जो हमेशा भरी रहती। मुझे रोज़ उसमें ही स्कूल जाना होता था और मैं चालक के साथवाली खाली जगह पर बैठता।

कुछ ही सप्ताह बाद देखा कि वह मेरे साथ बड़ी मिठास से पेश आने लगा था। वह टिकट भी नहीं लेने दे रहा था। मुझे लगा कि उसकी और मेरी यारी हो गई है। पर जल्दी ही मैं गलत साबित हो गया। एक दिन यह साफ हो गया कि वह चाहता क्या था। उसकी नजरें हमारे पड़ोस की एक कश्मीरी लड़की पर थीं। उसका परिवार कश्मीर के छोटे से गाँव से था और वे लोग किसी तरह एक भाड़े के कमरे में अपनी इज्जत ढके बैठे थे। उनकी बेटी मेरे ही स्कूल में थी। चालक ने बस में कई तरह के बेहूदे स्टिकर लगा रखे थे। पीछे की ओर चिपके स्टिकर पर दिल से पार हुआ तीर दिखाया गया था, उसके नीचे लिखा था—प्यार की सेल, सौ प्रतिशत डिस्काउंट।

वह उस लड़की से अपने प्यार का इजहार करना चाहता था। उसने एक ग्रीटिंग कार्ड भी ले रखा था। अब वह चाहता था कि मैं उस कार्ड में एक प्रेम संदेश लिख दूँ। उसने कहा कि कुछ कविता टाइप लिख दे। फिर उसने जेब से लाल स्केच पेन निकाला। "ये ले, इससे लिख।" वह मुसकराया तो मुझे उसके तंबाकू से सने दाँत दिखे।

वह मुझसे किराया नहीं ले रहा था, यह लालच कम नहीं था और मैंने स्केच लेकर लिखा—

माउंटेन्स कैन फ्लाई, रिवर्स कैन ड्राई
यू कैन फॉरगेट मी, पर नेवर कैन आई

(पहाड़ उड़ सकते हैं, नदियाँ सूख सकती हैं, तुम मुझे भूल सकती हो, पर मैं नहीं भूल सकता।)

"अब इसका मतलब भी समझा दे, प्रावा!" मैंने उसे मतलब बताया तो उसका चेहरा खिल गया। उसने कार्ड लेकर सँभाल लिया। जब कंडक्टर आया तो उसने उसे भगा दिया। शाम को अपने घर गया तो सड़क के दूसरी ओर से उसी

लड़की के पिता आते दिखे। वे धीरे-धीरे आ रहे थे। सिर पर गीला तौलिया था। वे मुझे देखकर मुसकराए। मैंने नमस्कार कहा तो उन्होंने मजबूत घुटनों और अच्छी सेहत का आशीर्वाद दिया। पहले उन्होंने पिताजी का हाल पूछा और फिर जवाब सुने बिना ही आगे बोले, "मकान मालिक बहुत परेशान कर रहा है। हर रोज, तेल, घी और चीनी माँगकर ले जाता है। शहर में तो कोई बात नहीं थी, पर अब तो तुम्हें पता है कि हमारा भी वक्त अच्छा नहीं है।"

"खैर, मुझे उसकी भी चिंता रहती है, तू उसका ध्यान रखना।" उनका मतलब अपनी बेटी से था।

मेरी नजरों के सामने वह कार्ड नाच गया, और लाल स्केच से मेरी लिखाई और वह भावुक कविता!

मैं सीधा घर भागा, पर लड़की के पिता का चेहरा सामने से हट नहीं रहा था। मैंने बहुत भूलना चाहा, पर भूल नहीं सका। टी.वी. में मन नहीं लगा। 'ए टेल ऑफ टू सिटीज' पढ़नी चाही, मन नहीं लगा। उस रात सपने में भी उन्हें देखा।

अगली सुबह उठकर तैयार हुआ और स्कूल बैग लेकर निकल गया। मैं धीरे से सड़क की ओर बढ़ा और मेटाडोर आने का इंतजार करने लगा। कुछ देर बाद मेटाडोर का लाल-पीला बोर्ड दिखा। वह मेरे पास ही आकर रुकी। मुझे यह विशेष सुविधा भी दी गई थी। मैं अपनी सीट पर बैठा और हमने हाथ मिलाए, यह सुविधा भी केवल मेरे लिए थी।

वह सुबह के समय अगरबत्ती जलाकर चंचल की भेंटें सुनता था। भगवान् के आगे गेंदे के फूलों की ताजी माला थी। मेटाडोर तेजी से आगे चली। मैंने अपना मन बना लिया था।

"प्रावा, ओ कार्ड दईं।" मैंने उससे टूटी-फूटी डोगरी में कहा। उसका चेहरा चमक उठा। उसे लगा कि शायद मैं उसमें कोई और धाँसू लाइन भी लिखना चाहता हूँ।

मैंने कार्ड लिया और उम्मीद की कि वह अंदर से खाली दिखेगा, पर लाल स्केच की लिखाई अब भी मौजूद थी। उसने मेरी ओर पेन बढ़ाया, "ये ले पेन!"

और फिर मैंने वह किया, जो सोच रखा था। मुझे शायद दो पल लगे होंगे। मैंने उसे देखते हुए कार्ड फाड़ दिया। पहले उसने ध्यान नहीं दिया, क्योंकि उसकी नजरें सामने थीं, पर आवाज सुनकर उसने देखा और गालियाँ बकने लगा। उसने मेरे सिर पर जोर से धौल मारी। मैंने भी ठीक वही किया। मैं गुस्से से काँप रहा था।

पता नहीं, उस दिन इतनी हिम्मत कैसे आ गई थी, पर मैंने किसी तरह कर दिखाया। अब याद नहीं कि मेरे शरीर पर उसके बाद कितने घूँसे पड़े। मेरा चश्मा गिर गया, पर शुक्र है कि टूटा नहीं। मुझे मेटाडोर से बाहर पटक दिया गया।

उस दिन चेहरे पर कई खरोंचें आईं और सिर में भी दर्द था, पर चेहरे पर मुसकान थी। दर्द के बावजूद मन हलका था। चाल में एक अलग ही फुर्ती थी। अब लड़की के पिता का चेहरा नहीं दिख रहा था। उनका चैकवाला गमछा ओझल हो गया था। उनकी उदास और सूनी नजर दूर हो गई थी। बस यही बात गूँज रही थी—ध्यान रखना उसका, रखेगा न?

'जी, मैं उसका ध्यान रखूँगा। पहाड़ उड़ सकते हैं, नदियाँ सूख सकती हैं, पर वह हमेशा उस अनपढ़ ड्राइवर के लिए सपना रहेगी।' मैं तेजी से आगे बढ़ा। नाई की दुकान के पास से निकला। वह कल के काटे हुए बाल बुहार रहा था। मैंने कंघी से बाल सँवारे और शीशे में देखा। अपने सस्ते जूते देखे। महीनों से उनसे नफरत करता आ रहा था। जी करता था कि वे उखड़ें और मैं पिता से कह सकूँ कि मुझे नए जूते ले दें, पर आज नाई की दुकान पर अपनी सस्ती जींस और जूते भी कितने सटीक और विद्रोही लग रहे थे।

मैं बेकरी पर पहुँचा। वह पहले तेलवरू को भट्ठी में डालकर भोग लगा ही रहा था। मैंने एक नान खरीदा और वहीं बैठकर धीरे-धीरे खाने लगा।

□

स्कूल तो गया, पर उस दिन पढ़ाई में मन नहीं लगा। कक्षा में इधर-उधर फुदकते और भौतिकी के नियम की थ्योरम पर चर्चा करते सहपाठियों को देख दम सा घुटने लगा। मेरा वह अधिकतर समय शरत् चंद्र चट्टोपाध्याय के 'श्रीकांत' को पढ़ते हुए बीता। मुझे उनकी बर्मा यात्रा से सुकून मिला और मैंने कल्पना की कि मैं कहीं सुदूर जानेवाले जहाज पर सवार था। मैं भी उस बूढ़ी औरत के प्रेम में पड़ना चाहता था, जैसे श्रीकांत को हुआ था।

कक्षा में कुछ बदमाश टाइप लड़कों से यारी हो गई थी। मैं उनके साथ नहर के सूने कोने पर जा बैठता। उस जगह कोई नहीं आता था और एक छोटे से स्रोत से झाग जैसा पानी निकलता था। बस कुछ लोग मृतकों का श्राद्ध करने ही उस जगह आते थे। अकसर पूजा के नारियल बहकर हमारी ओर आ जाते और हम उन्हें तोड़कर खाते। उन लड़कों के माध्यम से ही मुझे स्कूल के पास बने राजा टी स्टॉल

की पहली मंजिल तक जाने का मौका मिला। वह जगह आपस में लड़नेवाले गैंग के लड़कों के लिए ही सुरक्षित थी। हम उस जगह बैठकर चाय पीते और गोल्ड फ्लैक में सुट्टा मारते। किशोर कुमार के गाने सुनते।

मैं बागी बन गया था और अपने भीतर आनेवाले इस बदलाव से अनजान नहीं था। पड़ोस में ही कुछ दोस्त बन गए थे। तीन सूरी भाई हुआ करते थे, बड़े अच्छे लोग थे। मैं उनके घर जाता, अकसर मैं मजाक में उनकी डोगरी आदतों पर चुटकुले कहता और वे मेरे कश्मीरी तरीकों का मजाक उड़ाते।

एक शाम उनके घर पहुँचा। बड़ा सूरी पुराने शहर से वापस आया था। उसने मुझे कहा कि बाहर मत निकलना। उसने बताया कि सड़कों पर लोगों में भारी गुस्सा था और डोगरा भीड़ ने कई जगह पंडितों को पीटा था। उस दिन सुबह, दो पंडित लड़के पुराने शहर के रणबीर सिंह हाई स्कूल में घुस गए। उनके पास दो कच्चे बम थे, जो उनमें से एक के हाथ में फट गया। वह वहीं मारा गया और दूसरा लड़का बुरी तरह से घायल हो गया। यह खबर जंगल की आग की तरह फैली और स्थानीय लोगों को लगा कि उनके लड़कों को मारने के लिए बम लाए गए थे। पंडितों को कई जगह पकड़कर पीटा गया।

सूरी ने बताया कि उसने कुत्तों के गले में लटके तख्ते देखे थे। उन पर लिखा था, 'मैं एक कश्मीरी पंडित हूँ।'

यह बाद में पता चला कि दो लड़के उन कैदी कश्मीरी आतंकियों को निशाना बनाने आए थे, जिन्हें बोर्ड की परीक्षा के लिए जेल से लाया गया था।

□

जब कोई भटकता है तो सबके पास राह दिखाने को पिता नहीं होते। मेरी किस्मत अच्छी थी कि मेरे पास पिता थे। शरणार्थी कैंपों में भारी रोष था। उनमें से अधिकतर परिवारों के पास कोई वतन नहीं था, वे देहाती इलाकों से थे। उस जगह उनके बड़े-बड़े घर, सेब और अखरोट के बाग थे। बादामों के बगीचे थे, पर अब सब जा चुका था। वे पूरी तरह से सरकारी अनुदान पर जीवित थे।

यह वजूद दयनीय था। कई लोग ऐसी बीमारियों का शिकार हुए, जिनका नाम भी किसी ने नहीं सुना था। पहले ही साल में कई बूढ़े लोग लू लगने, साँप या बिच्छू के काटने से मारे गए। बच्चों को कई तरह के संक्रमण हुए और कैंप की गंदगी ने कई रोगों को जन्म दिया। डॉक्टरों ने कहा कि तनाव के कारण लोग मधुमेह का

शिकार हो रहे थे। उनके जीवन में दिल के रोगों और हाइपरटेंशन ने कदम रखे। कई लोग अवसादग्रस्त हुए। निजता का मामला भी कम गंभीर नहीं था। नए जोड़ों को भी घरवालों के साथ छोटी सी जगह में रहना पड़ रहा था। उनकी यौन संबंधी क्षमता में कमी आई और इसके बाद जन्म-दर में तेजी से कमी पाई गई। उस समय हुए मेडिकल सर्वे के अनुसार, कश्मीरी पंडित दस से पंद्रह साल तक बुढ़ा गए थे। कैंप में कई लोग बदला लेने की बात करते थे।

एक कैंप में ऐसी औरत थी, जिसके बेटे को उसके दोस्तों ने बारामूला में मार दिया था। वे उसे एक दुकान पर ले गए, कुछ लोगों ने उसे पकड़ा और फिर उस पर शटर गिरा दिया। पर वह मजबूत काठी का था, उसने उनका सामना किया। उसने किसी तरह उनकी राइफल भी छीन ली। पर उसे राइफल चलानी नहीं आती थी, इसलिए वह उसे खोल नहीं सका। इस दौरान वे लोग उस पर हावी हुए और झपटते हुए आँखें नोच लीं, जुबान काट दी।

लड़के की माँ ने मानने से इनकार कर दिया था कि उसका बेटा नहीं रहा। हर दोपहर वह उसके लिए खाना पकाती और तंबू के बाहर रखकर बैठ जाती। मैंने एक दिन उसे अपने मरे हुए बेटे के लिए खाना पकाते देखा था। वह खाना परोसते हुए पड़ोसन से कह रही थी कि अगर चावल अच्छी तरह न पका हो तो वह खाएगा नहीं।

1991 में शोपियाँ का एक परिवार मुट्ठी रिफ्यूजी कैंप में रहने आया। प्यारे लाल तिक्कू कपड़ा व्यापारी थे और स्थानीय व्यापारी यूनियन से जुड़े थे। तिक्कू परिवार शोपियाँ के बटपोरा मोहल्ले का था, जहाँ एक सौ बारह पंडित परिवार रहते थे। 19 जनवरी की रात के बाद कई पंडित परिवारों ने जान के डर से घर छोड़ दिए। अप्रैल तक साठ परिवार जा चुके थे। मई तक तीस परिवार और चले गए। तिक्कू के परिवार सहित बारह परिवारों ने तय किया कि वे वहीं रहेंगे।

16 जून को प्यारेलाल तिक्कू का बेटा राजिंदर शोपियाँ अस्पताल के लिए निकला, वह उस जगह अकाउंट्स विभाग में प्रशिक्षण ले रहा था। जब वह दोपहर को घर आ रहा था तो वह शहर के बड़े बस स्टैंड के पास दोस्त की दुकान पर गया। उस जगह आतंकियों ने उसे गोली मार दी, जो अस्पताल से ही उसके पीछे लगे हुए थे। राजिंदर को चार गोलियाँ लगीं और वह वहीं मारा गया।

किसी ने घर जाकर तिक्कू को इस घटना के बारे में बताया। पिता भागे-भागे आए और अपने बेटे को खून के तालाब में पड़ा देखा। उसकी लाश के पास ही

एक गोली पड़ी थी। प्यारेलाल तिक्कू ने उसे उठा लिया। उस पर लिखा था—'मेड इन चाइना'। लाश को पोस्टमार्टम के लिए अस्पताल ले गए। जब वह काम हो गया तो प्यारेलाल ने अपने बेटे को बाँहों में उठा लिया। वे शरणार्थी कैंप में अकसर याद करते थे—

"जब मेरे बेटे की लाश बाँहों में थी तो मैंने उसे सीने से लगाया। मुझे राजा हरीश्चंद्र की कहानी याद आ गई, उन्होंने भी तो इसी तरह पुत्र का वियोग झेला था।"

राजिंदर का संस्कार करने के लिए कोई पंडित नहीं मिला। उन्होंने तत्काल संस्कार कर दिया। कोई भी मुसलमान पड़ोसी अफसोस जताने नहीं आया।

बाकी बचे हुए बटपोरा पंडित परिवारों ने उस रात तिक्कू के घर में शरण ली। उस रात शोपियाँ के डिप्टी कमिश्नर ने आकर पूछा कि क्या उन्हें सुरक्षा की आवश्यकता थी।

"जो होना था, वह तो हो गया, अब आप सिक्योरिटी दें या न दें, आपकी मर्जी।" प्यारेलाल ने कहा और अधिकारी ताव खाकर चला गया।

कोई सिक्योरिटी नहीं मिली। प्यारेलाल ने दो गौएँ पड़ोस में देने की कोशिश की, पर कोई उन्हें रखने को नहीं माना। वे सुबह पाँच लीटर और शाम को सात लीटर दूध देती थीं। हारकर उन्हें खुला छोड़ना पड़ा और उनका पूरा जीवन इसी तरह बीता। जब उन्होंने घर छोड़ा तो एक महीने बाद ही पंडितों के घर लूटकर सब तहस-नहस कर दिया गया। अधिकतर घरों में आग लगा दी गई। बाकी बचे घर 1995 में लगी आग में तबाह हो गए। प्यारेलाल की कपड़े की दुकान भी लुट गई। फिर सरकार ने सड़क चौड़ी करते समय उसे अपने कब्जे में कर लिया।

तिक्कू का बड़ा सा अखरोट और सेबों का बाग था। अखरोट के बाग से हर सीजन में ढाई लाख की उपज होती थी। नब्बे के दशक में कई मुसलमान पड़ोसी उनके पास आकर सलाह देते रहे कि वे अपनी जमीन बेच दें, पर तिक्कू हर बार मना कर देते।

2003 में, तिक्कू और दूसरे पंडितों की जमीन को उनकी रजामंदी के बिना ही राज्य सरकार ने औद्योगिक प्रशिक्षण संस्थान बनाने के लिए अपने अधीन कर लिया। कुछ मामलों में तहसील में राजस्व रिकॉर्डों से छेड़छाड़ हुई और राजस्व अधिकारी बहुसंख्यक समुदाय के हिमायती थे।

राज्य के राजस्व विभाग को अपनी अपील में तिक्कू ने लिखा—

"पिछले चार वर्षों के दौरान``पंडितों की संपत्ति को 'सार्वजनिक उद्देश्य' के नाम पर अधीन कर लिया गया है। यह योजना जानकर इस तरह बनाई गई कि वे अपनी चल संपत्ति का निपटारा न कर सकें। बटपोरा के वार्ड नंबर 1 में, पंडितों के परिवारों—लाहौरी, साथू, किचलू और पंडिता की रिहायशी जमीन, जोकि लगभग 35-40 कनाल रही होगी, उस पर बस स्टैंड बना दिया गया। बड़े खेद से कहना पड़ता है कि भारत सरकार, जो फीडबैक के लिए राज्य सरकार पर निर्भर रहती है, उसने कोई हस्तक्षेप करने की कोशिश नहीं की।"

2000 के दशक के मध्य तक ये घटनाएँ आम होती चली गईं। जब भी मौका हाथ आता, पंडितों की जमीन या घर अपने अधीन कर लिये जाते। अस्सी के आरंभिक दशक में प्रसिद्ध मानसबल झील के निकट, कोलपुर गाँव की एक प्रमुख पंडित महिला तारावती ने मंदिर बनाने के लिए जमीन ली। उस जगह शिवलिंग की स्थापना की गई, जिसे 1947 में कबायली हमलावर नष्ट कर गए थे। फिर 1990 में पंडितों का कूच आरंभ हुआ और मंदिर की देखरेख करनेवाला कोई नहीं रहा। 2006 में पंडितों की बिरादरी को पता चला कि मंदिर के पास ही अग्निशमन कार्यालय बन रहा है और हो सकता है कि वे मंदिर की जमीन भी ले लें। गाँव के पंडित, जोकि अब प्रवास में थे, वे जमा हुए और मंदिर निर्माण के लिए चंदा एकत्र किया। फिर उन्होंने राजस्व अधिकारियों से संपर्क किया और उन्हें बताया गया कि राजस्व के रिकॉर्ड में उस जगह पर किसी मंदिर के बनने का जिक्र नहीं है।

सितंबर 2012, मैं श्रीनगर में अखबार के कार्यालय के बाहर आर.के. तिक्कू से मिला। वे अपनी दशा को सबके सामने लाने के लिए पत्रकारों से संपर्क करने की कोशिश कर रहे थे। बडगाम जिले के वडवान में उनके दो कृषि प्लॉटों पर मुसलमान किराएदारों ने गैर-कानूनी तरीके से कब्जा कर लिया था। तहसीलदार ने भी कहा कि यह काम गैर-कानूनी था, पर वरिष्ठ राजस्व अधिकारी उनके हक में आदेश नहीं दे रहे थे। "मैं पंद्रह दिन से छुट्टी पर हूँ और रोज अपनी जान जोखिम में डालकर बडगाम आता हूँ।" उन्होंने कहा। "मुझे पैसा चाहिए, ताकि मेरा बेटा इंजीनियरिंग की पढ़ाई कर सके।"

राजिंदर तिक्कू की हत्या के नौ दिन बाद, शोपियाँ जिले के हरमन गाँव में बृज लाल कौल के घर कुछ लोग घुसे। कौल वानपो-कुलगाम रोड पर राइस रिसर्च स्टेशन में ड्राइवर थे। उन्होंने बेटे और बेटी को सुरक्षा के लिहाज से पहले ही जम्मू भेज दिया था। उस रात उन लोगों ने कौल और उनकी पत्नी छोटी को पकड़ लिया

और उन्हें घर से बाहर खींच लाए। उन्हें जीप से बाँधकर तीन किलोमीटर तक घसीटा गया। पर अब भी उनके शरीरों में थोड़ी जान बाकी थी, इसलिए उन्हें गोली मार दी गई।

कौल के घर के बरामदे में ही उनका अंतिम संस्कार हुआ, जिसे उन्होंने इतने चाव से बनवाया था।

□

पिता बार-बार पढ़ने का इसरार करते, पर यह इतना आसान नहीं था। मुझे अपने लिए निजता चाहिए थी और वह मिलना असंभव था। कई बार मैं खुद को बाकी कमरे से अलग करने के लिए टी.वी. और चारपाई के बीच चादर लगा देता। फिर ऐसा लगता था कि वह मेरा कमरा था। मैं कल्पना करता कि मैं श्रीनगर में अपने पहली मंजिल पर स्थित कमरे में था, जिसमें लकड़ी से बनी किताबों की अलमारी थी।

इस प्रवास के दौरान सरकारी कर्मचारियों को उनका वेतन मिला। पर उन्हें जम्मू में अपने काम से जुड़े विभाग नहीं दिए जा सके। बाकी सबकी तरह माँ और पिताजी जम्मू स्थित अपने ऑफिस में माह में एक बार जाते और अपने वेतन लेकर वापस आ जाते। यह व्यवस्था अच्छी लगती थी, पर कुछ महीने बाद ही मेरे पिता की पीढ़ी के लिए बेरोजगारी का मतलब था कि वे खाली बैठकर प्रवास और इससे उपजी तकलीफों के बारे में बिसूरते रहेंगे। कुछ जवानों को कई जगह काम मिल गया था, पर पिताजी की आयुवाले व्यक्ति के लिए किसी नई जगह पर काम करना मुश्किल था। उनके लिए यह किसी बुरे सपने से कम न होता। उनके पास समय-ही-समय था, इसलिए मिलने आनेवालों का ताँता लगा रहता—मेरे माता-पिता के सहकर्मी, पुराने पड़ोसी, नए पड़ोसी, दोस्त, रिश्तेदार। इस तरह अपने ही घर में थोड़ा सा एकांत मिलना और भी कठिन होता गया।

मैं अपनी ओर से जो थोड़ी बचत कर सकता था, उससे ही लोकप्रिय फिल्मों के ऑडियो कैसेट खरीद लिये थे, पर उन्हें चलाने के लिए कैसेट प्लेयर नहीं था। हमारा फिलिप का टू-इन-वन वहीं छूट गया था। देर रात, जब सारे सो जाते या सोने की कोशिश में होते तो मैं घर की छत पर जाकर छोटे जेबी रेडियो पर गाने सुनता। मैं सपने देखता कि इतनी बचत कर लूँगा कि अपने लिए वॉकमैन खरीद सकूँ।

इसी दौरान 1991 में परिवार पर फिर गाज गिरी। हालाँकि हम सभी मदद

करते थे, पर फिर भी घर का अधिकतर कामकाज माँ के सिर था। वे रसोई सँभालतीं, साफ-सफाई करतीं। अनगिनत पानी से भरी बाल्टियाँ उठा-उठाकर उनकी कमर पर बहुत बुरा असर पड़ा था। एक सुबह जब वे पोंछा लगा रही थीं तो अचानक होंठों से चीख निकली और वे गिरकर बेहोश हो गईं। उन्हें बहुत दर्द हो रहा था और उठ नहीं पा रही थीं।

हम उन्हें झट से डॉक्टर के पास ले गए। उसने बताया कि उनकी कुछ वर्टिबरे रीढ़ की हड्डी को दबा रही थीं। उन्हें पूरी तरह से बिस्तर पर आराम करने को कहा गया। रसोई का काम बहन के सिर पर आ गया। मैं और पिताजी अपनी ओर से मदद करने की कोशिश करते। बहन भी कॉलेज में थी और उसे पढ़ने के लिए समय चाहिए होता था।

दो महीने से ज्यादा लगे, माँ अब थोड़ा उठकर हलका काम करने लगीं, पर उन्हें हर समय कमर पर ऑर्थोपेडिक बेल्ट लगानी पड़ती थी। डॉक्टर ने यह भी कहा था कि अब ये फर्श पर बैठ या सो नहीं सकतीं। हमने उनके लिए लकड़ी का पलंग बनवाया। उस छोटे से कमरे में ऐसी रसोई बननी मुश्किल थी, जिसमें वे खड़ी होकर काम कर सकें। हम वह जगह छोड़ना नहीं चाहते थे, पर कोई चारा नहीं था। माँ की सेहत का सवाल था।

हम दोबारा घर तलाशने लगे। इस बार पिता ऐसी जगह देख रहे थे, जिसमें रसोई अलग से बनी हो। हालाँकि हम जानते थे कि भाड़ा ज्यादा लगेगा, पर माँ की सेहत से बढ़कर कुछ नहीं था।

एक सप्ताह बाद, पिताजी को घर के पास ही ऐसी जगह मिल गई, जिसमें रसोई अलग से बनी हुई थी। घर का मालिक सरकारी कर्मचारी था और अपनी पत्नी के साथ घर में ही रहता था। उनके चार बच्चे थे, सबसे छोटा बेटा था, इसलिए हम समझ गए कि उनके चार बच्चे क्यों हुए।

जिस दिन हमने घर बदला, मैं खुश था। कम-से-कम अब रसोई कमरे से अलग होगी। कमरे के साथ ही स्टोरनुमा जगह भी थी, जिसे मैं अपना कोना बना सकता था। हालाँकि कई दूसरी परेशानियाँ भी थीं। घर के बाथरूम में दरवाजा नहीं था। उस पर एक पतला सा परदा लगा था। कोई भी उस ओर जाता तो पहले आवाज लगाता—कोई है? अगर कोई अंदर होता तो खाँसकर या हुंकारा देकर अपनी मौजूदगी का पता देता।

पर जल्दी ही उस घर में हमारा जीना दूभर हो गया। मालिक और उसकी

बीवी उस तरह के मकान मालिक ही निकले, जिनके बारे में हमने सुन रखा था। हर दोपहर वह औरत अपने बच्चों को हमारे कमरे में भेज देती। वे वहीं बैठे रहते और धीरे-धीरे वहीं सोने भी लगे। एक दिन मालिक ने पिताजी से कहा कि मेरी बहन उसके बच्चों को पढ़ा दिया करे। उसने बड़े आराम से कहा, "रोज एक घंटा बच्चों को होमवर्क करवा दिया करें।" पिताजी ने साफ मना कर दिया कि मेरी बहन के पास समय नहीं है। यह बात उन्हें हजम नहीं हुई। तब से ही सब गड़बड़ होती चली गई। एक दिन हमने इस बात पर आपत्ति की कि उनके बच्चे हमारे कमरे में बहुत समय बिता रहे हैं। तब मकान मालिक ने हम पर इल्जाम लगाया कि हम बाथरूम में बहुत देर लगाते हैं। "हर बार जब भी जाते हो, पानी की टंकी खाली हो जाती है।" उसने कहा। यह सच नहीं था। हम तो पानी को कीमती खजाने की तरह बरतते थे।

उसका एक नियम यह भी था कि हम मांस नहीं पका सकते। वैसे भी उस माहौल में हमारे पास इतना पैसा भी नहीं था, पर शिवरात्रि जैसे त्योहार पर इस नियम को मानना कठिन था। हालाँकि हमने नियम नहीं तोड़ा। जब उसे कुछ नहीं मिला तो उसने नाम लगा दिया कि हम अपनी रसोई में मांस पकाते हैं। जब वह ऑफिस चला जाता तो उसकी बीवी हमारी निगरानी करती। वह सारा दिन हमारे कमरे के आगे चारपाई डालकर बैठी रहती। उसने बच्चों को 'कश्मीरी लोले' बोलना सिखा दिया था। जब भी कोई मेहमान रात को घर में ठहरता तो वे तब भी एतराज करते, अकसर ऐसा तभी होता था, जब रवि या उसके घर से कोई एकाध दिन के लिए जम्मू आता।

एक दिन रवि के पिता मिलने आए, माँ बड़ी खुश थीं। उनका भाई उनकी बीमारी के बाद पहली बार मिलने आ रहा था। पर जब वे आए तो मकान मालकिन ने कमरे के बाहर स्यापा डाल दिया कि हम उनके अच्छे बरताव का नाजायज फायदा उठा रहे हैं। माँ ने उसे समझाना चाहा, पर वह कुछ सुनने को तैयार नहीं थी। मामाजी समझ गए कि उनके लिए रात ठहरना मुनासिब नहीं होगा। उन्होंने वह रात किसी और रिश्तेदार के घर बिताई। उस रात माँ बहुत रोईं। उन्हें यकीन नहीं आ रहा था कि उनका भाई घर आया और उसके पास नहीं ठहर सका। माँ अपने भाई को वह खाना भी नहीं खिला सकीं, जो उन्होंने सारा दिन लगाकर इतने प्यार से पकाया था।

फिर एक दिन उन्होंने बहुत गंदी चाल चली। उनकी छत के पास से केबल का

तार जा रहा था। उन्होंने उससे एक तार जोड़ा और हमारी खिड़की की ओर लटका दिया। केबल टी.वी. वाला बददिमाग आदमी था, वह अचानक छतों पर आकर देखता था कि कोई बिना पैसे दिए केबल तो नहीं चलाता। उस दिन वह आया तो सीधा हमारे कमरे की खिड़की पर आकर रुका। उसने वह तार देख लिया, जिसका सिरा हमारी खिड़की तक आ रहा था। वह सीधा नीचे उतरा और हमारा दरवाजा खटखटाने लगा। वह गालियाँ बक रहा था। पिताजी ने उसे समझाना चाहा कि हमने यह सब नहीं किया है, पर वह सुनने को तैयार नहीं था। एक बार तो माहौल इतना खराब हो गया कि पिताजी को भी गुस्सा आ गया। पिताजी ने भी उसे बुरा-भला कह दिया। उसने पिताजी को पीछे धकेल दिया। उसी समय मैं सूरी भाइयों के साथ उस जगह पहुँचा और हमने मिलकर मामला सँभाला। पर वह जाते-जाते भी हमें धमका गया। पिताजी गुस्से में थे और इन बातों से तंग आ गए थे। उन्होंने मकान मालिक से कहा, "तुम गंदे आदमी हो। हम लोग अपने ही घरों से बाहर हैं। हम तुम जैसे राक्षस को भी ऐसी बद्दुआ नहीं दे सकते।" मकान मालिक ने चिल्लाना चाहा, पर वह कुछ नहीं कह पाया। वह मन-ही-मन जानता था कि उसने क्या किया था।

उस हादसे के एक सप्ताह बाद हमने अपना सामान बाँधा और दूसरे घर में चले गए। सत्रह साल बाद, जब हम दिल्ली के उपनगर में अपने घर में जा रहे थे तो पिताजी को याद आया कि उन दिनों हमें कितनी जल्दी अपना सारा सामान समेटने और बैग तैयार करने की आदत हो गई थी। वे बोले, "मैं एक पैकर और मूवर कंपनी खोल सकता था।" हम सभी मुसकराए। हमने यह भी गिना कि घर छोड़ने के बाद से हमने कितने घर बदले थे।

लगभग बीस घर बदले गए। शायद इक्कीस। ये ठीक उतने ही कमरे थे, जिनके बारे में हमारी माँ लगातार बात करती थीं।

□

मकान मालकिन के साथ हुए इस हादसे के बाद माँ का पीठ दर्द फिर से उभर आया। डॉक्टर का कहना था कि उनका इलाज जम्मू में नहीं हो सकता था। उन्हें लुधियाना या दिल्ली ले जाना था।

हम अभी दिल्ली जाने के बारे में निश्चित नहीं थे। लुधियाना का विकल्प बेहतर लगा। डॉक्टर ने क्रिश्चियन मेडिकल कॉलेज, लुधियाना में अपने वरिष्ठ सहकर्मी के नाम एक पत्र भी लिख दिया। पाँच दिन बाद माँ, पिताजी और चाचा

सारी रात की रेलयात्रा के बाद लुधियाना पहुँचे। पिताजी बोले, "मेरे वापस आने तक तुम घर के मुखिया हो। बहन का खयाल रखना।"

वे दो दिन बाद वापस आ गए। माँ पहले से दुबली लगीं और गाल भी अंदर धँस गए थे। अचानक ही अहसास हुआ कि पिछले कुछ महीनों में वह बहुत बुढ़ा गई थीं। लुधियाना के विशेषज्ञ ने सलाह दी थी कि उन्हें एनेस्थीसिया देकर कई इंजेक्शन लगवाने होंगे। हर इंजेक्शन की कीमत कुछ हजार रुपए थी। पिता अपने साथ कुछ नकद ले गए थे और माँ को एक टीका लग गया था। उन्हें अगले टीके के लिए अगले महीने दोबारा जाना था। सवाल यह था कि अगले टीके के लिए पैसा कहाँ से आएगा? मेरे चाचा ने पैसे देने चाहे, पर यह एक बार की बात नहीं थी। अगले कुछ महीनों में कई टीके लगने थे।

तभी पिताजी को कश्मीर के उस दलाल की याद आई, जो जम्मू में पंडित परिवारों में चक्कर लगाने लगा था। हमारे कई पड़ोसियों को अहसास हुआ कि हम आर्थिक संकट से जूझ रहे हैं और हमारी संपत्ति को औने-पौने दामों में लेने का यही सही समय था। अच्छी कॉलोनियों के पंडित परिवारों की ज्यादा माँग थी। कई लोग कश्मीर में अपने रिश्तेदारों को लाना चाहते थे, जो गाँव में या शहर के सुदूर और तंग इलाकों में रहते थे। वे अपने लिए बेहतर जीवन और बेहतर घर चाहते थे। आप अपने घर बैठे होते और दरवाजे पर एक आदमी आकर कहता—अस्सलामु अलैकुम। वह आपके दरवाजे पर जूते उतारते हुए अभिवादन करता। अंदर आते ही आपको कसकर गले लगाता। वह खाली हाथ नहीं आता था। उसके पास हमेशा हमारी बीती जिंदगी की कुछ यादगार होती—एक गुच्छा नदरू या फिर सेबों की पेटी या केसर का पैकेट। वह आपके आगे चौकड़ी लगाकर बैठता और फिर पूरे कमरे का मुआयना करता। ईंटों और खाली कनस्तरों से बनी रसोई को देखता, आपके संतों को दिखानेवाले कैलेंडर देखता, दीवार पर खूँटी से टँगे कपड़े देखता और फिर आपके बेटे की ओर देखता, जो पसीने से तर-ब-तर कमरे के कोने में बैठा रेसनिक और हॉलिडेज की भौतिकी की किताब से पढ़ता दिखाई देता। वह कहवे का प्याला हाथ में लेते हुए सिर हिलाता और अपनी जुबान से रस घोलने लगता, "आप लोग किस्मतवाले हो। ऐसे हालात में रहते हो, पर कम-से-कम खुलकर साँस तो लेते हो। हमें तो आजादी ब्रिगेड ने तबाह कर दिया, जिनको पाकिस्तान ने बंदूकें दीं—जहन्नुम में जाएँ सब-के-सब। इनके खिलाफ कुछ कह भी नहीं सकते, अगर कुछ कहा तो घरों के बाहर ही गोली मार देंगे। या फिर कोई

हथगोला गिरा जाएगा।" फिर वह आह भरकर खामोश हो जाता। कमरे के सन्नाटे में उसकी कहवा पीने की आवाज गूँजती रहती।

"अच्छा बताओ, जानकीनाथ कैसा है? उसका बेटा क्या कर रहा है? इंजीनियरिंग! ओह अल्लाह, मेहर करे।" फिर वह सब्र से कहवा पीता और आप सोच रहे होते कि वह आखिर करने क्या आया है? तब वह काम की बात पर आता।

"पंडितजी, आप भी सोच रहे होंगे कि मैं क्यों आया हूँ? मुझे वे अच्छे दिन याद हैं, जब हम मिलकर रहते थे। हमें जो भी पढ़ाई-लिखाई मिली, वह आपकी बिरादरी की ही देन है। खैर, यह आपके पैरों की धूल ही है (तुहुंडी पैजार मल छु)।" वह फिर से चुप हो जाता।

"अल्लाह से अर्ज करता हूँ कि अपनी आँखें मूँदने से पहले आप सबको श्रीनगर में वापस देखूँ, पर अभी तो यह मुश्किल है। आपका बेटा क्या कर रहा है? ओह, इस साल तो इसकी बोर्ड की परीक्षा है। पंडितजी, क्या आपके पास इसे इंजीनियरिंग कराने का पैसा है, जैसे जानकीनाथ के पास था? मैं देख सकता हूँ कि आपके पास पैसा नहीं है। तभी तो मैं इधर आया।"

और फिर वह सबसे अहम सवाल करता, "तोही मा चू खरचावनु? क्या आप खर्च करना चाहते हैं?"

उसने बहुत अच्छी तरह सोचकर यह वाक्य गढ़ा था, ताकि इसे सुनकर आपको ऐसा न लगे कि आपको अपने घर से दूर किया जा रहा है। क्या आप खर्च करना चाहते हैं, यानी अपना मकान बेचना चाहते हैं?

"आपके पास कई महीनों से कमाई का जरिया नहीं होगा। मैं तो आपको मकान का इतना ही दे सकता हूँ। पता है, कीमत तो इससे ज्यादा है, पर हम पर भी तो मुश्किल वक्त आया है।"

अगर आप चुप रहते तो वह नकद गड्डी निकाल लेता।

"ये आप एडवांस रखो। अरे नहीं, आप क्या कह रहे हो? रसीद? अपना जूता मेरे सिर पर मार दो। कोई रसीद नहीं चाहिए। मैं बाद में आकर आपसे कागजों पर दस्तखत करवा लूँगा।"

फिर वह जबरन आपके बेटे के हाथ में भी सौ का नोट थमाकर चल देता। कुछ दिन बाद एक पड़ोसी आकर कहता, "ओ, जान मुहम्मद इधर भी आया था क्या?"

"उसका बेटा हिजबुल मुजाहिद्दीन का विभागीय कमांडर हो गया।" वह आपको बताता।

हममें से अधिकतर लोगों के पास कोई चारा नहीं था। 1992 तक पंडितों के अधिकतर घरों के ताले टूट चुके थे। कई घर जलाए जा चुके थे। कहते हैं कि पुराने श्रीनगर के बरबरशाह में नंदलाल का घर छह सप्ताह तक सुलगता रहा था। वह पूरी तरह से देवदार की लकड़ी से बना था। कश्मीर के पहले एक्स-रे क्लीनिक के मालिक डॉ. शिवजी को बताया गया कि नवाब बाजार में स्थित उनके घर को पूरी तरह से जलने में पंद्रह दिन लगे थे। जिस जगह पंडितों के घर, मुसलमानों के घर से निकटता के कारण जलाए नहीं जा सके, उस जगह घर को नष्ट करने के नए उपाय किए गए। कुछ लोग घर में गए और घर को सहारा देनेवाले बीम काट दिए। नतीजतन अगली बर्फ पड़ते ही घर ढह गए। फिर लोग टीन की चादरें और लकड़ी निकाल ले गए और उन्हें बेच दिया। इस तरह कुछ ही महीनों में घर खँडहर रह जाता था।

लुधियाना से वापसी को कुछ ही समय बीता था, एक दिन चाचा किसी दलाल के साथ आए। उन्होंने कहा, "यह हमारे घर को खरीदने की बात कर रहा है।"

उसने हमारे आगे एक संख्या रख दी। "यह तो बहुत कम है।" पिताजी ने कहा। "मैंने पिछले बरसों में घर पर जितना लगाया, यह तो उससे भी कम है।"

"पता है।" वह आदमी बोला। "पर आपको पता नहीं कि आपके घर का क्या हाल है। आपके जाने के बाद सारा घर तबाह कर दिया। सैनिटरी की फिटिंग निकाल ले गए। कितने दिन घर में पानी बहता रहा। कुछ दीवारें ढह गई हैं। अब उसकी हालत खराब हो चुकी है।"

किसी ने एक शब्द भी नहीं कहा। माँ अपने पलंग से बोलीं, "अब वह बाहर से कैसा दिखता है?"

"पलस्तर उतर गया है, पर हरियाली अभी बाकी है। अब तो बेलें पहली मंजिल तक आती हैं।"

और इस तरह हमसे हमेशा के लिए घर छिन गया। माँ को लुधियाना ले जाकर इंजेक्शन लगवाए गए और उन्हें स्वस्थ होने में कई महीने लग गए।

□

कुछ समय पहले, सितंबर 2012 में, मैं श्रीनगर में एक वृद्ध विद्वान् पंडित से

मिला, जिन्होंने कभी कश्मीर नहीं छोड़ा। उन्हें आतंकियों ने तीन बार अगवा किया, पर वे हर बार बचकर वापस आ गए। हम उनकी स्टडी में थे, जहाँ वे किताबों से घिरे थे। बाईं दीवार पर स्वामी विवेकानंद और कश्मीर के आदरणीय संत स्वामी विधिधर की तसवीरें और साथ में अल्बर्ट आइंस्टीन। वे मुझे 1995 की एक घटना के बारे में बताने लगे। वे साइकिल पर मंदिर से वापस आ रहे थे कि एक जानकार मुसलमान प्रोफेसर ने रोक लिया। "इस जगह क्या कर रहे हो? जाओ, बाएबादाम जाओ। पंडितों के घर से चुराई गई कुछ दुर्लभ किताबें बिक रही हैं।" उसने बताया। वे तेजी से साइकिल चलाते हुए उस जगह गए तो देखा कि नाववाले ने एक शेड में हजारों किताबें और पांडुलिपियाँ बीस रुपए किलो के हिसाब से बेचने के लिए रखी हुई थीं। उस जगह विदेशी विद्वान् जुटे हुए थे। नाववाले ने उन्हें पहचान लिया। "तुम तो पंडित हो न? तुम्हारे लिए तीस रुपए किलो का दाम है।"

विद्वान् ने उसके हाथ पर सौ रुपए रखते हुए कहा। "मैं हर किताब के सौ रुपए दूँगा। अभी यह पेशगी रखो।" फिर वे जितनी किताबें उठा सकते थे, उन्हें उठा लिया। उनमें पंद्रहवीं सदी का ललद्यद के श्लोकों और महेश्वरानंद के 'महारथमंजरी' पर पंद्रहवीं सदी का संस्कृत भाष्य भी शामिल था।

परंतु निर्वासन में विद्वत्ता का लोप हुआ। नौजवान लड़के और लड़कियों ने कैंप के स्कूलों में मेहनत की और बोर्ड की परीक्षा के लिए जी-तोड़ तैयारी की। उनके माता-पिता बैंक ड्राफ्ट बनवाते रहे, ताकि इंजीनियरिंग की प्रवेश परीक्षा की फीस दे सकें। हर कोई महाराष्ट्र, कर्नाटक या किसी अच्छी जगह के कॉलेज में पढ़ने जाना चाहता था, ताकि निर्वासन के दुःख से बच सके। हर कोई पैसा कमाकर जिंदगी को नए सिरे से बसाना चाहता था। पर अब विद्या कहीं नहीं रही। हममें से किसी को अब सार्त्र के नाम से नहीं पुकारा जाएगा।

मैं भी भागना चाहता था, पर मुझे कर्नाटक या महाराष्ट्र नहीं जाना था। मैं नीरस कक्षाओं से निकलना चाहता था। हायर सेकेंडरी परीक्षा के नतीजे आए और मैं हमेशा की तरह औसत ही था। ऐसा लगा कि पिताजी मेरे नतीजे से शर्मसार थे। मैं उन्हें सुरक्षित भविष्य का कोई आश्वासन नहीं दे सका था। वे तय नहीं कर पा रहे थे कि मैं क्या करनेवाला हूँ। पर मुझे लगता है कि मुझे तभी थोड़ा संकेत मिल गया था। मैं कुछ अलग करना चाहता था। आँखें बंद करते ही लगता था कि मेरी छाती के अंदर रोशनी का सफेद गोला उभर आया हो। एक दिन मैं उसी रोशनी का पीछा करते हुए चंडीगढ़ आ गया। हालाँकि पहले पिताजी ने थोड़ा एतराज किया,

पर मैं वहीं रहकर पढ़ना चाहता था। इस तरह मैं जम्मू से निकला। चंडीगढ़ में पढ़ाई की मेहनत का दबाव नहीं था। मैंने अपने से बड़े लोगों से दोस्तियाँ कर लीं। वे कामरेड थे, जो गोर्की और दोस्तोएव्स्की, नीत्शे, कामू, चेखव और फ्लॉबर्ट पढ़ते थे। उनके साथ ही मैंने वेस्टर्न ला बारै की 'द घोस्ट डांस' भी पढ़ी। मैं राजकीय पुस्तकालय में उनके बताए लेखकों की किताबें खोज-खोजकर पढ़ता। रात को, वे जनरल हॉस्पिटल के बाहर रंजन के अड्डे पर अंडे पराँठे और चाय के साथ अवतार सिंह पाश और शिव कुमार बटालवी की कविताएँ पढ़ते। मैं तलवंडी सालेम गया, जहाँ पाश रह चुके थे और वहीं कुछ सिख आतंकवादियों ने कुछ समय पहले उनकी हत्या कर दी थी। उनके घर में मैंने एक मेज पर खुदा हुआ देखा—'जानो क्या, कैसे, क्यों?' मेरे भीतर सफेद रोशनी का वह गोला और उजला हो गया था।

मैं कॉलेज में ही था। एक दिन जम्मू से बहन का खत आया। मदन लाल अंकल नहीं रहे। उसने बताया। वे हमारे घर के पास ही छोटे से कमरे में रहते थे। जब मैं कॉलेज की छुट्टियों में घर जाता तो वे आकर हाथ मिलाते, 'अब बड़े हो गए हो।' वे कहते। माँ उनके लिए कहवा बनाने रसोई में चली जातीं। कई बार वे शाम को आते और मेरी मुट्ठी में भुने काजू थमा देते। बहन ने बताया कि आखिरी दिनों में उनका दिमाग चल गया था। वे अपने घर की छत पर जाकर सारी रात चिल्लाते। पिताजी और दूसरे लोग उन्हें अस्पताल ले गए, जहाँ उन्होंने कुछ दिन बाद दम तोड़ दिया। वे अपने घर, अपनी जमीन और अपने प्यारे पूर्वजों की नजरों से दूर, अकेले ही मरे।

इसके बाद घर से आनेवाले खत में अच्छी खबर थी। रवि के परिवार ने भी जम्मू आने का मन बना लिया था। रवि और उसकी बहन की उम्र शादी के लायक हो गई थी। रवि को उम्मीद थी कि उसे जम्मू में तबादला मिल जाएगा, क्योंकि कोई भी कश्मीरी पंडित परिवार अपनी बेटी को श्रीनगर नहीं भेजना चाहता था।

बाग-ए-बाहू बाग में रवि की भेंट आशा से हुई, जो उसकी मँगेतर थी। रवि ने बताया कि वह होनहार थी और जूलॉजी में गोल्ड मेडलिस्ट थी। मैंने कहा था, "तुम दोनों मिलकर लाइफ साइंसिज को पूरा करते हो।"

जल्दी ही उनकी सगाई के बाद मैं एक दिन रवि को बिना बताए आशा को देखने चला गया। वह मेरे पुराने स्कूल में पढ़ाती थी। वह मुझे लैब में ले गई, जिस जगह मर्तबानों में कई तरह के रसायनों में डूबे जानवरों की प्रजातियाँ दिख रही थीं। उसने मुझे बन ऑमलेट खिलाया और ठंडा पिलाया। मुझसे पूछा, "क्या पिओगे?"

मैंने कहा, "थम्स अप।" वह मुसकराई, "उनकी तरह?" मैं बहुत खुश था। खुशी का ठिकाना नहीं था। कुछ ही सप्ताह बाद, उधमपुर के छोटे से कस्बे गूल में रवि का तबादला हो गया। गूल के कुछ हिस्सों में आतंक था, पर गूल शांत इलाका था। रवि ने हमें बताया।

1993 के पतझड़ में रवि का ब्याह हो गया। शादी के सारे काम रवि के दोस्त इरशाद ने सँभाले। वह विवाह होने तक वहीं रुका और पूरी दावत का काम सँभाला। उत्सव के बीच दोनों दोस्त आपस में बैठकर बतियाते और कश्मीर विश्वविद्यालय के दिनों को याद करते। एक सुषमा नाम की लड़की का नाम बार-बार आता था, रवि को एक बार उससे प्यार हो गया था।

उन दिनों की कई तसवीरें हैं, रवि और आशा बाग-ए-बाहू में पिकनिक मनाते हुए, पटनीटॉप के एक टूरिस्ट रिजॉर्ट में। वे मुझे मिलने चंडीगढ़ आए तो हमने एक साथ मूवी देखी और हॉट मिलियंस रेस्तराँ में खाना खाया। एक बरस बाद शुभम का जन्म हुआ। मैंने उन्हें चंडीगढ़ से ही ग्रीटिंग कार्ड भेजा और दो सप्ताह बाद ही रात की बस पकड़कर जम्मू चला गया, ताकि नए मेहमान को बाँहों में भर सकूँ। आशा और मैं आपस में खत लिखते थे और उनसे ही पता चलता है कि मैं उन आखिरी दो साल की पढ़ाई में क्या पढ़ रहा था। "ये कुस से गाव कामूस—ये कामू कौन है?" रवि चिढ़ाते हुए पूछता और मैं हिचकते हुए लंबा भाषण सुना देता।

वे साल कितनी तेजी से बीत गए।

मैं फाइनल की परीक्षा के बाद जम्मू आ गया। कुछ ही महीने बाद नतीजे आए और मैं औसत अंकों से पास हुआ। पर मैंने पाश की अमर पंक्तियों से सबसे बेहतरीन शिक्षा पा ली थी—

सबसे खतरनाक होता है, मुर्दा शांति से भर जाना
ना होना तड़प का, सब सहन कर जाना
घर से निकलना काम पर और काम से लौटकर घर आना
सबसे खतरनाक होता है, हमारे सपनों का मर जाना

मुझे 'लस्ट फॉर लाइफ' की पंक्ति भी प्रिय थी, मैंने इसे पंजाब यूनिवर्सिटी के बाहर एक स्टॉल से दस रुपए में लिया था—'जो भी हो, दुनिया फिर भी महान् है।'

मैं इस किताब और स्वतंत्र विचारोंवाले फिल्ममेकर अरुण कौल के एक खत के साथ 1996 में दिल्ली आया। उन दिनों अरुण कौल दूरदर्शन के लिए कुछ प्रोग्राम बना चुके थे, जिनमें 'कश्मीर फाइल' भी शामिल था। मैं जम्मू में एक

अखबार के लिए काम करता था, पर जम्मू में मिले आरंभिक कष्टों ने मुझे उस जगह के लिए कड़वाहट से भर दिया था। मैं जम्मू में नहीं रहना चाहता था। तब मैंने अरुण कौल को पत्र लिखा और तीन सप्ताह बाद उनका जवाब आया, "अगर तुम्हें मेरी नाक पसंद आई और मुझे तुम्हारा चेहरा अच्छा लगा तो हम एक साथ काम कर सकते हैं।"

जब हम उनके घर पर मिले तो वे बोले, "मैं एक कश्मीरी पंडित से कुछ भी होने की अपेक्षा रख सकता हूँ—कायर, शातिर या घमंडी, पर वह मध्यम स्तर का नहीं हो सकता। यह उसके जींस में ही नहीं है। इसलिए उठो, अपनी जींस की खातिर उठो।"

मैंने उनके लिए छह महीने काम किया और तब तक 'कश्मीर फाइल' का काम समाप्त हो गया था। हालाँकि मुझे फिर भी वेतन मिल रहा था, पर करने को कोई काम नहीं था। मैं अब भी कुछ सीखना चाहता था, इसलिए मैंने वह काम छोड़ दिया।

जून 1997, मैं अभी नौकरी की खोज में था और जेब खाली थी। 13 जून, दिल्ली के उपहार सिनेमा में आग लगी और उनसठ लोगों की जानें गईं। अगले दिन रवि ने कॉल किया, "तेरी चिंता हो रही थी, इसलिए तुझे फोन लगाया।"

मैं उस हाल में भी मस्त ही था। 'संघर्ष'। वह शब्द ही कितना रोमानी था। हालाँकि मेरे पास शहर में सहारा देनेवाले भी मौजूद थे—मुझसे बड़ी उम्र की एक लड़की मुझे चाहती थी। वह कामकाजी लड़कियों के होस्टल में रहती थी। मेरा एक दोस्त दिन में रोजी कमाने के लिए सॉफ्टवेयर प्रोग्राम लिखता और रात को बर्ट्रेंड रसेल पढ़ता।

16 जून, सुबह चार बजे फोन की घंटी बजी। मैं झटके से उठा। उसका जवाब दिया। और…

मुझे कुछ याद नहीं कि उसके बाद तीन घंटों तक क्या हुआ। हालाँकि मुझे याद है, मैं सुबह सात बजे उस लड़की से मिलने होस्टल गया। दरबान जानता था। वह मुसकराया, 'आज इतनी सुबह?' वह बाहर आई, वह थोड़ा खीझी हुई थी, मैंने इतनी सुबह उठा दिया। मैंने उसे बताया कि क्या हुआ। मुझे लगा कि वह कुछ कहेगी। मेरा हाथ थाम लेगी। और अब मैं रोने लगूँगा। पर वह कुछ नहीं कहती। वह कुछ नहीं करती। उसने हमदर्दी से सिर हिलाया और अपनी जम्हाई रोकी। "मैं चलता हूँ।" मैं कहता हूँ। मैं अपने दोस्त के घर जाता हूँ। दरवाजा खटखटाता हूँ।

वह दरवाजा खोलता है। उसके हाथ में रेजर है। वह शेव कर रहा है। मैंने उसे बताया है। अब, अब—वह एक बार गले से लगा लेगा। अब वह मुझे बिठाकर पूछेगा कि मैं क्या करने जा रहा हूँ। पर कुछ नहीं हुआ। वह अपनी शेव करता रहा। "भगवान् की जैसी मर्जी।" वह कहता है। मैं भाग लेता हूँ।

मुझे वह हादसा याद है, जो माँ ने सुनाया था। उनकी कुछ समय पहले ही शादी हुई थी और वे मेरे मामा के परिवार के साथ श्रीनगर के प्रदर्शनी मैदान में सर्कस देखने गए थे। उस जगह एक कलाकार था, उसे खुद को आग लगाकर नीचे पानी से भरे ताल में कूदना था, पर आखिरी पल में उसकी हिम्मत जवाब दे गई। एक के बाद एक माचिस की तीली जलाता रहा, पर खुद को आग नहीं लगा सका और वह कारनामा पूरा नहीं हुआ।

मैं सर्कस के उस कलाकार की तरह हो गया था। मैं दोस्त बनाता; हम एक साथ खाते-पीते, हँसते, चुटकुले सुनाते। पर मैं खुद को कभी किसी सच्ची दोस्ती के हवाले नहीं कर सका। मैंने अपने दिल का कोना सदा वीरान रखा। मैं उसमें ऐसी चीजें रखता था, जो मैं किसी से नहीं बाँटता था। 'बैंडिट क्वीन' में नुसरत अली खाँ की पंक्तियों की तरह, 'खुद से कही जो कही, कही किसी से भी नहीं।'

उस रात मैं बस की पिछली सीट पर बैठा अकेला ही जम्मू के लिए रवाना हुआ। वे बस में 'खलनायक' दिखा रहे हैं। मैं दर्द के मारे सुन्न हूँ। भोर वेला में हमने जम्मू और कश्मीर की सीमा पार की और लखनपुर गेट पर मैंने 'डेली एक्सलशियर' खरीदा। नहीं, नहीं, नहीं, नहीं। यह रवि नहीं है। इसके चेहरे पर लहू क्यों है? इसकी तसवीर पहले पन्ने पर क्यों छपी है? तो यह रवि है!

पिछले दिन रवि दो पंडित सहकर्मियों के साथ जम्मू से गूल रवाना हुआ। गरमी की छुट्टियाँ समाप्त हुई थीं और हम पंद्रह दिन पहले ही मिले थे। "जम्मू तबादला करवाने की कोशिश में हूँ। शुभम बड़ा हो रहा है—उसे मेरी जरूरत है।" उसने कहा था। गूल आने से पहले बस रुकी और हथियारबंद लोग बस में आ गए। उनके पास बस में बैठनेवाले तीन पंडितों के बारे में जानकारी थी। रवि इसका मतलब जानता था। उसने बाकी दो लोगों को गले से लगा लिया। उन्हें बस से उतरने को कहा गया, जो उन्हें उतारकर आगे चली गई। रवि ने लड़ना चाहा। उसके चेहरे पर वार हुआ। तीनों को गोली मार दी गई। आधी रात को जम्मू में रवि के घर का दरवाजा पुलिस ने खटखटाया। उसके पिता ने दरवाजा खोला। उन्होंने सब बताया। पुलिस कोई परेशानी नहीं चाहती थी। परिवार से कहा कि शवों का जितनी

जल्दी हो सके, अंतिम संस्कार कर दिया जाए।

मैं जम्मू पहुँचा। रवि मर गया है। मेरा भाई मर गया है। मेरा हीरो मर गया है। कितनी हैरानी की बात है, मुझे केवल इतना याद है कि हम एक साथ शालीमार बाग घूमने गए थे और हमने हरे बालोंवाली विदेशी युवती देखी थी।

रवि मर गया है। जीवन खाली हो गया है। परिवार का अर्थ नहीं रहा। माँ कभी ठीक नहीं होगी। शायद उस एक पल के बाद से ही उनकी सेहत गिरने लगी। रवि के पिता कभी ठीक नहीं होंगी। वे लगातार कहते रहे—"'ये गाँव में कबाली रेड'—ये मेरा निजी कबायली छापा है।"

कबायली छापा। जब पाकिस्तान से आए हमलावरों ने परनाना की बनाई हर चीज तहस-नहस कर दी थी। यह मेरे मामा की कहानी है—उनका सबकुछ छिन जाने की कहानी, जब वे दस बरस के थे। यह कहानी काफी हद तक हमारे ही निर्वासन का हिस्सा है। मैं रवि के पिता के मुख से ही यह कहानी आपको सुनाने जा रहा हूँ। उनके अपने शब्दों में।

□

भाग–4

रवि की मौत के बाद जैसे सब बिखरता चला गया। परिवार बिखर गया था। कुछ ही महीनों में आशा शुभम को लेकर कहीं और रहने लगी। रवि की माँ घंटों टी.वी. देखती रहतीं। उन्होंने डायबिटीज और हाई ब्लड प्रेशर के लिए दवा लेने से इनकार कर दिया था। रवि के पिता में एक अजीब सी बेचैनी आ गई थी। वे कई बार पूरी रात का सफर करके हमारे पास दिल्ली आते और एक-दो घंटे बाद ही कहते कि उन्हें वापस जाना है। हमें उन्हें मनाने में घंटों लगते कि अगर आए हैं तो एक दिन तो रुकें।

2001 की गरमी में वे दिल्ली आए। हमने हाल ही में घर बदला था। उन्हें हमारा पता अच्छी तरह नहीं मालूम था। वे हमें बिना बताए, एक दिन आ पहुँचे। वे सारी रात जम्मू से सफर करके आए थे। हम उन्हें देखकर हैरान हुए कि उन्होंने हमारा घर कैसे खोजा! "मैंने कपड़ों में एक तौलिया टँगा देखा और अंदाजा लगा लिया कि तेरा ही होगा।" वे बोले। हालाँकि शाम होते ही उन्होंने अगले दिन जम्मू वापस जाने की रट लगा दी थी।

मुझे वह क्षण अच्छी तरह याद है, जब रवि के पिता ने 1947 के कबायली छापे की कहानी सुनानी चालू की। मैं चाहता था कि वे अगले दिन वापस न जाएँ, इसलिए उनका बैग छिपा दिया। वे उसे खोजने आए तो मेरी किताबों की अलमारी देखने लगे। मुझे अपनी माँ से सुनी कहानी याद आ गई—कैसे उनके पास नायाब किताबों का खजाना था और उनके कजिन ने कुछ किताबें चोरी से बेच दीं, ताकि वह सिगरेट खरीद सके। मैंने उन्हें बताया तो वे पूछने लगे कि मुझे कैसे पता चला? उनकी आँखें चमक उठीं और वे तंद्रा में खो-से गए। मैं शांत बैठा था और उनकी ओर नहीं देख रहा था, ताकि उनकी तंद्रा भंग न हो। "पता है, मैं सत्तर के दशक में

पहली बार दिल्ली आया था; शायद 1976 रहा होगा…।"

जब मैं पहली बार दिल्ली आया तो खोया-खोया सा लग रहा था। जनवरी की एक दोपहर, बस किसी सब्जी मंडी में रुकी और कंडक्टर चिल्लाने लगा कि दिल्ली आ गई। मैं बस से उतरनेवाला आखिरी आदमी था। ज्यों ही मैं बस से उतरा तो कंडक्टर देखकर मुसकराया। शायद मेरी काँपती हुई टाँगें देख ली थीं। "चिंता मत करो। यह तुम्हारा अपना शहर है। तुम्हारे ही इलाके से एक आदमी इस पर राज करता था और अब उसकी बेटी इसकी रानी है।" उसने मुसकराकर कहा। मैं भीड़ देखकर इतना सकते में आ गया कि यही भूल गया कि कंडक्टर जिस जवाहरलाल नेहरू की बात कर रहा था, वे दिखते कैसे थे। मुझे उनकी अभिजातीय नाक भूल गई, जो कश्मीरी की पहचान होती है। मैं भूल गया कि वे किस तरह लगभग तीस साल पहले, अचानक मेरे सामने आए थे। वे लाल चौक में अपने लोगों को संबोधित करने आए थे। वे उनके लिए तैयार किए गए लकड़ी के मंच पर चढ़ रहे थे। तब मैं दस साल का था और एक शरणार्थी था।

और अब नेहरू नहीं हैं। लाल चौक के जाने-पहचाने दायरे से हजारों मील दूर, मैं लोगों के उस समुद्र में अपने लिए जगह बनाने की कोशिश कर रहा था और ऐसा लगता था कि वे चारों ओर से मेरी ओर बढ़े आ रहे थे। मैं किसी तरह कोने में निकला और फुटपाथ पर बैठ गया, अपना बैग एक ओर रख दिया। मैंने उसे हाथों से पकड़ा हुआ था। मेरे दोस्त के पिता कुछ साल पहले दिल्ली आए थे और जब वे बस से उतरकर अपने लिए पाव रोटी लेने गए तो किसी ने उनका बैग चुरा लिया। उनकी सलाह थी कि बैग को हाथों में ही रखना है। मुझे भी भूख-प्यास लगी थी, पर मैं अपनी जगह से नहीं हिला। फिर मुझे याद आया कि मेरी पत्नी मोहिनी ने घर से निकलते हुए खाना दिया था। अगर अहदू उसी समय आकर मुझे अपने साथ न ले गया होता तो बेशक मैं उसी समय जम्मू की बस पकड़कर वापस श्रीनगर निकल जाता।

अहदू मेरा दोस्त था, जो कालीन के व्यापार में था, उसने पाँच साल पहले ही अपने व्यापार को दिल्ली तक फैला लिया था। तब से वह कई बार दिल्ली आने का न्योता दे चुका था। जब वह पिता बना तो मैं उसका आग्रह ठुकरा नहीं सका और जीवन में पहली बार कश्मीर से बाहर यात्रा की। तीन ही दिन में अपने घर वापस आकर अपनी पत्नी के हाथ से बने शलगम खा रहा था।

यह तीस साल पुरानी बात है, पर अब भी दिल्ली आकर अपना बैग हाथ से

नहीं छोड़ता। हालाँकि इससे कोई फर्क नहीं पड़ता कि अब मैं कहाँ रहता हूँ। दिल्ली या दक्कन मेरे लिए सब बराबर है। अब कोई जमीन मेरी जमीन नहीं है।

जब मैंने नेहरू को पहली बार लाल चौक में देखा तो मैं अपने ही राज्य में शरणार्थी था। साठ साल बाद, मैं अपने ही देश में शरणार्थी हूँ।

□

कई बार जब अकेला होता हूँ तो लगता है कि अर्णिमाल मुझे अपना गीत सुनाती हैं—'लस्सअ् कमि हेवास्य माजस गोम बसबसअ्य।' मेरे लिए जीने का कोई अर्थ नहीं रहा, मैं बस इधर-उधर भटक रहा हूँ।

मोहिनी, मेरी पत्नी। वह मेरे साथ शरणार्थी कॉलोनी में रहती है। उसे जीने के लिए मेडल मिलना चाहिए। दोनों किडनी खराब हैं। उसे डायबिटीज है। दाईं आँख से दिखता नहीं है।

रवि की मौत के बाद, मैं एक जगह पर बहुत देर नहीं टिक सकता। चंडीगढ़ में अपनी बेटी से मिलने जाता हूँ। जूते भी नहीं उतारता कि मन में वापस जाने की हुड़क आ जाती है। दिल्ली में बहन के घर आता हूँ तो इधर आकर भी वापस भागने का मन करने लगता है। हम शरणार्थियों का वह एक कमरा ही बस हमारी नियति है।

हर सुबह उठकर अखबार पढ़ता हूँ। पहला पन्ना कभी देखता ही नहीं। रोज, हर रोज एक जैसी खबरें होती हैं। जैसे सीली हुई मूँगफली, उन्हें तलकर फिर से करारा करते हैं और फिर नया स्वाद लाने के लिए अच्छे शीर्षकों के साथ फिर से परोस देते हैं। दूसरे पन्ने पर कुछ तसवीरें होती हैं और हर तसवीर के नीचे कुछ पंक्तियाँ। मृत्युलेख—

प्रभावती कौल—हब्बा कदल, श्रीनगर से थीं—जम्मू के जानीपुरा में मृत्यु

बारामूला के मोहन लाल धर, जम्मू तातला टिल्लो में सोमवार को परलोक सिधार गए। कनाल रोड, राजेंद्र पार्क में दसवीं की जाएगी।

उनके कान में अब भी झेलम के पानी का स्वर गूँजता होगा और उनकी किरिया, नहर के गंदे और बेढब पानी में होगी।

मोहन लाल धर की किरिया के लिए पंडित बुलवाया गया है। वह जल्दी में है, वह अपने भारी सुर में श्लोक पढ़ने से पहले ही जता देता है। किरोसिन के स्टोव पर पके चावलों के छोटे ढेर बनाए गए हैं। बेटा घुटनों तक पानी में जाकर अपने कंधे

पर रखा मटका फोड़ता है। फिर वह उस उथले पानी में झट एक डुबकी लगाता है।

हर दिन, दूसरा पन्ना पढ़ने के बाद तय करता हूँ कि आगे से अखबार नहीं पढ़ना। इसे पढ़कर लगता है कि मैं चित्रगुप्त हूँ—मृत्यु के देवता यमराज का लिपिक, जो सबकी मौत का हिसाब रखता है। मुझे शर्मिंदगी होती है, मानो दूसरों की मौत के बारे में पढ़ने से ही वे मारे जा रहे हैं। पर अब तक मैंने उन्हें पढ़ना बंद नहीं किया। यह मेरा फर्ज बनता है कि मैं अपने जानकार लोगों की बरसियों और किरिया में शामिल रहूँ।

नहर के किनारे पर जमा लोग भी इसी तरह अपना फर्ज निभाने आए हैं। जल्दी ही वे आपस में गुट बनाकर तरह-तरह की चर्चा करेंगे। कश्मीर के हालात से बात शुरू होगी।

"वाजपेयी की सरकार ने हमारे लिए कुछ नहीं किया। कश्मीर नीति अब तक सबसे बुरी रही।"

"अरे धर साहब, आपने सुना—चमन लाल भट्ट की बेटी ने बंगाली छोकरे से शादी कर ली?"

"माहरा, अब तो यह आम बात हो गई है। बंगाली, पंजाबी, मद्रासी, मराठी-हमारे बच्चे पूरे भारत में विवाह कर रहे हैं।"

"भूल जाओ, दोस्त! बताओ, तुम्हारा बेटा इन दिनों क्या कर रहा है?"

"उसने अभी बी.टेक. पूरा किया और पुणे से एम.बी.ए. कर रहा है।"

"तुम्हारी बहन का बेटा, सुना दिल्ली की किसी सॉफ्टवेयर कंपनी में मैनेजर हो गया। मेरी भाभी की बेटी, उसने इलेक्ट्रॉनिक्स में बी.ई. की है, मल्टीनेशनल फर्म में पाँच आँकड़ों में वेतन ले रही है। नोएडा में उनका अपना घर है। हो सकता है कि दोनों की बात जम जाए।"

पंडित बार-बार अपनी घड़ी देख लेता है। वह अपना काम पूरा कर लेता है तो इसके बाद यज्ञोपवीत समारोह होना है। वह तेजी से मंत्र दाग रहा है। अगर वह कुछ मंत्र पढ़ने भूल भी गया तो भी किसी को कोई फर्क नहीं पड़ता। अगर आत्मा शुद्ध होगी तो स्वर्ग ही जाएगी और अगर नहीं होगी तो एकाध श्लोक और बोलने से क्या मिल जाएगा? इस जगह तो सारे 'धर्मशास्त्र' किसी काम नहीं आने।

खैर, सारा काम पूरा हुआ और इसके साथ ही मोहन लाल धर का अध्याय पूरा हो गया।

जब कोई मरता है तो उसका प्रेत अपने सामान के आसपास भटकता है और

अपने प्रियजन का शोक मनाता है। उस प्रेत को विरक्त करने के लिए ही उसका बेटा, जिससे वह सबसे अधिक मोह रखता है, उससे कपाल क्रिया करवाई जाती है, यानी उसकी खोपड़ी को तोड़ना।

मुझे इस तरह कौन विरक्त करेगा ?

कहते हैं कि एक बाप का अपने बेटे की लाश उठाना, इस दुनिया का सबसे बड़ा बोझ होता है। मुझसे पूछो, मैंने इसे ढोया है और आज तक कंधे झुके हुए हैं। उस दिन मैंने नहर में डुबकी लगाकर रवि की दसवीं की किरिया की और फिर ग्यारहवीं को मंत्र पढ़कर उसकी आत्मा को हमारे पुरखों के पास भेजा।

मेरी हालत काफी हद तक नागरमा, अब नगम तहसील के राजा जैसी है, जहाँ मैं कई साल पहले अध्यापक बनकर गया था।

दामूधर ने अपना राज्य सत्तरासतेंग, एक पठार पर बनवाया और पानी के लिए बाँध भी तैयार करवाया। एक दिन, जब वह स्नान के लिए जा रहा था तो भोजन की इच्छा रखनेवाले ब्राह्मणों ने रोक लिया। पर राजा ने मना कर दिया और कहा कि वह पहले स्नान करेगा और फिर उन्हें भोजन करवाएगा। राजा के मना करने से ब्राह्मण कुपित हुए और उसे शाप देते हुए एक सर्प बना दिया। कहते हैं कि उस सर्प को आज भी पानी की खोज में भटकते देखा जा सकता है। वह तब तक उस शाप से नहीं छूट सकता, जब तक वह एक ही दिन में पूरा 'रामायण' पाठ नहीं सुनता।

मुझे मुक्ति कैसे मिलेगी ? मेरे लिए 'रामायण' कौन बाँचेगा ?

□

बारामूला, 1947

हर कहानी में एक किरदार होता है, जो अहम भूमिका निभाता है। पर मैं तो ऐसा पात्र था, जिसे मजबूरन, अपनी मर्जी के बिना भूमिका को पूरा करना था।

हाल ही में, एक राष्ट्रीय पत्रिका ने कश्मीर पर स्टोरी प्रकाशित की। उन्होंने मेरा इंटरव्यू लेते हुए पूछा कि मैं अपने बेटे की मौत के बाद जिंदगी का सामना कैसे कर रहा था ? उस स्टोरी में मुझे सत्तर बरस का पृथ्वीनाथ कहा गया, पर सच कहूँ तो इतने बरस जैसे एक झटके में बीत गए।

किसी प्रलय की तरह मेरी यादों ने इन बरसों को बहा दिया और मैं उस एक पल में हूँ, जहाँ मैं अखरोट के पेड़ पर झुका था। मैं शाखाओं से कच्चे और हरे फल तोड़ रहा था। वह वर्ष 1947 था। भारत अभी हाल ही में आजाद हुआ था, पर

कश्मीर में कुछ नहीं बदला था। महाराजा हरि सिंह तब भी उस जगह के शासक थे और हमारी किस्मतों के भी!

बारामूला तब भी खूब बसा हुआ था—अंग्रेज साहिब और मेमों के आने-जाने का रास्ता, जो अपनी आलीशान विक्टोरिया के जमाने की कारों में रावलपिंडी की धूल भरी सड़कों से श्रीनगर के स्वर्ग जैसे माहौल में आते।

झेलम नदी शहर से होते हुए, किशनगंगा के गँदले पानी से मिलती थी और फिर पाकिस्तान की ओर निकल जाती थी।

हजार साल से भी पहले सुय्या नामक कश्मीरी इंजीनियर ने निष्कर्ष निकाला कि घाटी में बाढ़ इसलिए आती थी, क्योंकि बारामूला के पास का खड्ड इतना सँकरा था कि वह पानी के वेग को झेल नहीं पाता था। इस समस्या को हल करने के लिए सुय्या ने नया ही उपाय निकाला। उसने नदी में बहुत सारे सिक्के फेंक दिए। लोग इन सिक्कों को निकालने के लिए नदी में कूदने लगे और इस तरह पानी को रोकनेवाले पत्थर हट गए। बाद में, डोगरा के राजा महाराजा प्रताप सिंह के शासन में जब घाटी में ब्रिटिश रेजिडेंसी स्थापित की गई तो मेजर डि लॉटबिनियेर ने अमेरिका से निकर्षण यंत्र मँगवाए और कनाडा से इंजीनियर बुलवाकर यही काम करवाया।

मुझे याद है, उस समय मेरी उम्र लगभग दस बरस रही होगी, जब मैंने शहर जाने के लिए बारामूला में पुराना पुल पार किया था। मेरा परिवार उस समय के मापदंड के लिहाज से छोटा था—माँ, बाबा, मेरी दो छोटी बहनें और मैं। हमारे घर के आँगन के बीच एक कुआँ था। वह पूरे कस्बे में अपने मीठे पानी के लिए जाना जाता था। बाबा बहुत पैसेवाले नहीं थे, पर अच्छी चीजों के शौकीन थे। हमारे घर में तीन मंजिलें थीं और सबसे ऊपर एक बड़ा कमरा था। उसकी छत को सहारा देने के लिए लकड़ी के बड़े खंभे लगाए हुए थे और खिड़कियों से ताजी और ठंडी हवा आती थी।

मेरी बहनें छोटी थीं। वे घर में रहतीं और मैं रोज चप्पलें पहन पाठशाला में पढ़ने जाता। मेरे हाथ में तख्ती होती थी। स्कूल घर से कुछ मील की दूरी पर था।

बाबा हमेशा काम में लगे रहते, पर उनके छोटे भाई, जिन्हें हम 'टोठा' कहते थे—वे हमारा बड़ा दुलार करते। सुबह वे मुझे दूध खरीदने ग्वाले के पास ले जाते। इसके बाद वे उसे कहते कि वह खाने के लिए मेरी हथेली पर दही दे।

टोठा मुझे लंबी सैर पर ले जाते और कश्मीर की कहानियाँ सुनाया करते। उन्होंने बताया था कि करीब सौ साल पहले अकाल आने के कारण खाने की इतनी

कमी हो गई थी कि लोगों को रहने के लिए लाहौर जाना पड़ा। उन्होंने यह भी बताया कि 1877 में श्रीनगर का अकाल दो साल तक चला और आबादी बड़ी कम हो गई थी। अकाल के समय लोग कहते थे—'दराग च़लि तअ् दाग च़लि नअ्।' (अकाल चला गया, पर इसके दाग नहीं गए।)

उनका एक दोस्त था, मकबूल शेरवानी। वह शेख अब्दुल्ला के दल नेशनल कॉन्फ्रेंस से था और मैं उसे अकसर सफेद घोड़े पर सवार देखता। वह हमारे घर भी आता था। जीवन बहुत बढ़िया था।

1947, अक्तूबर की एक सुबह मैं पीठ में दर्द के साथ उठा। मैं नींद में ही मोटे गद्दे से फिसलकर फर्श पर आ गया था इसलिए पीठ में दर्द था। वहाँ पतली सी चटाई बिछी थी इसलिए मेरी पीठ दुखने लगी। मैं माँ की सलाह से गरम पानी से नहाया तो थोड़ा अच्छा लगने लगा। जल्दी ही मैं हमेशा की तरह पाठशाला जा रहा था। जब पाठशाला पहुँचा तो प्रार्थना चालू हो चुकी थी। मैं अपनी कक्षा की लाइन में खड़ा हो गया। मेरे आगे मेरा दोस्त मंजूर था। मैंने उसका कंधा छुआ तो उसने मुड़कर देखा। जब उसने मुझे देखा तो एक कदम पीछे हटकर बोला, "पृथ्वी, प्रार्थना के बाद तुझे कुछ बताना है।"

"क्या बात है, अभी बता?" मैंने कौतूहल से पूछा। पर इससे पहले कि वह कुछ कहता, हमारे मास्टरजी उधर आ गए और हम दोनों चुप हो गए।

प्रार्थना के बाद बच्चे कक्षाओं में भागे। मंजूर स्कूल के पीछे की ओर भागा। मैं उसके पीछे था। वह एक पेड़ के नीचे रुका।

"मंजूर, मुझे क्या बताना है?" मैंने कहा।

वह कुछ देर चुप रहा और फिर पत्थर उठाकर पेड़ के तने पर कुछ खुरचने लगा।

"मंजूर, क्या मजाक कर रहा है? बता न?" मेरा धीरज चुक रहा था।

मंजूर ने गहराई से मेरी आँखों में देखा। "कज्जाक आ रहे हैं।" उसके सुर में आवेग था।

"कज्जाक, ये कौन हैं? क्या वे बारामूला आ रहे हैं?"

"पता नहीं।" वह पत्थर फेंककर बोला। "चल कक्षा में चलें, वरना संटी से मार पड़ेगी।" वह कक्षा की ओर भागा और मैं उसकी बात का मतलब निकालने की कोशिश करने लगा। एक मिनट बाद भी कुछ समझ नहीं आया तो मैं कक्षा की ओर चल दिया।

खाने की छुट्टी के दौरान मैंने उसे खोजना चाहा, पर वह कहीं नहीं दिखा।

जब तक मैं घर आया, दोपहर ढलने को थी और मैं उसकी बातें भूल चुका था। चावल और मछली की सब्जी खाने के बाद खेलने निकल गया। जब वापस आया तो दिन ढलने को था। मैं थक गया था। दोबारा चावल और मछली खाए और सो गया।

नींद आने ही वाली थी कि दरवाजे पर आहट हुई। दूसरे कमरे की आवाजों से पता चला कि बाबा आ गए थे। मैं जानता था कि वे मुँह-हाथ धोकर खाना खाने बैठेंगे। बाबा घर का खाना पसंद करते थे, इसलिए जब भी वापस आते तो उन्हें बहुत तेज भूख लगी होती। मैंने माँ और बाबा को आपस में बातें करते सुना।

अचानक ही मैं एक तेज चीख सुनकर उठ बैठा। पहले तो लगा कि सपना था, पर कुछ ही मिनट में घर के बाहर से कोलाहल सुनाई दिया। मैं रजाई झटककर नंगे पैर आँखें मलते हुए बाहर भागा और देखा कि कुछ लोग हमारे पड़ोसी के आँगन में जमा थे। वहीं उनका बेटा श्यामलाल बैठा था। वह रोते हुए छाती पीट रहा था।

"क्या हुआ? क्या घर में सब ठीक हैं? पिताजी कहाँ हैं?" बाबा ने पूछा।

श्यामलाल कुछ न बोला। उसी तरह रोता रहा। "सब तबाह हो गया, सब राख हो गया। 'त्रठ हअ् सअ् पेयअ्'—हम पर तो गाज गिरी है।"

"बस करो, बताओ तो सही कि क्या हुआ।" बाबा ने पूछा।

"पठान आ रहे हैं। पठान! वे सबको मारकर सबकुछ ले जाएँगे।"

"क्या तुम्हारा दिमाग तो नहीं चल गया? पठान? तुम बोल क्या रहे हो?"

"वे आ रहे हैं। बकवास नहीं कर रहा। वे उधर से आ रहे हैं।" श्यामलाल ने पहाड़ों की ओर इशारा किया। "वे हमें मारने और लूटने आ रहे हैं।"

जंगल की आग की तरह खबर फैल गई। लोग घरों से बाहर आ गए और गुट बनाकर आपस में बातें करने लगे। जल्दी ही पता चला कि पाकिस्तान ने कश्मीर पर हमला करने के लिए उत्तर-पश्चिम फ्रंटियर इलाके से कबायली हमलावर भेजे हैं। हमें जल्दी ही पता चला कि छापामार पहले ही उरी के पासवाले गाँवों में तबाही मचा चुके हैं और बारामूला की ओर आ रहे हैं। बस कुछ ही दिनों या फिर उससे भी कम समय की बात थी, वे कभी भी बारामूला पर हमला कर सकते थे।

बारामूला के लोगों की तो जैसे रूह ही काँप गई। सभी दुविधा में थे, जो उनके चेहरे पर साफ दिख रही थी—क्या उन्हें अपने घर छोड़कर भागना होगा? या वहीं रहना पागलपन होगा? या श्रीनगर जाना सही रहेगा? किसी को कुछ पता नहीं था।

शंभूनाथ ने अपनी बात रखी।

"मैं लक्ष्मी को इस जगह नहीं छोड़ सकता। इस हालत में उसे श्रीनगर ले जाना भी संभव नहीं।" लक्ष्मी शंभूनाथ की गाय थी, जो बियानेवाली थी।

हम सबके चेहरे पर भय के साये मँडरा रहे थे, सारे शहर की शांति को ग्रहण लग गया था। मुश्किल समय में हर किसी को अपने बाल-बच्चों की चिंता सताती है। देखते-ही-देखते, कुछ घरों में ताले दिखने लगे। ये परिवार किसी से कुछ कहे बिना ही जाने किधर चले गए थे। हमारे घर के पिछली ओर रहनेवाला आदमी अपने भाई को कोस रहा था, वह बिना कुछ कहे अपना परिवार लेकर निकल गया था।

जो लोग कहीं नहीं गए, वे अपने घरों में दुबके थे। उन्होंने पूरी सावधानी से ताले लगा रखे थे। कोई सो नहीं सका। परिवारों ने अपने गहने और नकदी तैयार कर लिये, ताकि भागना पड़े तो अपना सामान लेकर जा सकें। कुछ मर्दों ने तकियों के नीचे रसोई के चाकू रखे, ताकि कबायली हमले के दौरान अपने ही हाथों घर की औरतों का कत्ल कर सकें।

तभी एक आदमी हमारे बचाव के लिए आगे आया। वह माहुरा पावर स्टेशन का बड़ा अधिकारी था, पूरे बारामूला में वह इकलौता कश्मीरी पंडित था, जिसके पास अपनी कार थी। वह अधेड़ आयु का आदमी था, जो हाथ में छड़ी लिये चलता था। वह अकसर सेंट जोसेफ गिरजे के सामने से निकलता देखा जाता। अगली सुबह उसने पंडित बिरादरी की बैठक बुलवाई।

कई लोग उसे सुनने के लिए स्कूल के मैदान में जमा हुए। वह बेंत की कुरसी पर बैठा था और कंधों पर बेपरवाही से शॉल झूल रहा था।

"देखो, इस तरह काम नहीं चलेगा। तुम लोग बेकार ही डर रहे हो। मैंने इस बारे में सोचा और तय कर लिया है कि हमें क्या करना चाहिए।" उसने कहा। सभी चुप बैठे उसे देख रहे थे।

"मैंने तय किया है कि मैं माहुरा पावर स्टेशन जाऊँगा। अगर पठान शहर की ओर आ रहे होंगे तो उन्हें माहुरा से ही आना होगा। अगर मैंने उन्हें देखा तो मैं बिजली ही काट दूँगा। यह तुम लोगों के लिए संकेत होगा कि भागकर अपनी जान बचाओ।"

यह विचार सबको पसंद आ गया। माहुरा दूर था और पठानों को उस जगह से बारामूला आने में समय लगना था।

"पर मैंने सुना है कि वे पठान नहीं, कज्जाक हैं।" किसी ने कहा।

"इससे क्या फर्क पड़ता है। एक बात याद रखो, वे बाहरी लोग हैं और बहुत सारे बाहरी लोगों ने कश्मीर पर निगाहें जमा रखी हैं। वे कश्मीर को लूटना चाहते हैं। इसे नष्ट करना चाहते हैं। अगर उन्हें मौका मिला तो वे झेलम की दिशा बदल देंगे। वे इस जगह को वीरान करना चाहते हैं।" उसने कहा।

और फिर वह जाने के लिए उठ गया।

"बिजली की आपूर्ति पर ध्यान देना।" उसने कहा और कार चलाकर धूल उड़ाता निकल गया।

मर्दों ने घर जाकर सारी बात औरतों को बताई। सड़कें वीरान पड़ी थीं। कहीं से बच्चे के रोने की आवाज सुनाई दी और झट से बंद हो गई। शायद परिवारवालों ने बच्चे को चुप करवा दिया होगा। लड़कियों ने गली में स्टापू खेलना बंद कर दिया था और न ही पेड़ों पर चढ़ते लड़के दिखाई दे रहे थे।

ऐसे हाल में कौन पकाता और कौन खाता? माँ ने कुछ चावल पकाए, जो मैंने और बहनों ने प्याज के अचार से खा लिये। माँ और बाबा ने कुछ नहीं खाया। बाबा चुपचाप मंत्र पढ़ते रहे। इस दौरान वे बिजली के बल्ब को देख लेते। इसके बाद वे लगातार उसे ही घूरने लगे। माँ साथ ही बैठी थीं। डर और बेचैनी मिलकर इतने भारी हो गए थे कि सहन नहीं हो रहे थे।

उस शाम को बिजली बंद हो गई।

□

'जाएँ तो जाएँ कहाँ…' जब भी कभी तलत महमूद की आवाज में यह दर्द भरा नगमा सुनता हूँ तो बारामूला में अक्तूबर की वह शाम याद आ जाती है। बिजली बंद हुई और उसके साथ ही हमारी उम्मीदें भी बुझ गईं।

शहर में अफरा-तफरी मची थी। शंभूनाथ ने लक्ष्मी को खुला छोड़ दिया था। वह परिवार के साथ कहीं निकलने की तैयारी में था। जब उसने लक्ष्मी के माथे पर तिलक कर उसे हार पहनाया तो उसकी आँखें नम थीं। फिर उसने हाथ जोड़े और पीछे देखे बिना ही निकल गया। लक्ष्मी कुछ देर अपने मालिक के पीछे चली, पर फिर रुक गई। उसकी कोख में बछड़ा था, वह थक चुकी थी और टाँगें काँप रही थीं।

बाबा ने यही तय किया कि वे हमें दूसरे गाँव ले जाएँगे, जहाँ उनके जानकार रहते थे।

वे बोले, "अंबरदार हमें आसरा देगा।" माँ ने मलमल के कपड़े में पिछली रात के बचे चावल बाँध लिये और उसके साथ ही प्याज का अचार रख लिया। हम घर में ताला लगाकर अंबरदार के गाँव चल दिए।

सड़कों पर भारी भीड़ थी। परिवार सुरक्षित स्थानों की तलाश में इधर-उधर आ-जा रहे थे। उनमें से अधिकतर श्रीनगर रवाना हो गए। कुछ परिवारों ने हाउसबोट किराए पर ले लीं, ताकि नदी के रास्ते श्रीनगर जा सकें। उनमें से कुछ सोपोर जैसे इलाकों में निकल गए, उन्हें लगा कि वे उस जगह बच सकते हैं। वे अपने साथ घर का सामान जैसे—कालीन, बरतन और बिस्तर भी ले गए। कुछ ने तो अपने देवताओं की लकड़ी के बक्स भी उठा रखे थे। मैंने देखा कि एक बूढ़े ने अपना हुक्का उठा रखा था। एक छोटी लड़की पिता के कंधे पर बैठी रो रही थी। उसके हाथ से चिथड़ा गुड़िया छूट गई थी और पिता उसे उठाकर नहीं दे रहे थे।

मैंने अपनी बहनों को कंधों पर बिठा लिया। बाबा ने लंबा ओवरकोट और चमड़े के आयातित जूते पहने, जो उन्हें एक अंग्रेज ने उपहार में दिए थे। उन्होंने उसकी पत्री बनाई थी। उनके ओवरकोट की एक अंदरवाली जेब में कुछ सिक्के थे। उनके पास यही पैसा था।

चंद्रमा की रोशनी में लंबे और पतले पोपलर के पेड़ों को देखकर लगता था, मानो आकाश को छू रहे हों। रास्ते में बहुत सारे परिवार दिखे, जो हमारी ही दिशा में जा रहे थे। पहले तो वे हमें देखकर डरे और फिर बिना कुछ कहे आगे बढ़ते गए। परिवारवाले अपने सामान के साथ-साथ जल्दी घर वापसी की उम्मीदें भी ले जा रहे थे।

सूरज निकलने को था और पूरब में लाली छा रही थी, हम अंबरदार के गाँव पहुँच गए।

उसका घर किसी बँगले जैसा था—लकड़ी के बड़े से दरवाजे में लोहे के हैंडल लगे थे। घर के बीच बड़ा सा बरामदा था और ऊँची खिड़कियाँ बनी हुई थीं। अंबरदार खुद लंबा-चौड़ा, रोबीला, चौड़े कंधों और लंबे चेहरेवाला आदमी था। साठ साल के लगभग रहा होगा। उसके दोनों हाथों में कई तरह की अँगूठियाँ थीं और हाथ में शेर के मुँह की मूठवाली छड़ी रहती थी। उसके पास कई एकड़ जमीन और बहुत सारे बाग थे।

अंबरदार ने दिल खोलकर हमारे परिवार का स्वागत किया। उसने भी सुना था कि हमलावर बारामूला की ओर आ रहे हैं।

"वे इतनी दूर नहीं आ सकेंगे।" उसने कहा।

हमारी तरह अंबरदार के अन्य परिचित परिवारों ने भी उसके घर में आसरा ले रखा था। हम सारी रात चलने के बाद थक गए थे। मेरी टाँगें थकान से काँप रही थीं। हमने उसके खेतों के पीछे नाले पर हाथ-मुँह धोया।

उसके घर के ऊपरी हिस्से में बड़ा सा कमरा था, जिसमें बागों से आए फल रखे जाते थे। हमें कहा गया कि हम वही फल खा लें, क्योंकि इतने लोगों के लिए खाना तैयार करना मुश्किल था। पहले बच्चे गए और फिर बड़ों ने खाया। हम फलों पर झपटे और जी भरकर फल खाए। हमने नाशपाती, सेब और अखरोट खाए, फिर हम फूस पर पुराने कंबल और रजाई बिछाकर सो गए, जो हमें अंबरदार ने दिए थे।

हम बच्चों को अंबरदार से डर लगता था, पर वह हमारी ओर ध्यान नहीं देता था। जब हम आपस में कुछ खेलते तो वह अकसर पास से गुजरता। वह बड़े लोगों से ही बात करता। मैंने देखा कि वह अकसर खेतों की ओर जानेवाली नालियों से पत्ते हटाता रहता था, जो पानी को जाने नहीं देते थे।

तीन दिन बाद, हमें पता चला कि अंबरदार के घर का प्रवास कितना छोटा था। अंबरदार के खेतों में काम करनेवाले मजदूर ने बताया कि कबायली बारामूला शहर में लूटपाट कर रहे थे। उसने अंबरदार को यह भी कहा कि वे राह में आनेवाली हर चीज लूटते हुए हमारे गाँव की ओर ही आ रहे थे।

उस गाँव में कई घर मुसलमानों के थे। उनमें से कुछ जमींदार थे, कुछ खेतों में काम करते थे और मालिकों के साथ फसल बाँटते थे। बारामूला में पठानों की लूटपाट की खबर जंगल की आग की तरह फैल गई। अंबरदार ने घर में आए लोगों को भी बताया। यह सुनकर एक औरत रोने लगी, जो हमेशा शांत रहती थी।

"अब हम कहाँ जाएँगे? हे भगवान्! मेरी जान ले ले! इन राक्षसों के हाथ पड़ने से तो बेहतर ही है।" वह रोने लगी, उसके दोनों बच्चे हैरान होकर उसे देख रहे थे। दूसरी औरत ने उसे दिलासा देना चाहा।

जब मर्द आपस में चर्चा करने लगे कि अब क्या करना है तो मेरे बाबा आगे आ गए।

"मैं कहूँगा कि अभी तो यहीं रहो। मैं गाँव के हालात देखकर आता हूँ। फिर हम तय करेंगे कि सबकी सलामती के लिए क्या सही रहेगा।" बाबा बोले।

आमतौर पर लोग बहस करते हैं, पर उस दिन डर ने सबके मुँह सिल दिए थे। उन्होंने सहमति में सिर हिला दिए। बाबा ने अंबरदार के मुसलमान मजदूर से ली हुई

टोपी सिर पर पहनी और गाँव का मुआयना करने चले गए।

सड़कों पर लोगों ने गुट बना रखे थे। कुछ लोग नमाज पढ़कर मसजिद से बाहर आ रहे थे। दुकान के बाहर खड़े कुछ लोग आपस में बतिया रहे थे। बाबा भी वहीं खड़े हो गए। उनमें से एक आदमी बोला, "पठान बारामूला आ गए। वे श्रीनगर जानेवाले हैं। मुझे पता चला है कि उन्होंने श्रीनगर की जामा मसजिद में नमाज पढ़ने की योजना बनाई है।"

दल के एक बूढ़े ने कहा, "उन्होंने हमें तबाह कर दिया। बेगुनाहों को मार रहे हैं।"

"पर वे तो काफिरों को ही मार रहे हैं, न?" पहला आदमी बोला।

बूढ़े ने कुछ नहीं कहा।

"देखते हैं, क्या होता है।" कोई बोला। इसके बाद दल तितर-बितर हो गया।

बाबा ने बाद में बताया कि जब वे जा रहे थे तो किसी ने उन्हें पीछे से पकड़ लिया। वे मुड़े तो एक आदमी खड़ा था। वह बाबा को देखकर मुसकराया और बोला, "पंडित, मुझे पता है कि तू बारामूला से है। मेरा नातेदार तेरे घर के पास ही रहता है। सुन, इन तरीकों से जान नहीं बचनेवाली। बता रहा हूँ, तुम सबकी जान जोखिम में है। जितनी जल्दी हो सके, भाग जाओ। अल्लाह मेहरबान हो।" फिर वह चला गया।

बाबा अपने साथ जो खबर लाए, वह कुछ अच्छी नहीं थी।

"पता नहीं कि क्या करें; कुछ समझ नहीं आ रहा।" बाबा ने दूसरों से कहा।

अब सवाल यह था कि हमें वहीं रहना है या किसी और जगह जाना होगा। सबने मिलकर तय किया कि उन्हें अंबरदार के खेतों में छिपना चाहिए। अगर हमलावर आए तो उन्हें उस जगह नहीं खोज सकेंगे। बाबा ने अंबरदार से कहा कि वे भी हमारे साथ चलें, पर उसने मना कर दिया।

"बेटा, सारी जिंदगी कभी घर से बाहर रात नहीं काटी। अब बुढ़ापे में आदत क्यों बदलनी? मेरी चिंता मत करो। गृह देवता मेरी रक्षा करेंगे। पर तुम लोग जाओ, तुम सबको चले जाना चाहिए।"

□

गृह देवता। घर के देवता। मैंने रवि के पिता को देखा। वे मेरे आगे बैठे हैं और सिर धीरे-धीरे हिल रहा है। मुझे 1990 की वह सुबह याद है, जब हमने हमेशा के

लिए अपना घर छोड़ा था और कैसे पिता ने हमारे घर की रक्षा के लिए गृह देवता के आगे हाथ जोड़े थे।

मैंने मामा को 1987 वाले बुरे सपने के बारे में बताया, जब मैंने देखा कि फूस से बने सैंडिल पहने, एक हत्यारे ने रवि के पेट में अपनी तलवार घोंप दी थी। उनकी आँखें भर आईं। वे रवि के बारे में कुछ नहीं बोले। "तो अंबरदार वहीं रुक गया और हम खेतों की ओर चल दिए।" उन्होंने आगे बताया।

उस रात हम उनतीस लोग खेतों में छिपे। बच्चों से कहा गया कि माँ-बाप के साथ आराम से लेटें और कोई आवाज न करें।

एक परिवार का मुखिया पैंतीस के लगभग रहा होगा और पारंपरिक ब्राह्मणों की तरह चोटी रखता था। उसने मुझसे कहा कि क्या मैं कहीं से कैंची या चाकू ला सकता हूँ? मेरे पास एक कुंद चाकू था और उसके कहने पर मैंने उसकी चोटी काट दी। उसने उसे मुझसे लिया और एक पेड़ के नीचे दबा दिया, उसके गालों से आँसू बह रहे थे।

वह रात डरावनी थी। हम सब सर्दी में पड़े थे। तभी कहीं दूर से सियारों की आवाजें सुनाई दीं। जो लोग सो रहे थे, वे अकसर यही सपना देखकर उठ बैठते कि हमलावर आ गए। एक माँ अपने रोते हुए बच्चे को लोरी सुनाकर चुप कराने की कोशिश में थी, पर उसके पति ने उसे डपटकर चुप करवा दिया। एक और औरत ने अपनी अँगूठी पेड़ के नीचे गाड़ दी। "मेरी माँ ने मरते समय यह अँगूठी दी थी। पठानों को नहीं ले जाने दूँगी।" वह बोली।

आधी रात के आसपास हवा में बंदूक की गोलियों के स्वर गूँज उठे। सियारों की हुआँ-हुआँ बंद हो चुकी थी। हम गाँव के दूसरे छोर से आती चीखों की आवाज सुन सकते थे, इसके बाद और गोलियाँ चलने की आवाज आई।

हम झट से उठ गए। कुछ समझ नहीं आ रहा था कि अब क्या करें? आवाजें पास आने लगीं। हमारी हिम्मत टूट रही थी।

"अब हम क्या करें?" किसी ने पूछा।

"चलो, किसी दूसरे गाँव की ओर भाग चलें, पर अब इस जगह से निकलना चाहिए।" बाबा बोले।

तो हम उनतीस लोग, कुल छह परिवार भागने लगे। पहले तो हम सब एक साथ थे। पर जल्दी ही परिवारों की भागने की गति मेल खानी बंद हो गई। उनमें से कुछ थकान के कारण धीरे हो गए और कुछ रास्ता भटक गए। मैं बाबा के पीछे था,

जिन्होंने मेरी बहन को कंधे पर बिठा रखा था। मेरी आँखें थकान और तनाव से बोझिल थीं। छाती में भट्ठी-सी दहक रही थी, पर उस जगह रुकने का मतलब था, मौत।

अलस्सुबह, हमारा परिवार ही एक गाँव की बाहरी सीमा तक पहुँचा। हम नहीं जानते थे कि उस जगह के क्या हालात होंगे, इसलिए हमने सुबह होने तक बाग में ही छिपना तय किया। सड़क के एक ओर विलो की कतारें थीं। उनके पीछे धान की फसल कटने को तैयार खड़ी थी।

हम सुबह होने के बहुत देर बाद उस जगह से बाहर आए और सावधानी से आगे चलने लगे। चलते हुए बाबा और मैंने आसपास की आवाजें सुननी चाहीं, पर कुछ सुनाई नहीं दिया।

हम आधा मील ही उस ओर गए होंगे कि खेतों में काम करता आदमी दिखाई दिया। वह हमारी आहट सुनकर हमारी ओर देखने लगा। उसने कुछ देर घूरा और फिर अपना काम करने लगा। हमने भी उससे बात करने की कोशिश नहीं की। वह वक्त बुरा था, किसी पर भरोसा नहीं कर सकते थे। मैंने देखा कि वह हमसे नजरें चुरा रहा था। मैंने बाबा को धीरे से बताया।

"उसे मत देखो। आगे चलते रहो।" बाबा ने कहा और मैंने ऐसा ही किया।

हम सड़कें छोड़, खेतों के रास्ते आगे जा रहे थे। कोई मंजिल नहीं थी हमारी। बस हमें उन कबायलियों से बहुत दूर जाना था।

एक घंटे तक चलने के बाद किसी को बाबा का नाम पुकारते सुना। हमने मुड़कर देखा। एक औरत हाथ में दराँती लिये चली आ रही थी। बाबा उसे पहचान गए।

"मुझे उसका नाम याद नहीं, पर इसका आदमी अंबरदार के खेतों में काम करता था।" वे बोले।

हम उसकी ओर बढ़े और जब हम पास आए तो वह बोली, "तुम दामोदर पंडित हो न?"

"हम्म, मैं ही हूँ। हम अंबरदार के गाँव से आ रहे हैं। कल रात कबायलियों ने हमला किया।"

"और उनका क्या हुआ?" उसने अंबरदार के बारे में पूछा।

बाबा ने बताया कि उन्होंने वहीं ठहरने का निर्णय लिया था।

"'हा खुदाया', क्या उसे पता नहीं कि ये जालिम पठान कश्मीरियों के लहू के प्यासे हो रहे हैं? अगर कोई गैर-मुसलमान है तो खासतौर पर नहीं छोड़ते। पर वे

किसी की सुननेवाले नहीं। तुम तो उनकी बिरादरी के थे। उनको समझाया नहीं?"

बाबा कुछ नहीं बोले। उसने अपनी दराँती नीचे गिराई और गोबर से सने हाथ अपनी पोशाक से पोंछ लिये। हमें वहीं इंतजार करने को बोला और ओझल हो गई। कुछ देर बाद आई तो उसके हाथ में ताजे दूध का मटका था। दूध इतना ताजा था कि अभी उसका झाग भी नहीं बैठा था।

"ये लो, बच्चों को पिला दो।" उसने माँ को वह मटका थमा दिया।

हम भूख से मर रहे थे, इसलिए उस मटके से ही दूध पी लिया। अगर अपनी माँ के दूध के बाद किसी चीज के लिए अहसानमंद हूँ तो उस दयालु औरत का, जिसने उस दिन हमारा पेट भरने के लिए दूध दिया।

बाबा को अहसास हुआ कि हम अपने घर से बहुत दूर आ गए थे। अब सिर छिपाने को कोई जगह नहीं बची थी। इस बात का आश्वासन भी नहीं था कि किसी और जगह से फिर भागना नहीं पड़ेगा। बाबा ने तय किया कि अब अपने घर बारामूला वापस जाना होगा।

"चलो, घर चलें। जो होगा, देखा जाएगा। हम किस्मत नहीं बदल सकते।" वे बोले।

"क्या पता भी है कि कितना जान-जोखिम है?" माँ ने लगभग चिल्लाकर कहा।

"शोभा, हमें कुछ चीजें भगवान् पर छोड़ देनी चाहिए। हमने अपनी जान बचाने की पूरी कोशिश कर ली, पर अब इससे आगे कहीं नहीं जा सकते। कोई फायदा नहीं है। अगर भगवान् की मर्जी है कि हम उसके पास वापस जाएँ तो ऐसा ही हो। हमें उसकी मर्जी पर सब छोड़ देना चाहिए।"

और इस तरह हमने वापसी की यात्रा आरंभ की। रास्ते में हमें अहसास हुआ कि लोग अब भी अपने गाँव छोड़कर भाग रहे थे। उरी में कबायली अपना कहर ढा चुके थे, उन लोगों ने हमले की डरावनी खबरें सुनाईं।

जब हम खेत से जा रहे थे तो एक औरत को रोते-चिल्लाते सुना, एक बच्चा उसके पीछे आ रहा था। वह भी रो रहा था। हमें पता चला कि उसका पति उरी में दुकान चलाता था, उसे उसके घर में घुसकर मार दिया गया। उसकी पोशाक जाँघ से फटी हुई थी, मैं वहाँ से निकलते खून की धार देखकर डर गया। उसके कपड़े छाती के पास से भी फटे हुए थे। पर अब उसे किसी चीज की परवाह नहीं थी। वह रोते हुए अपने बाल खींच रही थी। उसके पड़ोस की एक औरत उसे दिलासा देने

की कोशिश कर रही थी। वह उसे अपनी शॉल से ढकने की कोशिश करती, पर वह औरत बार-बार उसे परे फेंक रही थी।

"नेशनल कॉन्फ्रेंस के लोग लोगों को उरी छोड़ने से रोकने की कोशिश कर रहे थे। उनका कहना था कि हमें कोई हाथ नहीं लगाएगा। पर इससे पहले कि उनकी बात पूरी होती, पठान हमारे शहर में आ गए और हम गोलियों की बौछार के बीच ही भागे।" उरी से आए आदमी ने बाबा को बताया।

हम कुछ मील आ गए थे कि लोगों का एक और झुंड दिखा। वे लगभग भाग रहे थे। उन्होंने हमें देखा और एक चिल्लाया, "भागो, भागो! वे इसी ओर आ रहे हैं।"

मेरी माँ के होंठों से डर के मारे चीख निकल गई और बाबा हमें झट से खेतों की ओर ले चले। हम खेतों में बहुत दूर तक चले गए। उम्मीद थी कि कोई ऐसा गाँव मिल जाए, जहाँ वे हमलावर न आ सकें। जब हम भाग रहे थे तो एक और जोड़ा हमारे साथ हो लिया। कुछ मील की दूरी के बाद हम हालात का जायजा लेने और दम साधने के लिए ठहरे। वे लोग भी रुक गए। औरत लंबी और मोटी थी और उसका चेहरा गोल था। उसके पति का चेहरा लंबा और शरीर दुबला था। उस आदमी ने बताया कि उनका गाँव बारामूला में पुल के उस ओर था, उस पर कबायलियों ने हमला कर दिया। वह अपने बूढ़े बाप को घर में ही छोड़कर भाग आया था, जिसे लकवा मार गया था।

"चिंता मत करो। वे तुम्हारे पिता को नुकसान नहीं करेंगे।" बाबा ने दिलासा दिया।

"नहीं भाई, नहीं। तुम इनको नहीं जानते। ये तो जंगली कुत्तों से भी ज्यादा खून के प्यासे हैं। वे मेरे पिता को मार सकते हैं, क्योंकि उनका एक दाँत सोने का है। हे भगवान्, हमें भागने से पहले उनका दाँत तोड़ देना चाहिए था।" फिर वह आदमी रोने लगा।

हमें उस आदमी ने जो कहा था, बाद में पता चला कि वह वाकई सच था। जब पठानों ने कश्मीर की धरती पर कदम रखा तो वे इस जगह से सोना लूटना चाहते थे। उनकी आँखों में लालच भरा था और उन्हें सोने और पीतल का अंतर नहीं पता था। कश्मीर में पीतल का सबसे ज्यादा इस्तेमाल होता था। खाने के लिए पीतल के थाल, पीतल के प्याले और चाय-पानी पीने के लिए खासू, काँगड़ी में कोयले हिलाने के लिए पीतल के चम्मच। हमारे यहाँ तो हुक्के के तले और दाँत कुरेदनी

भी पीतल की ही थी। पठान ये सब अपने साथ ले गए। उन्होंने लोगों को मारने से पहले उनके दाँतों से सोना भी निकाल लिया था।

हम उस जोड़े के साथ आगे चलते रहे। मैंने देखा कि उस औरत के पास एक पोटली थी, जिसे उसने अपनी बाजू के नीचे दबा रखा था। जहाँ तक हम देख सकते थे, दूर-दूर तक कोई दिखाई नहीं दे रहा था। सुदूर आसमान से धुएँ के बादल उड़ते दिखाई देते थे।

"वे बारामूला को लूट रहे हैं।" उस आदमी ने कहा। "हमें वापस जाने पर कुछ नहीं मिलेगा।" हमने असहाय होकर आसामान की ओर देखा। हमारे ऊपर चील मँडरा रही थी।

सूरज को बादलों ने ढक लिया, जिससे आसपास का माहौल और भी अजीब लगने लगा। माँ के पैर सूज रहे थे, इसलिए उनसे चला भी नहीं जा रहा था। उन्होंने सहारे के लिए बाबा का कंधा पकड़ा हुआ था।

आखिर में, हम एक बड़े से बंजर मैदान में आए, जहाँ सामने दो पहाड़ियाँ दिख रही थीं। हमें उम्मीद थी कि उस ओर कोई गाँव होगा, जिसमें हमें बारामूला की ओर यात्रा करने से पहले कुछ दिनों के लिए आसरा मिल जाएगा। पर इससे पहले कि हम आगे जाते, बंदूकों की गोलियों के धमाके सुनाई दिए। हम बुरी तरह से दहल गए। पक्षी अपने घोंसलों से उड़ गए और चारों ओर पतझड़ के पत्ते बिखरे दिखाई देने लगे। हम अब बचकर नहीं जा सकते। कबायली कहीं आसपास ही थे।

"डरो मत।" बाबा बोले और जोर से बोलने लगे, "अल्लाह-हो-अकबर!" मेरा दिल तेजी से धड़क रहा था। माँ का चेहरा पीला पड़ गया था। वह औरत मेरी छोटी बहन की ओर भागी। उसने अपनी पोटली मेरी बहन को देते हुए कहा, "इसे अपने फिरन के नीचे छिपा ले।" उसके ऐसा कहते ही हमें अपनी बाईं ओर की पहाड़ी से तीन घुड़सवार नीचे आते दिखे। "अल्लाह-हो-अकबर, अल्लाह-हो-अकबर।" मेरे बाबा लगातार चिल्ला रहे थे। उनमें से एक घुड़सवार ने पंजाबी में कुछ कहा और हमें रुकने का संकेत किया। हमारे पैर वहीं जम गए।

मैं पठानों को साफतौर पर देख सकता था। उनकी लंबी दाढ़ियाँ हिना से रँगी थीं। उनमें से एक ने पगड़ी पहनी हुई थी। उसका चेहरा धूप की मार से काला हो गया था। उन्होंने फूस से बने सैंडिल पहने थे और हाथों में बंदूकें थीं। उनमें से एक आगे आया और हमारी तलाशी लेने लगा। उसके दो साथियों ने कढ़ाई की हुई चादर बिछा दी। उन्हें शक था कि हमारे पास सोना और दूसरा कीमती सामान था। पर

तलाशी में कुछ हाथ नहीं आया। तीसरा कबायली मेरी बहन को ताक रहा था। वह घबराई हुई दिख रही होगी, क्योंकि वह माँ के पीछे छिपने की कोशिश कर रही थी। वह आदमी आगे आया और बाज की-सी तेजी से बहन का फिरन उठा दिया। वह चिल्लाई और पोटली नीचे गिर गई। उन्होंने पोटली खोली तो उनकी आँखें चमक उठीं। वे राक्षसों की तरह हँसने लगे। मैंने उस औरत को देखा, जिसका सारा सोना अभी छिन गया था। वह अंदर-ही-अंदर रो रही थी। बहन के चेहरे पर अजीब से भाव थे, मानो उससे कोई अपराध हो गया हो। पठान खुशी से चिल्लाते हुए अपनी बोली में गाली बक रहे थे। अचानक उनमें से एक ने मेरी बहन को गोद में उठाया और उसका माथा चूम लिया। वे इस तरह उसे धन्यवाद कह रहे थे।

फिर उनमें से एक आदमी ने बाबा के जूतों की ओर इशारा किया। पहले तो बाबा समझे नहीं। पठान फिर से चिल्लाया और उनके जूतों की ओर इशारा किया। इस बार बात साफ थी। उन्होंने जूते खोलकर पठान को दे दिए। उसने अपने फूस के सैंडिल उतारे, ताकि बाबा उन्हें पहन सकें। फिर वे तीनों आगे चल दिए। कुछ देर बाद, जब वे दिखने बंद हो गए तो बाबा ने खीझकर उसके सैंडिल दूर फेंक दिए। उस औरत के आँसू अब सुबकियों में बदल गए थे। उसका आदमी उसे दिलासा दे रहा था। मेरे परिवार में से किसी ने भी एक शब्द तक नहीं कहा।

चलने की आदत-सी हो गई थी। हम एक और मील चले होंगे कि कुछ और पठान आ गए। हमने अपने हाथ उठा लिये और बाबा 'अल्लाह-हो-अकबर' चिल्लाने लगे। हमारी फिर से तलाशी ली गई, पर अब सच में उन्हें देने को कुछ नहीं था। पठानों ने खीझकर मर्दों को ठोकर से मारा और आगे चल दिए। हम अभी कुछ ही दूर गए होंगे कि उन्होंने पीछे से पुकारा। हम सभी वहीं जड़ हो गए। उनमें से एक ने बाबा को धकियाकर उनका कोट उतार लिया। फिर हाथ हिलाकर आगे जाने को कहा और हम अपनी दिशा में चल दिए।

बाबा मन-ही-मन क्या बुदबुदा रहे थे और माँ उन्हें दिलासा देने की कोशिश में थीं। वे जानती थीं कि बाबा कोट छिनने से बहुत बेचैन और दुःखी थे।

"कोट के बारे में इतना मत सोचो। भगवान् का शुक्र अदा करो कि सबकी जान बच गई।" माँ ने कहा। "मैं उस कोट का मातम नहीं कर रहा। उसमें कुछ सिक्के रखे थे। सोचा था कि घर जाकर बच्चों के लिए खाने का इंतजाम हो जाएगा।" वे बोले और फिर चुप हो गए। मैंने उनकी ओर नहीं देखा, पर जानता था कि वे रो रहे थे।

□

पता नहीं क्यों, पर टाठ्या के जूते, कोट और वे पैसे, मुझे दिसंबर 1990 की ओर वापस ले गए। हम लोग भगवती नगर में थे और हमारे पास बिस्तर नहीं थे। एक शाम पड़ोसी ने आकर बताया कि स्थानीय नेता कंबल बाँट रहा है। माँ ने मुझे देखा। "तुम क्यों नहीं जाते? हो सकता है कि हमें भी कंबल मिल जाए।" उन्होंने कहा। मैं ऐसा नहीं करना चाहता था। इससे मुझे जून महीने का वह दिन याद आ गया था, जब मेरे हाथ में आधा टमाटर थमाया गया था और मैं शर्मसार हो गया था। मैंने कहा, "मैं नहीं जानेवाला।"

"पर हमें कंबल तो बहुत जरूरी चाहिए।" माँ ने कहा। मैं जाना नहीं चाहता था, पर माँ की नजरों की बेचारगी और लाचारी के चलते जाना ही पड़ा। मैं कतार में खड़ा हो गया। मुझे कंबल मिल गया।

मुझे उस कंबल को रखना चाहिए था। मुझे उसे माँ की बेचारगी और हमारे निर्वासन की गवाही के तौर पर रखना चाहिए था।

"उन हत्यारे कबायलियों का सामना करने के बाद बाबा ने अपनी योजना बदल दी। वह जोड़ा अब भी हमारे साथ था।" मेरे मामा ने आगे बताया।

"चलो, अंबरदार के गाँव वापस चलें; कम-से-कम सिर पर छत तो मिलेगी। भगवान् जाने बारामूला किस हाल में हो। देखें कि कुछ दिन अंबरदार के यहाँ बिता लें और फिर बारामूला चलेंगे।" बाबा बोले।

कई घंटे चलने के बाद हम अंबरदार के गाँव पहुँचे। हम नपे-तुले कदम रखते हुए सावधानी से चल रहे थे। शाम का समय था। आकाश बादलों से घिरा हुआ था। हमें सड़कें भी दिखाई नहीं दे रही थीं, इसलिए कीचड़ में ही चलते जा रहे थे।

आखिर में अंबरदार के घर पहुँचे तो देखा कि बड़ा दरवाजा आधा खुला हुआ था। बाबा ने उसे खोला और अंदर गए तो उससे अजीब सी आवाज आई। दो कुत्ते अंबरदार की सीढ़ियों पर पड़ी पोटली सूँघ रहे थे, वे आवाज सुनकर भाग गए। बाबा आगे आए और सीढ़ियों के पास आते ही उनके मुँह से आह निकल गई। वे भगवान् शिव का नाम जपने लगे, "ओम नम: शिवाय।" हमें अँधेरे में जो पोटली-सी लगी, वह अंबरदार की लाश थी। वह सीढ़ियों पर लगभग बैठी मुद्रा में रखी थी और सिर पीछे को झूल रहा था। अंबरदार की छड़ी किसी वफादार कुत्ते की तरह पास ही पड़ी थी। ऐसा लगता था कि वे अभी आँखें खोलेंगे और छड़ी उठाकर चल देंगे।

पर सीढ़ियों पर गिरा हुआ खून काला पड़ गया था और सच बयान कर रहा था। कबायली उनके शरीर को गोलियों से छलनी कर गए थे।

हम इतने थके थे कि उस दोस्त का मातम नहीं कर सके, जिसने हमारी बुरे वक्त में मदद की थी।

"मैं इसकी तरह मरना चाहता हूँ।" बाबा ने अंबरदार की लाश की ओर संकेत कर कहा, "चलो, घर चलें। अगर मरना होगा तो अंबरदार की तरह मरेंगे। कम-से-कम हमारा खून हमारी ही मिट्टी में मिलेगा।"

उन्होंने श्लोक बोलते हुए हाथ जोड़ दिए। हम सबने हाथ जोड़े और मुड़ गए। माँ ने सुबकियों को दबाने के लिए साड़ी का पल्ला मुँह में दबा लिया था।

मेरे कानों में अंबरदार का भारी स्वर में दिया आशीर्वाद गूँज रहा था—'लस तअ् नव'—लंबी आयु पाओ और फलो-फूलो।

□

जब हम अंबरदार के गाँव से निकले तो उस जोड़े ने अपनी राह ली और हम अपने घर की ओर चलते गए।

कुछ दूरी से ही अपना गाँव दिखने लगा। हम उस सड़क की ओर एक तरह से घिसटते हुए बढ़ने लगे, जहाँ हमारा घर था। चारों ओर जले हुए घर थे, उनमें से कुछ तो अब भी सुलग रहे थे। सड़कों पर घरों का सामान बिखरा था। बच्चे की फ्रॉक। पीतल का लोटा। कुछ किताबें। बाबा ने एक किताब हाथ में उठा ली। यह कल्हण की 'राजतरंगिणी' थी। लकड़ी की एक अलमारी पड़ी थी, जिस पर अब भी ताला लगा था। तंबाकू की पुड़िया, पश्मीने के दुशाले। एक हुक्का, जिसका पीतल वाला हिस्सा निकाला हुआ था, अधजला कालीन। मेरे बाबा प्रार्थना करने लगे। मैं समझ नहीं सका कि वे ऐसा क्यों कर रहे थे।

कुछ ही देर में हम अपनी गली के मोड़ पर थे। बाबा ने माँ को देखा, मानो उनसे पूछना चाहते हों कि क्या उनमें हमारे घर की किस्मत के फैसले को देखने और सहने की हिम्मत है। इससे पहले कि आगे बढ़ते, हमें विलाप सुनाई दिया। हमने आसपास देखा। वे हमारे पड़ोसियों में से थे। वे अपना माथा पीटने लगे।

"सब तबाह हो गया, दामोदर! राख हो गया।" वे रोने लगे।

जब हमलावरों ने हमारे पड़ोसी के दो बेटों को मारा तो उसके बाद पूरे मोहल्ले में आग फैल गई थी। हत्यारों ने उन लड़कों को कलमा पढ़ने को कहा, पर

उन्होंने इनकार कर दिया। फिर कबायलियों ने दोनों को गोली मार दी। फिर उनकी माँ ने अपने पति से कहा कि उन लाशों को संस्कार के लिए रसोई में ले जाएँ। माता-पिता ने अपने बेटों की लाशों के साथ जीवित जलना तय किया। वह आग जल्दी ही उनके घर से होते हुए पूरे मोहल्ले में फैल गई।

मेरी माँ अपने पैरों पर खड़ी नहीं हो पा रही थीं। वे वहीं सड़क पर बैठकर सुबकने लगीं। बाबा ने मेरी बाँह पकड़ी और घर की ओर चल दिए। दोनों ओर के घर जलकर खाक हो चुके थे। हम दोनों चलते रहे। वह हमारे पड़ोसी का घर था। बेचारे ने दशकों की मेहनत से पाई-पाई जोड़कर घर बनाया था और अब वहाँ कुछ नहीं था।

और फिर हमारे सामने वह जगह थी, जो कभी हमारा घर हुआ करता था। वह भी आग में तबाह हो गया था। खिड़कियों की जाली से अब भी धुआँ निकल रहा था। हमारा सारा सामान लूटा जा चुका था। बाबा धीरे-धीरे आगे बढ़े, मानो नींद में चल रहे हों। उन्होंने धरती से सूखे शलगम का टुकड़ा उठाया और चबाने लगे। फिर मानो उन्हें उस सूखे हुए शलगम से ताकत मिल गई हो, वे उस कचरे और राख में कुछ खोजने लगे। वे कुछ तलाश रहे थे। मैंने अपने आँगन के आसपास देखा। बाबा पता नहीं क्या-क्या बोलते हुए लगातार खोजबीन कर रहे थे। उन्होंने ईंटें, पत्थर और जली हुई लकड़ी पलटी। फिर वे टूट गए। कुछ देर बाद मुझे देखा। उन्होंने अपने आँसू पोंछे और बोले, "मैं तुम्हारे दादा की चिलम खोज रहा था। जब वे हमें छोड़कर गए तो वह आखिरी चीज थी, जिसे उन्होंने छुआ था।"

□

जब हम श्रीनगर जानेवाले ताँगे में सवार हुए, तब तक टोठा का कुछ पता नहीं था। जब हमें हमले की खबर मिली तो वे घर पर नहीं थे।

मेरी माँ का सिर ताँगे के लकड़ी के फ्रेम पर टिका था और उनकी गोद में मेरी बहन थी। बाबा ने दूसरी बहन को सँभाला हुआ था और मैं उनके साथ बैठा था।

श्रीनगर पचास मील दूर था। पर हमारे लिए यह एक दूसरी दुनिया में छलाँग थी। एक घर की सुरक्षा से परे, घुमक्कड़ जिंदगी की अनिश्चितता। प्रकाश से अंधकार की ओर। स्वर्ग से नरक की ओर। हमें दूसरे परिवारों से पता चला कि बारामूला, सोपोर और उरी जैसे इलाकों से जान बचाकर आए लोगों के लिए सरकार ने शरणार्थी शिविर लगाए हैं।

यह धूल भरी शाम थी, आकाश में वर्षा से भरे मेघ घूम रहे थे। जल्दी ही बारिश होने लगी। बारिश की मोटी-मोटी बूँदें पड़ रही थीं। हर कोई सिर छिपाने को जगह तलाश रहा था। हमने एक दुकान की छत के नीचे शरण ली। कुछ ही मिनट पहले ताँगेवाले ने बताया था कि हम श्रीनगर आ गए हैं। हमारी बदकिस्मती की तरह बारिश भी इसी समय आने के इंतजार में थी। शायद हम जब पैदा हुए थे तो भगवान् ने हमसे मुँह फेरा हुआ था।

नेशनल कॉन्फ्रेंस के स्वयंसेवकों ने कुछ शरणार्थी शिविर चलाए हुए थे, जिन्हें शहर के बीच लगाया गया था। शहर के कई पंडित स्वयंसेवक भी कपड़े, भोजन और जरूरी सामान के साथ मदद कर रहे थे। हम ऐसे ही एक कैंप में गए तो हमें दो कंबल, कुछ मुट्ठी चावल मिले, जिन्हें माँ ने साड़ी के पल्लू में बाँध लिया। इन्हें कैंप में लगे सामूहिक चूल्हे पर पकाना था। सरकार की ओर से मिट्टी के बरतन दिए गए थे (हालाँकि भगवान् जाने उस समय कौन सी सरकार थी)। किसी ने मेरी बहन को एक मुट्ठी सूखे हुए बैंगन दिए। उस शाम और आनेवाली कई शामों तक हम चावलों के साथ सूखे बैंगन, शलगम, प्याज या सादे नमक पर ही टिके रहे।

जब कैंप हमारा अस्थायी घर हो गया तो बाबा ने टोठा की तलाश शुरू की। उन्होंने बाकी सारे कैंप देखे, उन्हें आस थी कि वे भी श्रीनगर आ गए होंगे। उन्होंने बारामूला से आनेवाले दूसरे परिवारों से बात की, पर किसी को भी टोठा के बारे में कुछ पता नहीं था। वे तो जैसे कहीं ओझल हो गए थे। कुछ समय बाद बाबा ने हार मान ली। उन्हें लगा कि उनके भाई पठानों की गोलियों का शिकार हो गए।

□

श्रीनगर की चमचम करती सड़कों से हमारे मन को कोई दिलासा नहीं मिलता था। मायूसी के बादल इतने घने थे कि आशा की कोई किरण उन्हें भेद नहीं सकती थी। आनेवाला कल किसी विशाल बंजर मैदान जैसा दिखता था। हमारे पास अपने घर की यादों के सिवा कुछ नहीं था। हमने अपने बिखरे हुए वजूद को समेटा और आनेवाले कल की योजना बनाने लगे। हमारी पहली प्राथमिकता यही थी कि कैंप से बाहर आया जाए। श्रीनगर आने के पंद्रह दिन बाद हमने जगह खोज ली। मेरे बाबा किसी को जानते थे, जो किसी और को जानते थे, उनके पास श्रीनगर के घर में एक कमरा खाली था। इलाके का नाम गणपत्यार था, जहाँ गणपति एक प्राचीन मंदिर में विराजते थे।

किसी ने मुझे बाद में कुछ बताया और जब मैंने सोचा तो लगा कि उसने सच ही कहा था कि गणपत्यार के घर नशे में चूर लोगों जैसे दिखते थे, जिनके सिर दूसरों के कंधों पर झुके थे। बस सँकरी और कचरे से भरी गलियाँ ही उन्हें आपस में अलग करती थीं। वे दिन गए, जब हम बीम के सहारे टिके हवादार कमरों में रहते थे। गणपत्यार के कमरे गंदे थे और सीलन से भरी कच्ची दीवारें थीं। हमें पहली मंजिल पर कमरा मिला। रसोई निचले तल पर थी। यह बहुत ही उदास करनेवाली घिनौनी जगह थी। उस जगह ललद्यद के वाख भी दिलों में करुणा पैदा नहीं कर सकते थे। कोई त्योहार नहीं मना सकते थे, कोई दावत नहीं दी जा सकती थी। हमारी भूख मर चुकी थी। वैसे भी पकाने को बहुत-कुछ था भी नहीं!

घर के सामने छोटा सा आँगन था, जिसमें कभी सूरज नहीं झाँकता था। उस जगह कपड़े धुलते और पत्थर की भारी चक्की में मसाले पिसते। सारा दिन हम मकान मालकिन को उस चक्की में लाल मिर्च, हल्दी और दालचीनी पीसते देखते और सुनते। धोने, पकाने और नहाने का पानी सड़क के एक ओर बने सार्वजनिक नल से ढोकर लाना पड़ता था। औरतें अपने घर के गंदे बरतन सरकंडों की टोकरी में रखकर नल पर ही ले आतीं और अपने पति और सास की चुगलियाँ करतीं। माँ दिन-रात रोती रहतीं। उन्हें डर था कि रोशनी और हवा के बिना उस दमघोंटू कमरे में उनके बच्चों में खून की कमी हो जाएगी और वे बचेंगे नहीं।

बाबा के लिए सच में कहीं कोई काम नहीं था। उन्होंने श्रीनगर में काम खोजना चाहा, पर माहौल में इतनी मायूसी थी, कोई कुछ भी नहीं मना रहा था, इसलिए ज्योतिषी के रूप में उनकी सेवाओं की जरूरत किसी को नहीं थी। यहाँ तक कि मृतकों का भी चुपचाप दाह-संस्कार हो जाता, मानो लाशों पर मातम करने से कबायली फिर से श्रीनगर में आ जाते।

बस लोग सिर झुकाए, अपने देवताओं से चुपचाप प्रार्थना करते दिखाई देते।

फिर एक दिन टोठा आ गए। उनकी दाढ़ी बढ़ी हुई थी। उन्होंने फटा हुआ फिरन पहन रखा था। बाबा और माँ ने उन्हें गले से लगा लिया। वे रोने लगीं। टोठा एक कोने में चुप बैठे रहते। उन्होंने कई दिन तक किसी को नहीं बताया कि वे इतने दिन कहाँ रहे। वे लगातार कहते, "मैं ठीक हूँ। मेरी चिंता मत करो।" कुछ दिन बाद उन्होंने बताया कि क्या हुआ था। उन्होंने कहा कि वे कई दिन तक नेशनल कॉन्फ्रेंस के सदस्यों के साथ छिपे रहे। फिर वे बोले, "मेरे पास एक बुरी खबर है। मकबूल शेरवानी मारा गया।"

जब उसे कबायली हमले का पता चला तो शेरवानी घोड़े पर सवार हुआ और हर गाँव में जाकर लोगों से अपील करने लगा कि वे घर छोड़कर न जाएँ। उसका पंडितों से विशेष आग्रह था। वह चाहता था कि लोग हमलावरों के खिलाफ एकजुट हों। उसकी पार्टी ने लोगों को हौसला दिलाने के लिए नारा भी बनाया था।

हमलावर खबरदार, हम कश्मीरी हैं तैयार

पर जब यह साफ हो गया कि हजारों कबायली आ रहे थे और लोगों की जानें जोखिम में थीं, उसने उनके हमले का फायदा उठाने की सोची। हमलावरों के लिए श्रीनगर आना जरूरी था और वे ऐसा करने के लिए स्थानीय गाइडों की मदद ले रहे थे, जो उन्हें रास्ता दिखा सकें। शेरवानी ने अपने नेटवर्क की मदद से कबायलियों को गुमराह किया और इस तरह उनका बहुत सा समय रास्ते में ही नष्ट हो गया। पर धीरे-धीरे वे उसकी सारी चाल समझ गए और उसे बंदी बना लिया। उसे एक पहाड़ी पर घसीटकर ले गए और उसके हाथों में कीलें ठोंक दी गईं। शायद हमलावरों को पहाड़ी के नीचे बने सेंट जोसेफ गिरजे में जीसस की तसवीर देखकर ऐसा करने का उपाय सूझा होगा। शेरवानी चिल्लाया था—"हिंदू-मुसलिम एकता जिंदाबाद।" हमलावरों के दल ने गोलियाँ उसकी छाती में उतार दीं और उसके माथे पर एक तख्ती ठोंक दी। उस पर उन्होंने लिखा—"गद्दार को मौत की ही सजा मिलनी चाहिए।"

उन्होंने उस गिरजे को भी नहीं छोड़ा। चैपलिन कर्नल डाइक्स को लगा था कि वे उन्हें कुछ नहीं कहेंगे। उसने गिरजे में दूसरे लोगों को भी दिलासा दिया। "बाईं ओर चलते रहो और इन्हें जाने का रास्ता दो।" पर जब कबायली आए तो उन्होंने गिरनजे कर्नल और उसकी पत्नी बिडी सहित सात लोगों को जान से मार दिया। उनकी पत्नी ने कुछ ही दिन पहले अपने तीसरे बेटे को जन्म दिया था। फिर गिरजे को अंदर से तबाह कर दिया गया।

कबायलियों ने बारामूला के सिनेमा हॉल को बलात्कार कक्ष में बदल दिया। सैकड़ों औरतों को वहाँ लाकर उनसे बलात्कार किया गया। उनमें से कुछ को बाद में अपहरण कर रावलपिंडी और पेशावर ले जाकर ढोर-डंगरों की तरह बेच दिया गया। कई औरतों ने अपनी इज्जत बचाने के लिए झेलम में छलाँग लगा दी।

□

मेरे बाबा के एक नातेदार भाई ने बहुत पहले गणपत्यार में एक घर बनाया था। किसी कारण से बाबा और उसके बीच बोलचाल बंद थी। मुझे उनके बारे में

कोई अंदाजा नहीं था। एक दिन वे मुझसे मंदिर में मिले। उस दिन मेरा जन्मदिन था और मैं माँ के कहने पर मंदिर में माथा टेकने गया था।

मंदिर में उस दिन बहुत ज्यादा भक्त नहीं थे। अधेड़ पुजारी की हजामत नहीं बनी हुई थी, वह खिन्न मन से प्रसाद बाँट रहा था। मैंने प्रसाद लिया ही था कि कंधे पर छड़ी की नोक महसूस हुई। मैंने आसपास देखा तो छड़ी के दूसरी ओर एक आदमी दिखा। चेहरे पर विस्मित-सा भाव था। उसने मुसकान दबाते हुए पूछा, "दामोदर के लड़के हो?"

इससे पहले कि मैं कुछ कहता, "मुझे पता चला है कि तुम उस खँडहर घर में रह रहे हो और मकान मालिक शिकसलद—कंजूस है। वह जिसको घर बोलता है, उसकी शक्ल भी उसी खँडहर जैसी है।"

फिर वे रुककर मेरी आँखों में देखने लगे।

"अपने बाबा से कहो कि वह त्रकजार (अकड़) को छोड़े। उसे कहो कि मैं उसका भाई हूँ, हालाँकि उसने कभी मेरे बारे में पता लगाने की कोशिश नहीं की। उसे कहो, मैं आज उससे शाम को मिलने आऊँगा और तुम सबको अपने घर ले जाऊँगा।" उन्होंने मेरा सिर थपथपाया और चले गए।

मैं पागलों की तरह मंदिर से अपने घर की ओर भागा, ताकि बाबा को यह बताया जा सके। "कौन सा भूत सवार हो गया?" मकान मालकिन चिल्लाई। वह मेन गेट से बाहर आ रही थी, मैं उससे टकराते-टकराते बचा। उस पर ध्यान दिए बिना अंदर की ओर भागा। मैं बेदम हुआ पड़ा था।

माँ खाना पका रही थीं और बाबा कुशा के आसन पर बैठे पाठ कर रहे थे। मैंने माँ को झट से सबकुछ बता दिया। बाबा ने पाठ बंद कर दिया था और मेरी ओर देख रहे थे, पर साफ दिख रहा था कि वे खयालों में खोए हुए थे। कुछ देर खामोशी छाई रही। चूल्हे पर रखे माटी के बरतन से आवाज आने लगी।

और माँ बोली, "तुम जाकर बाजार से थोड़ी इलायची और दालचीनी ले आओ। अगर वे आए तो कम-से-कम एक खासू कहवा तो पिला सकेंगे।"

बाबा ने कुछ नहीं कहा। शुक्र है, मैंने उन्हें यह नहीं बताया कि उनके भाई ने उन्हें अकड़ू कहा था। बाबा कुछ कहे बिना ही बाहर चले गए और जब वापस आए तो कहवे के सामान के अलावा तेलवरू भी ले आए थे।

दोपहर के बाद ही बाबा के भाई आ गए। उन्होंने गरम फिरन और बादामी रंग की पगड़ी पहन रखी थी। हाथ में वही छड़ी थी, वे सीढ़ियों पर चढ़ते हुए खाँसे।

इसका मतलब था कि वे आ गए हैं। बाबा उन्हें दरवाजे पर मिले। दोनों ने एक-दूसरे को गले से लगा लिया। माँ ने गरम कहवा परोसा। चाचा ने उसे अपने फिरन के दाएँ छोर से पकड़ा और घूँट भरा। कहवा की खुशबू सारे कमरे में फैली थी, दीवारों की सीलन भरी बदबू कुछ समय के लिए दब गई थी। वे आँखें बंद कर मसालेदार कहवे का आनंद लेने लगे। फिर उन्होंने अपना खासू नीचे रखा और बोले, "तू मेरा नाम बरबाद करने पर क्यों तुला है ?" फिर वे बाबा की ओर मुड़े। "लोग कहते हैं कि मैंने तीन मंजिल मकान अपने और अपने किराएदारों के लिए रखा है, पर अपने ही भाई के परिवार को नहीं रख सकता। हमारे एक दोस्त ने ही मुझे तेरे बेटे के बारे में बताया और फिर हम मंदिर में मिले। अब भगवान् के लिए अपनी अकड़ छोड़ और मेरे घर चल।"

जब मैंने उन्हें बाबा के मुँह पर उन्हें अकड़ू कहते सुना तो लगा कि बाबा तो अब उनके घर नहीं जानेवाले। मेरे बाबा बहुत ही स्वाभिमानी थे, पर यह देखकर हैरानी हुई कि बाबा बहुत ही शांत और सहज स्वर में बोले, "भाई, मेरा घमंड कोई नहीं है। वक्त तो सब पर बुरा आया है, मैं तुझे परेशानी में नहीं डालना चाहता था।"

"मुश्किल घड़ी में अपने ही खून की मदद करने में कोई परेशानी नहीं होती। अगर ये खून के प्यासे दरिंदे नहीं आते तो तुझे इस जहन्नुम में आने की जरूरत ही क्यों पड़ती। ये सब कर्म हैं मेरे भाई! हम तो उसके हाथ के खिलौने हैं।" चाचा ने कहा। उन्होंने जाने से पहले मुझे और बहनों को चूमा और हमारे हाथों में काजू रख दिए।

और इस तरह हम दो दिन बाद चाचा के घर जा पहुँचे। हमारे पास सामान के नाम पर कुछ था ही नहीं—बस हम और थोड़ा सा सामान, जो हाथों में उठाया जा सकता था।

हमारा नया घर झेलम नदी के किनारे पर था। हर सुबह बाबा झेलम के ठंडे पानी में स्नान करते, कमर तक पानी में खड़े होकर मंत्र पढ़ते और ताँबे के लोटे से सूरज को जल चढ़ाते। मुझे श्रीनगर के स्कूल में भेजा गया, पर मुझे बारामूला बहुत याद आता था; और सोपोर भी। सोपोर का सेबों का शहर, जिसके पड़ोस में ही बारामूला था। वहीं मेरे बाबा की बहन, मेरी बुआ रहती थी और मैं अकसर उनके घर जाया करता। वे लोग भी हमारी तरह हमलों के दौरान सोपोर छोड़कर निकले थे, पर जब वापस आए तो कम-से-कम उनका मकान तो सुरक्षित निकला।

श्रीनगर का हवा-पानी कभी रास नहीं आया। मैं मौका मिलते ही सोपोर भाग जाता।

कड़ी सर्दियों के बीतने के बाद बादाम के पेड़ों पर फूल आने लगे। नालों में ग्लेशियरों से पिघलकर आनेवाला ठंडा पानी था और हवा में बसंत की महक थी। काँगड़ी अब भी इस्तेमाल होती थी, पर अधिकतर लोग सूरज की गरमी से संतुष्ट थे।

मैं स्कूल से वापस आकर पढ़ने की कोशिश करता। माँ घर के काम और दोनों बहनों की देखरेख में मग्न रहती। बाबा ने फिर से पढ़ाना और पत्री देखना चालू कर दिया था।

मैंने स्कूल में कुछ दोस्त बना लिये, पर मेरा मन तो बारामूला में ही बसता था। सोपोर भूलता नहीं था। अभी गरमी का मौसम नहीं आया था, मैंने बाबा से कुछ आने लिये और सोपोर निकल गया। अमीरा कदल की चहल-पहल के बाद सोपोर का रास्ता आया तो मेरा मन झूमने लगा। सफेदे के पेड़ों के पीछे दूर-दूर तक सेबों के बाग दिख रहे थे। जब उन पर फल लगेंगे तो उन्हें लकड़ी की पेटियों में भरा जाएगा और फिर सूखी घास से बंद कर देंगे। पर अभी तो पेड़ों पर कुछ नहीं, बस उम्मीद है कि इन पर फल आएँगे।

जब बस ने झेलम का पुल पार किया और सोपोर में दाखिल हुई तो मन एक अजीब सी शांति से भर गया। शहर में घुसते ही ताँगा स्टैंड दिखने लगा। बस से उतरा तो शहर की जानी-पहचानी गंध ने स्वागत किया। मैं बुआ के घर की ओर भागने लगा। एक मक्खी मेरे साथ उड़ रही थी। मैं लगातार उसकी भिन-भिन सुन सकता था। मेरे गाल भागने से लाल हो गए होंगे, क्योंकि सड़क पर किसी ने मुझे 'अंबुर सेब' कहकर चिढ़ाया। यह कश्मीर में सेब की खास किस्म होती है। मैं बुआ के घर पहुँच कर अपने भाई-बहनों को बुलाने लगा। उन्हें मेरे आने का पता नहीं था, इसलिए वे मुझे देखकर हैरान हो गए। मैंने उन्हें गले से लगा लिया और रोने लगा। बुआ ने अपनी पोशाक में लपेटते हुए दुलार दिया। चावल, बीन्स और कद्दू का बढ़िया सा खाना खाने के बाद हम बच्चे नदी के किनारे चल दिए।

उस जगह झेलम बहुत चौड़ी थी और एक मोड़ पर आकर गरजने लगती थी। हम नदी से रंग-बिरंगी मछलियाँ पकड़ने लगे। वहीं पास में कुछ लोग पक्षियों का शिकार कर रहे थे, वे उन्हें बाद में बेच देते थे। यह देखकर मैं उदास हो गया, क्योंकि मुझे याद आया कि जब बारामूला से निकले थे तो उससे पहले बाबा मांस लेने ही गए हुए थे। इस तरह मन उदास हुआ कि मैं उन बच्चों से परे निकल आया। मैं सोपोर के पुराने मंदिर में जा लेटा और सिर पर तने आसमान को देखने लगा।

तभी बंदूक की गोली की आवाज सुनी तो समझ गया कि आज शाम कहीं दावत होगी। मैं रोने लगा। मेरे भाई ने पुकारा, पर मैं जवाब भी नहीं देना चाहता था।

पता नहीं चला, कब नींद आ गई और मैं पूरे आठ महीने बाद उस नींद से जागा।

जब मेरे भाइयों को मेरा पता नहीं चला तो चाचा को बताया गया कि मैं कहीं नहीं मिल रहा। वे दूसरे पड़ोसियों को लेकर मुझे खोजने निकले तो उन्हें मंदिर के पुजारी ने बताया कि अंदर एक लड़का बेहोश पड़ा है। वह मैं ही था। मैं बुखार की नीम बेहोशी में बड़बड़ा रहा था। डॉक्टर को बुलवाया गया। उसने दवा दी और ठंडी पट्टी करने को कहा, पर मुझे आराम नहीं आया। मैं कई महीनों तक इसी तरह बेहोश होता रहा और होश में आता रहा। यह एक अलग तरह का बुखार था, जो अपने आप ही ठीक होना था। मुझे उन आठ महीनों के बारे में बहुत अच्छी तरह याद नहीं है, वह एक लंबे सपने जैसा लगता है। मैंने अपना जला हुआ घर देखा। मैंने उन कबायलियों को देखा, जिन्होंने बहन के हाथ से गहनों की पोटली छीन ली थी। कबायलियों के ठहाके सुनाई देते। अंबरदार की छड़ी दिखाई देती। मैंने सपने में देखा कि मैं भूख से मर रहा था। मुझे बाद में बताया गया कि मैं उस दौरान बहुत रोता था।

जब मैं ठीक हुआ तो सर्दियों का मौसम आ गया था। खिड़की से नजर बाहर जाते ही बर्फ दिखाई दी। आकाश से गिरते बर्फ के फाहे हवा में घुल रहे थे। अकसर घर की टीन की छतों पर भारी बर्फ गिरने की आवाज भी सुनाई देती। ऐसा लगता, मानो स्वर्ग ही नीचे आ गिरा हो। लड़के खिड़कियों पर जमे बर्फ के टुकड़े तोड़कर आइसक्रीम की तरह खाते। मेरे माता-पिता ने भगवान् का शुक्रिया अदा किया और मेरे ठीक होने की खुशी में देवी काली को भेड़ का कलेजा चढ़ाया गया।

इस दौरान वजन बहुत कम हो गया था, इसलिए मुझे दूध और पनीर दिया जाने लगा। मुझे बहुत सारे अंडे खिलाए जाते थे। जब मैं बोलने लायक हुआ तो सबसे पहले यही कहा—मुझे वापस श्रीनगर नहीं जाना। मेरी मानसिक हालत और दबाव को देखते हुए बाबा ने तय किया कि मैं वहीं सोपोर में रहकर पढ़ाई करूँ। इस तरह मन में मिले-जुले भाव उमड़ आए। एक ओर सोपोर में रहने की खुशी थी, मानो मेरे कंधों पर पंख निकल आए हों और दूसरी ओर लग रहा था कि अपनी ही जड़ों से उखड़ गया। बाबा की नजरों से दूरी, माँ की लोरियाँ और बहनों की मीठी बातें। पर मैं श्रीनगर की तंग गलियों में रहने के बारे में सोच तक नहीं सकता था।

यह सोचकर ही कलेजा मुँह को आता था।

उन सर्दियों की बर्फबारी में सोपोर और श्रीनगर की सड़क ही बंद हो गई। राज्य प्रशासन ने सड़कें साफ करवाने के लिए मजदूरों को काम पर रखा। उनकी कोई भी कोशिश पूरी नहीं पड़ रही थी। ज्यों ही बर्फ साफ होती, आसमान से दोबारा बर्फ पड़ने लगती और वही बर्फ रात को जम जाती थी।

बाबा मेरी वजह से सोपोर में ही फँस गए। मौसम साफ होने में पूरा सप्ताह लग गया। आधे रास्ते तक ताँगा किया, फिर बर्फ में मीलों पैदल चलने के बाद बस लेकर बाबा श्रीनगर पहुँचे। मुझे बाद में पता चला कि जब माँ ने बाबा के साथ मुझे नहीं देखा तो वे बहुत रोईं। अगले कई दिन तक उनके आँसू नहीं थमे। कुछ बोलते ही रोने लगतीं।

मैं अपनी बुआ के बच्चों के साथ स्कूल जाने लगा। सुबह के समय नाश्ते में चावल के आटे से बनी रोटी और दूध मिलता। हम लोग हाथ में तख्ती लिये जल्दी ही निकल जाते और किताबें एक पोटली में बँधी होतीं। कई बार स्कूल के बाद हम खेलने जाते तो मैं सबकी आँख बचाकर मंदिर में चला जाता, जो झेलम के किनारे बना था। मैं उसी जगह लेट जाता, जहाँ कई महीने पहले बेहोश हुआ था। मुझे घंटों आकाश में बादल देखने की आदत हो गई थी। मैं उन्हें तरह-तरह के आकार बनाते हुए देखता रहता। कभी बादल हाथी लगता तो कभी परी जैसा दिखता। कभी कोई दुष्ट बादल कबायली हमलावर जैसा दिखने लगता, मैं अपनी आँखें बंद करता, फिर उठकर सीधा घर की ओर भागता और कोशिश करता कि उनका ध्यान न आए।

इसी तरह कई साल बीत गए। मैं लगभग इस दिनचर्या के साथ स्कूल जाता रहा। मैं सोपोर में रहता था, पर सर्दियों की छुट्टियों में श्रीनगर जाता और कई बार गरमी में भी जाता था।

श्रीनगर में माँ मेरा मनपसंद खाना बनाकर खिलातीं। बीन्स और सूखी शलगम, सूखे बैंगन और खिचड़ी। चाचा भी अपने ही तरीके से दुलार देते। वे मेरी जेबों में काजू, कच्चे अखरोट और बादाम ठूँस देते।

ऐसे ही श्रीनगर यात्रा के दौरान मैंने देखा कि बाबा के सिर के बाल सफेद हो रहे थे। वे बहुत कम बोलने लगे थे, वे कमरे के कोने में बैठे कुछ पढ़ते रहते। उन्हें बहुत गुस्सा आने लगा था, अगर चावल में जौ का दाना दिख जाता या फिर खाने की सजावट के लिए डाली गई हरी मिर्च में बीज दिखता तो वे खाने का बरतन

उठाकर पटक देते। मैंने एक दिन बाबा से इस बारे में पूछा। वे कुछ देर चुप रहे। फिर बोले, "तुम अभी जवान हो। जब बड़े होगे तो अहसास होगा कि अभिमान क्या होता है और किसी मर्द के लिए इसका क्या मतलब है।"

□

कुछ वर्ष बाद मैंने मैट्रिक की परीक्षा दी और पूरे बारामूला जिले में पहले स्थान पर आया। मेरा मन खुशी से झूम रहा था। जब नतीजा आया तो मैं श्रीनगर में था, जब पिताजी को बताया तो केवल गरदन हिलाकर रह गए। अगर वे खुश हुए भी, तो भी उन्होंने उसे जताया नहीं। वे चुपचाप हुक्का पीते रहे। मेरे नतीजे की खुशी और गर्व की हलकी सी झलक इसी बात से मिली कि उन्होंने सुनने के बाद हुक्के का कश थोड़ा गहरा भरा था। हालाँकि माँ मंदिर गईं और गणपति को चढ़ावा चढ़ाकर आईं।

पिताजी ने तय किया कि मुझे कुछ दिन उनके जानकार दोस्त की केमिस्ट शॉप पर काम करना होगा। मुझे याद है, मैंने थोड़ी आवाज उठाई थी कि मुझे शामनाथ तिक्कू की केमिस्ट शॉप में काम नहीं करना। मैंने कहा था, "मुझे उस जगह काम नहीं करना।" इसके बाद मैं अपने पैरों की ओर देखने लगा।

मैं महसूस कर सकता था कि वे मुझे घूर रहे थे। वे किसी को खत लिख रहे थे, हालाँकि मैंने उनकी ओर नहीं देखा, पर पता था कि वे चश्मा उतार चुके थे। उन्होंने उसे जाँघ पर रखा और पेन नीचे रख मुझसे बात करने लगे।

"बेटा, चाहे तुम छोटे थे, उम्मीद करता हूँ, तुम्हें याद होगा कि वे पठान मेरे कोट के साथ मुट्ठी भर सिक्के भी ले गए थे, हमारी किस्मत हमसे छीन ली गई। भले ही हम कितनी भी कोशिश क्यों न करें, मुझे नहीं लगता कि वह कभी वापस आएगी।"

उन्होंने गला साफ किया और आगे बोले, "पता ही है, हमारे हालात कैसे हैं। तुमसे कुछ छिपा तो नहीं। तुम्हें पता है कि मैं आगे की पढ़ाई का खर्च नहीं दे सकता। मैं तुम्हारे लिए सरकारी नौकरी के जुगाड़ में हूँ। कुछ दोस्तों से कहा भी है। जब तक यह काम न बने, तब तक शामनाथ के पास काम करो।"

मैंने उनके शब्दों पर गौर किया। वे ठीक कह रहे थे। मुझे मैट्रिक की परीक्षा का खर्च भी एक दोस्त के परिवार की मदद से मिला था। वे आगे बोले, "एक बात याद रखना, पृथ्वी! आनेवाले वर्षों में केवल एक ही चीज हम कश्मीरी पंडितों की

मदद करेगी। चाहे जो हो, हम सबको किसी तरह सरकारी नौकरी करनी चाहिए। यही हमारे बचाव का रास्ता है।"

अब कई बरस बाद, मुझे अहसास होता है कि मेरे पिता की सलाह कितनी सही थी।

इस तरह मैं शामनाथ के सहायक के तौर पर काम करने लगा।

शामनाथ तिक्कू की केमिस्ट शॉप झेलम के किनारेवाली सड़क पर थी। वे एक आम केमिस्ट ही थे, पर पुराने श्रीनगर के लोगों के बीच बड़ा नाम था। उन दिनों डॉक्टरों की कमी थी और लोग इलाज के लिए शामनाथ जैसे अनुभवी लोगों के पास जाते थे और शामनाथ उनका इलाज इस तरह करते थे कि मरीजों को डॉक्टरों के पास जाने की जरूरत ही नहीं पड़ती थी।

उनकी दुकान में एक बड़ी सी लकड़ी की मेज थी, जिस पर मोटा काँच रखा था। उस काँच के नीचे शामनाथ ने कश्मीर की कुदरती खूबसूरती दिखाने के लिए कुछ तसवीरें लगा रखी थीं। उनकी मेज के पीछे परिवार के इष्ट देवताओं की तसवीरें थीं। दूसरी दो दीवारों के साथ उन्होंने लकड़ी की शेल्फों में दवाएँ रखी हुई थीं, काँच की बोतलों में कई तरह के घोल, सिरप और मलहम रखे थे। शामनाथ तिक्कू के खून में दवा दौड़ती थी।

वे अकसर नब्ज देखते और मरीजों को उनकी जीभ दिखाने को बोलते। फिर वे कइयों को लकड़ी की बेंच पर लेटने को कहते। मलमल की एक साड़ी टँगी थी, जो परदे का काम करती, शायद उनकी पत्नी की रही होगी। पर साड़ी इतनी पतली थी कि उससे आरपार दिखता था। मैं उन्हें मरीजों पर झुकते, उनका पेट दबाते या उनके दिल की धड़कन सुनते हुए देख सकता था। फिर वे कागज की पुड़िया में कुछ गोलियाँ रखकर मरीज को दे देते।

शामनाथ दवाओं को बड़ी अच्छी तरह पैक करते थे। वे कागज की ऐसी पुड़िया बाँधते थे, जो आसानी से खुल नहीं सकती थी, जैसे मुगलों का कोई किला हो। मैं अकसर कल्पना करता कि मरीज घर जाकर पुड़िया खोलने की कोशिश में परेशान होते होंगे, पर कभी किसी ने शिकायत नहीं की।

आरंभ में, शामनाथ ने मुझे दवाओं की आपूर्ति देखने के काम पर लगाया। मेरा काम था कि उन दवाओं के नाम लिखे जाएँ, जो खत्म होनेवाली थीं। फिर मुझे उन्हें याद दिलाना पड़ता था कि उन दवाओं को ऑर्डर किया जाए।

जब उन्हें लगने लगा कि मैं यह काम सीख चुका तो वे मुझसे आग्रह करते

कि मैं मरीजों के इलाज में भी दिलचस्पी लूँ। वे मुझे साथ बिठाकर बताते कि मरीज की बीमारी क्या है और उसकी जीभ कैसे देखनी है।

"पृथ्वी, याद रखो। साफ जीभ अच्छी सेहत की निशानी है। अगर जीभ सूखी हुई धरती जैसी दिखे तो समझ लो, गड़बड़ है। यह पेट और लिवर की परेशानी हो सकती है। इस तरह मरीज की जीभ देखकर उसकी बीमारी का पता लगाया जा सकता है। अगर यह सीख लिया तो समझो, तुम आधे डॉक्टर बन गए।"

कुछ ही सप्ताह में, मैंने उन सभी दवाओं के नाम सीखकर याद कर लिये, जो शामनाथ मरीजों को देते थे। जब वे दुकान पर न होते तो मैं मरीजों को दवा दे देता।

शामनाथ हर शुक्रवार को दुकान बंद रखते थे, मैं उस दिन सुबह ही सोपोर की बस से निकल जाता और फिर शनिवार शाम को वापस आता, ताकि अगले दिन से काम पर जाया जा सके। हालाँकि शामनाथ ने कभी कुछ कहा नहीं, मुझे अपनी बहनों से पता चला कि वे मेरी गैर-मौजूदगी में घर आकर पिताजी को मेरी साप्ताहिक रिपोर्ट देते थे।

ऐसे ही सोपोर दौरे के दौरान मेरी चप्पल टूट गई और मुझे नंगे पैर श्रीनगर वापस आना पड़ा। जब घर आकर पिताजी से नई चप्पल के पैसे माँगे तो उन्होंने कहा कि उनके पास पैसे नहीं हैं। उस रात मैंने लेटे-लेटे सोचा कि क्यों न चप्पल के लिए शामनाथ से पैसे लिये जाएँ। मैं सारी रात यही सोचता रहा कि शामनाथ से पैसे कैसे लेने होंगे और जब तक उपाय सूझा, सुबह हो चुकी थी।

उस दिन मैं दुकान पर नंगे पैर ही गया। अगले एक घंटे तक हरसंभव उपाय किया, ताकि उन्हें मेरे नंगे पैर दिखें। मैं शेल्फ साफ करने के बहाने से स्टूल पर चढ़ा। मैंने हाथों से पैरों को छूते हुए कसरत करने का दिखावा किया, पर शामनाथ को मेरी परेशानी दिखाई ही नहीं दे रही थी।

सुबह से कोई मरीज नहीं आया था, इसलिए शामनाथ अपनी जगह पर बैठे, दुकान पर आनेवाली सीढ़ियों के पास पेशाब करनेवाले आवारा कुत्तों को हड़का रहे थे। जब कुत्ते नहीं माने तो वे पंखे से हवा करते हुए, कश्मीरी कवि के गीत के बोल दोहराने लगे। मेरे सब्र का बाँध टूट ही गया।

"माहरा, आपसे कुछ कहना है।" मैंने उन्हें कश्मीरी लहजे में पुकारा।

शामनाथ पंखे से हवा करना बंद कर मुझे देखने लगे।

मैंने उन्हें झिझक से देखने के बाद कहा, "दरअसल आपसे कुछ कहना था। क्या आप मेरे काम से खुश हैं?" इससे पहले कि वे जवाब देते, मैंने आगे कहा,

"अगर आप संतुष्ट हैं और मुझे यकीन है कि मैंने अपनी ओर से आपको नाराज करनेवाला कोई काम नहीं किया तो मेहरबानी करके थोड़े पैसे दे दें। मुझे इस जगह काम करने के लिए थोड़े पैसे दिया करें।"

मैं उनके हाव-भाव देखने के लिए रुका, पर उनके चेहरे से कुछ पता नहीं लगा। "मैंने आपसे आज तक पैसे नहीं चाहे और अब भी नहीं माँगता, पर अब परेशानी में आ गया हूँ।" मैंने अपने पैरों को देखकर कहा। शामनाथ ने भी मेरे पैरों की ओर देखा।

फिर उन्होंने वह कहा, जिसे सुनने के लिए मैं सुबह से तड़प रहा था।

"तुम्हारी चप्पल कहाँ हैं, पृथ्वी?"

मैंने यह सुनते ही उन्हें पूरी कहानी बता दी।

जब मेरी बात पूरी हुई तो वे मुसकराए। वे कुरसी से उठकर मेरे पास आए और मेरी जेब में कुछ पैसे रख दिए।

मैंने उसी समय नहीं देखा, पर शाम को जेब से पैसे निकाले। शामनाथ ने मुझे बीस रुपए दिए थे। मैं नंगे पैर लाल चौक की ओर भागा और अपने लिए चमड़े के सैंडिल खरीद लिये। वे सत्रह रुपए के आए। कई दिनों तक पैदल चलने में मजा आता रहा, दोस्तों के बीच सैंडिल दिखाने का मजा ही कुछ और था।

मैंने दो साल तक शामनाथजी के साथ काम किया। इस दौरान मुझे दवाओं की अच्छी जानकारी हो गई थी।

□

झेलम के पानी में कुछ और हिलोरें, मेरी अगली कारवाई तय करनेवाली थीं।

एक दोपहर तबीयत ठीक नहीं थी। मैं दुकान से घर जल्दी आ गया। रास्ते में पुल पार करते हुए सिर चकराया और मैं नदी की ओर जानेवाली पत्थर की सीढ़ियों पर थोड़ी देर बैठ गया। नाववाले एक से दूसरे किनारे की ओर जा रहे थे। उनके पास नाव में हरी सब्जी, फूल, कमल ककड़ी और सिंघाड़े भरे हुए थे। मेरे पास कुछ कंकड़ रखे थे, मैं उन्हें एक-एक कर नदी में डालने लगा।

जब मेरे कंकड़ों के कारण नदी में हिलोरें आने लगीं तो अचानक दिमाग में आया कि मैं श्रीनगर की चहल-पहल से दूर, किसी शांत और सुदूर जगह पर भी इलाज करने का काम कर सकता हूँ। मुझे सेबों से लदे पेड़ और सफेदे के पेड़ दिखने लगे। मुझे नाले की आवाज सुनाई दी और माटी की गंध आने लगी। ऐसी

जगह के बीच मेरी छोटी सी डिस्पेंसरी स्वर्ग जैसी जान पड़ी। मैं झट से उठा और घर की ओर चल दिया।

उस शाम पिताजी को अपनी योजना के बारे में बताया।

"क्या तुमने शामनाथजी को इसके बारे में बताया ?" उन्होंने पूछा।

"नहीं, बस अभी दुकान से घर आते हुए ही दिमाग में आया। मैंने बहुत सोचा और लगता है कि मैं अपना खुद का काम चला सकता हूँ।"

हम चूल्हे की गरमाहट के पास ही बैठे थे और माँ खाना तैयार कर रही थीं।

"मैं तेरे लिए सरकारी नौकरी की कोशिश में हूँ। मेरे एक जानकार भान का बड़ा दबदबा है। उसने कहा है कि सरकारी स्कूलों में टीचरों के लिए पोस्ट आनेवाली हैं। हालाँकि वादा नहीं किया, पर उसने कहा है कि पूरी कोशिश करेगा। जब तक यह नहीं होता, तब तक शामनाथ के साथ ही काम कर। मुझे यकीन है कि बहुत-कुछ सीखने को मिलेगा।" पिता ने कहा। माँ ने खाना परोस दिया था।

मैंने एक कौर मुँह में डाला और उसे खाने के बाद उनसे बोला, "मुझे सरकारी नौकरी करने से कोई दिक्कत नहीं है, पर अभी इस बात की क्या गारंटी है कि नौकरी मिल ही जाएगी। पिताजी, शामनाथ के साथ काम करने का खयाल भी बुरा नहीं, पर इनसान को हमेशा आगे की ओर देखना चाहिए। अगर मैं अकेले काम करूँगा तो परिवार की जिम्मेदारी उठा सकूँगा और फिर आपको इतनी कड़ी मेहनत नहीं करनी पड़ेगी।"

और इस तरह, मैं एक ही महीने में सुदूर गाँव में स्थित अपनी छोटी सी डिस्पेंसरी में आ गया। शामनाथ ने विदा के समय दवाओं से भरे जार दिए। मैंने कुछ महीनों तक काम किया और फिर एक दिन टोठा संदेश देने आए कि मुझे सरकारी नौकरी मिल गई है। मुझे बारामूला सरकारी स्कूल में टीचर बनकर काम करना था।

समय बीतता गया। तब से झेलम का बहुत सा पानी गुजर गया। मैं बारामूला से वापस आया और फिर से वहीं बसा। गणपत्यार में मेरी भेंट मोहिनी से हुई, जो मेरी पत्नी बनी और इस तरह हमने धीरे-धीरे फिर से अपनी जिंदगी को पैरों पर खड़ा कर दिया। हमने श्रीनगर के बाहरी इलाके में जमीन का टुकड़ा लिया। रवि पैदा हुआ और फिर हमारे घर एक बेटी पैदा हुई। पिता चले गए, माँ चली गईं और फिर टोठा भी नहीं रहे। मैं परिवार के लिए जी-तोड़ मेहनत करता रहा। बच्चे बड़े हुए तो लगा कि कुल मिलाकर किस्मत हम पर मेहरबान ही रही।

रवि से बड़ी उम्मीदें थीं, कितना प्यारा बेटा था। मुझे याद है, जब उसकी

सगाई हो गई थी तो उसे एक बार आशा से मिलना था। मुझे पता नहीं था, मैंने उसे बड़ी देर तक बातों में लगाए रखा। पर बच्चे ने एक बार भी मेरी बात नहीं काटी। जब मेरी बात पूरी हुई तो उसने कहा कि उसे अपनी मँगेतर से मिलने जाना है और मुझे अपने पर गुस्सा आया। मैंने उसे झट से घर से बाहर धकेल दिया।

2009 में रवि की माँ भी चल बसीं। वे रवि को बहुत याद करती थीं। रवि के पिता अब भी हमारे घर आते थे। वे अजीब सी बेचैनी से घिरे रहते। उनकी कहानी में इतने किस्से थे कि वे उन्हें बार-बार मुझे सुनाते। कई बार अपने बेटे और अपने जीवन की यादें दोहराते। पर वह बात नहीं भूलती, जो मुझे उन्होंने तब बताई थी, जब हम दोनों अकेले थे। हम रवि की बात कर रहे थे। वे बोले, "मौत तो एक दिन सबको आनी है। पर एक बात मुझे चैन से जीने नहीं देती—जब वह गोलियों की मार से घायल होकर अकेले मर रहा था तो वह क्या सोच रहा होगा?"

□

1947 के कबायली हमले ने बहुत सारे परिवार तबाह कर दिए थे। बांदीपोरा में एक स्थानीय आदमी की मुखबिरी के कारण कबायली लोग संसार चंद साधु के घर में जा घुसे। साधु का गिलगित और स्कर्दू में मेवों का व्यापार था। 3 नवंबर, 1947 की शाम पूरा परिवार साधु के पोते का जन्मदिन मना रहा था, उस आदमी ने अपना बैर निकालने के लिए कबायलियों को साधु का पता दे दिया। साधु की बहू ने उसके पोते को गोद में उठा रखा था। दल के नेता ने उससे कहा कि वह कलमा पढ़कर उससे निकाह करे। बहू ने साफ मना कर दिया और उर्दू में बोली कि वह खयाली पुलाव न पकाए। यह सुनकर कबायली ने उसी समय बहू को गोली मार दी और वह वहीं मर गई। फिर उन्होंने सबको एक पंक्ति में खड़ा किया और एक साथ गोलियाँ चला दीं। साधु के परिवार के नौ सदस्य एक ही दिन में मारे गए। करिश्मा यह रहा कि वह बच्चा बच गया। उस आदमी ने बदला तो ले लिया था, पर अभी संतुष्टि नहीं हुई थी। वह उस जगह से जाते हुए संसार चंद साधु की लाश को भी बुरी तरह से कुचलकर गया।

कुपवाड़ा जिले के लानगेट में अमीर चंद कचरू को बताया गया कि कबायली हमलावर आ रहे हैं, इसलिए उसे भाग जाना चाहिए। उसने मना कर दिया। उसे लगता था कि कबायलियों के पास हथियार नहीं होंगे। उसने अपने परिवार और परिवार में आसरा लेनेवाले कुछ दूसरे लोगों को लिया और सभी ताक में पत्थर की

सीढ़ियों के नीचे जा छिपे। फिर उसने सारे दरवाजे बंद कर दिए। जब कबायली आए तो उन पर पत्थर और काले नमक की सिलें फेंकी गईं। उन्होंने गोलियाँ चलाते हुए अमीर चंद और उसके भाई को मार दिया। जब उनका एक पड़ोसी बाद में घर में आया तो उसने देखा कि कुत्ता बरामदे में खड़ा लहू चाट रहा था। यह अमीर चंद के भाई की लाश से टपक रहा था, जो सीढ़ियों में छिपा था।

कुपवाड़ा में गुशी आखिरी सीमावर्ती गाँव था और यही वह जगह थी, जहाँ से मुजफ्फराबाद होते हुए नीलम घाटी के शारदा मंदिर में जाने के लिए तीर्थयात्रा चालू होती थी। यहाँ कबायली हमलावरों ने कई पंडितों को मार दिया।

जो लोग उस दौरान जुल्मों से बच गए, वे आजीवन उन जख्मों को भुला नहीं सके। विशंभर नाथ सप्रू, श्रीनगरवासी, जब वे उन्नीस बरस के थे तो उन्होंने बैचलर की डिग्री पूरी कर ली थी। जुलाई 1947 में, कबायली छापे से तीन महीने पहले मुजफ्फराबाद के सरकारी हाई स्कूल में नियुक्त किया गया। कई कश्मीरी पंडित उन दिनों मुजफ्फराबाद में नियुक्त थे। उनमें स्कूल के हेडमास्टर शामलाल लबरू भी शामिल थे। आर्ट टीचर काशीनाथ जलाली, मेडिकल शॉप चलानेवाले सुखदेव कौल और सेनेटरी इंस्पेक्टर शंभूनाथ थलचूर भी वहीं थे।

मुजफ्फराबाद में युवा शंभू ने एक घर के पहले तल्ले पर कमरा किराए पर लिया, उन्हीं दिनों उनका विवाह हुआ था। अक्तूबर 21 की रात, घर की टीन की छत पर तेज आवाज से उनकी नींद टूटी। वे भय के मारे सहम गए। उस दिन मुजफ्फराबाद से बीस कि.मी. की दूरी पर स्थित दानकचेली में नियुक्त स्कूल टीचर पृथ्वीनाथ मजारी भागकर शहर आए थे और उन्होंने डोगरा प्रशासकों को बताया कि उन्होंने हथियारबंद कबायली हमलावर देखे थे। प्रशासकों ने उनकी बात को झूठ बोलकर हवा में उड़ा दिया और उन्हें पेड़ से कई घंटे बाँधकर लोगों के बीच दहशत फैलाने की सजा दी गई।

कुछ ही मिनट बाद, सप्रू की खिड़की से दो गोलियाँ टकराईं। फिर नीचे सड़क पर हल्ला सुनाई दिया। "गोपाल चौक भागो", कोई चिल्लाया।

जब सप्रू चौक में गए तो उन्होंने देखा कि तीन हजार कश्मीरी पंडित और सिख पहले ही उस जगह जमा हो गए थे। चारों ओर से बंदूक की गोलियों की आवाज आ रही थी। सारी रात चौक पर भीड़ जमा रही। सुबह के समय फायरिंग थमी, परंतु चौक के पासवाले घरों में आग लग गई और भीड़ को जान बचाने के लिए उस जगह से हटना पड़ा।

सप्रू एक वीरान घर में छिपे और वहीं इंतजार करने लगे। एक-दो घंटे बाद उन्होंने सड़क पर चिल्लाने की आवाजें सुनीं—"तुम अब हमारे भाई हो, तुमने पाकिस्तान को अपना लिया।"

वे बाहर आए तो कबायली हमलावरों का दल दिखाई दिया। वे बंदूकों से लैस थे और कंधों व कमर पर गोलियों की बेल्टें पहन रखी थीं। सप्रू को देखते ही उनमें से एक ने उन्हें पंडितों और सिखों की भीड़ में धकेल दिया। हमलावर ने हरे कपड़े का टुकड़ा सप्रू के गले पर रखा और कहा, "कहो, पाकिस्तान जिंदाबाद।" तब तक भीड़ कई गुना हो चुकी थी। सौ से ज्यादा हथियारबंद हमलावर उन्हें किसी रेवड़ की तरह हाँक रहे थे।

भीड़ में सप्रू को अपने सहकर्मी आर्ट टीचर काशीनाथ दिखे। वे बुरी तरह से बीमार लगे। वे पास आकर बोले, "अब और नहीं चल सकता। घुटने जवाब दे गए हैं। मैं वापस जाना चाहता हूँ।" सप्रू ने उनसे आग्रह किया कि वे चलते रहें, वरना दंगाई उनके साथ कुछ भी कर सकते हैं। पर कुछ देर बाद काशीनाथ हार गए। उन्होंने भागना चाहा तो हमलावर की गोली ने उनका काम तमाम कर दिया।

सप्रू चलते रहे, पर कुछ देर बाद उन्होंने आसपास देखा। कोई उन्हें नहीं देख रहा था। वे धीरे-धीरे भीड़ के कोने की ओर चले और उस जगह से निकल गए। अचानक पीठ पर कुछ महसूस हुआ। एक हमलावर ने गोली चलाई थी, पर वे बाल-बाल बचे। गोली कोट पर लगी थी, वे बच गए। हमलावर उनके पीछे आ रहा था। सप्रू को एक बड़े से घर का दरवाजा खुला दिखा। वे भागकर उसमें छिप गए। हमलावर पीछे तक आया, पर उन्हें खोज नहीं सका।

सप्रू को याद है कि वे कुछ देर वहीं छिपे रहे। फिर उन्होंने घर में देखने का निर्णय लिया। हो सकता है कि घर में कोई औरतें हों और उन्हें उन पर तरस आ जाए। यही सोचकर वे बाहर आए। पहले तल्ले पर सात कश्मीरी मुसलमान खाना खा रहे थे। सप्रू उनमें से दो को पहचान गए। उनमें से एक उनके साथ कॉलेज में पढ़ता था और बारामूला से था। वे मुजफ्फराबाद में उससे कई बार मिल चुके थे और हर बार वे गले मिलते थे। दूसरा आदमी पुलिसवाला था।

सप्रू अपने दोस्त को देखकर खुश हुए और उसकी ओर बढ़े। "हमलावरों ने तो मुझे मार ही दिया था।" वे बोले।

पर वह आदमी उन्हें गालियाँ देने लगा।

"अरे, शायद तुमने पहचाना नहीं। मैं सप्रू हूँ।" वे बोले।

"तुमने हमारा खून चूसा है।" वह आदमी बोला।

वह सप्रू को कोने में घसीट ले गया और अपने आर्मीवाले जूतों से ठोकरों पर ठोकरें मारने लगा। सप्रू बेहोश हो गए। वे लोग उन्हें मरा समझकर चले गए। कई घंटों बाद सप्रू को होश आया। घर में कोई नहीं था। सप्रू ने अपने लिए विकल्प सोचा। बाहर निकलते तो हमलावरों के हाथों मौत तय थी, इसलिए वे घिसटते हुए एक परछत्ती में जा छिपे। कमरे की छोटी खिड़की से किशनगंगा नदी का पुल साफ दिखता था।

तभी उन्हें वह जुलूस दिखा, जिससे बचकर वे आए थे। सिखों को मारकर नदी में फेंका जा रहा था। औरतों को बस में ठूँसा जा रहा था—सप्रू ने गिना तो तीस से अधिक बसें निकलीं, वे सब औरतों को ले गईं। कुछ जगह बच्चों को उन औरतों से छीनकर सड़कों पर फेंक दिया गया।

सप्रू ने देखा कि कुछ औरतों ने अपनी आबरू बचाने की खातिर पुल से छलाँग लगा दी।

उस दिन बाद में उन्होंने परछत्ती के पास आती पदचाप सुनी। सप्रू बुरी तरह से डर गए। एक आदमी भीतर आया, पर वह हमलावर नहीं लगता था। वह उस घर के मालिक का नौकर था। उसका नाम कालू खान था। सप्रू ने उससे अपनी जान बचाने के लिए विनती की। कालू खान श्रीनगर में पंडित के घर काम कर चुका था, जहाँ वे उसके साथ अच्छी तरह पेश आते थे। उसने सप्रू की मदद करने का वादा किया। उसने बताया कि हमलावर वजीरीस्तान और दूसरे इलाकों से आए थे और कुछ कश्मीरी उनके लिए मार्गदर्शक बने हुए थे। कालू ने बताया कि घर का मालिक पहले से हमले के बारे में जानता था, इसलिए उसने परिवार को पेशावर भेज दिया था। कालू ने उन्हें थोड़ा खाना और तंबाकू भी लाकर दिया।

सप्रू ने उस जगह दस दिन बिताए। वे खिड़की से सिखों को मारने और पानी में फेंकने का नजारा देखते। वे बिल्कुल बाहर नहीं निकले। वे वहीं शौच करते और रात को खिड़की से उसे बाहर फेंक देते। अकसर घर के निचले हिस्से से आवाजें आतीं। लोग उस जगह जमा होते और कई बार पशुओं को जिबह करते।

दस दिन बाद, कालू ने उन्हें ऐसे घर के बारे में बताया, जिसमें छप्पन पंडित छिपे हुए थे। वह एक वकील का घर था, जो अपनी बहू समेत मारा गया था। कालू की मदद से सप्रू उस जगह पहुँच गए।

एक रात कुछ लोग उस जगह आए और हेडमास्टर शामनाथ के बारे में पूछा।

जब वे उसे ले गए तो वह भगवान् का नाम ले रहा था। सबको लगा कि उसे मार दिया जाएगा, पर वह कुछ देर बाद वापस आ गया। उन लोगों को हेडमास्टर से एक सर्टिफिकेट चाहिए था, क्योंकि उनमें से एक वन विभाग की नौकरी के लिए चुना गया था। उसने हेडमास्टर से सर्टिफिकेट बनवाया कि उसने पहली डिवीजन से मैट्रिक की परीक्षा पास की थी।

कुछ दिन बाद, कबायलियों ने सारे पंडितों को जमा किया और उन्हें जेल में डाल दिया। एक दिन कुछ कबायली सप्रू से पैसा माँगने लगे, पर उनके पास देने को कुछ नहीं था। तब उन्होंने कहा कि वे शर्ट और पैंट उतारें। जाने से पहले उन्होंने सप्रू के सामने ही छह औरतों के साथ बलात्कार किया। बंदी पंडित सत्तर दिन इसी तरह रहे। अपने सामने औरतों के बलात्कार और मर्दों की हत्याएँ देखते रहे।

मुजफ्फराबाद के सहायक कमिश्नर, काचो अली मुहम्मद, जो बाद में जम्मू-कश्मीर सरकार में मंत्री बने, उन्होंने उन दिनों कई पंडितों की जानें बचाईं। उन्होंने कई औरतों को कबायलियों से बचाने के लिए अपने घर में आसरा दिया।

सप्रू और दूसरे लोग अपने परिवारों से दोबारा मिलने की आस छोड़ चुके थे। अब तो केवल जिंदा रहने का सवाल था। सप्रू को एक मुसलिम बेकरी में नौकरी मिल गई, जहाँ वे आटा तैयार करते थे। मालिक ने उन्हें पहनने को पुरानी कमीज दे दी थी। पर दो ही दिन में लोगों ने एतराज जताना शुरू कर दिया, उनका कहना था कि वे काफिर के हाथों तैयार आटे की रोटी नहीं लेंगे।

कई पंडितों ने इसलाम कुबूल कर अपनी जान बचाई। सप्रू अपनी नौकरी खोने के बाद उस आदमी से मिले, जो उनके स्कूल में अरबी पढ़ाया करता था। पंद्रह लोगों के सामने मौलवी ने विशंभर नाथ सप्रू को गुलाम मुहम्मद बना दिया। इस धर्मांतरण के बाद उन्हें चावल और मिठाई परोसी गई और किसी ने बिगुल बजाकर नए धर्म में उनका स्वागत किया।

सप्रू और कुछ दूसरे लोगों ने चार महीने नरक में बिताने के बाद बचकर निकलने की योजना बनाई। उन्होंने किसी तरह गरम कपड़े जुटाए और कश्मीरी नमक व्यापारियों के रूप में भारत प्रशासित कश्मीर में आ गए। इस तरह वे अपने परिवारों से दोबारा मिल सके।

कबायली हमले के दौरान भारी संख्या में लोगों का धर्म-परिवर्तन किया गया। कई जगहों पर हमलावरों ने पंडितों को उसी तरह खदेड़ा, जैसे उनके अफगानिस्तानी पुरखे करते थे, जिन्होंने कभी कश्मीर पर राज किया था। उन्होंने बछड़ा जिबह

किया, उसे पकाया और पंडितों को जबरन खिलाया। इसके बाद कलमा पढ़ते हुए उनके जनेऊ काट दिए।

कहते हैं कि हजारों लोगों का जबरन धर्म-परिवर्तन किया गया। उनमें से अधिकतर स्वामी नंदलाल जैसे पंडित संतों तथा ताराचंद (कश्यप बंधु) जैसे समाज सुधारकों के प्रयासों से दोबारा हिंदू धर्म अपना सके। टोठा कहते थे कि उन्होंने गोइटेंग, कुपवाड़ा में ऐसा एक समारोह देखा था, जिसमें स्वामी नंदलाल ने सैकड़ों लोगों के कंधों पर जनेऊ पहनाया था। स्वामीजी ने अपने अनुयायी से कहकर पीले चावल पकवाए और सबसे कहा गया कि उस बड़ी थाली में से सभी थोड़ा सा खाएँ। वे चाहते थे कि ब्राह्मण साथी अपने इन नए साथियों को खुले मन से अपने बीच ग्रहण करें। इसके बाद बचे हुए चावल स्वामीजी ने भी खाए, ताकि वे दिखा सकें कि वे सब समान हैं।

सोपोर और कुछ जगह पर कुछ लोगों ने दोबारा हिंदू धर्म में आने से इनकार कर दिया। वे अपने जीवन की हर आस खो चुके थे। उन्होंने पूछा, "अगर हत्यारे फिर से वापस आ गए तो?"

□

भाग–5

रवि के पिता जिस तरह बेचैन थे, वही रोग माँ को भी हो गया था। वे अकसर दोपहर को पिता की झपकी के दौरान उन्हें अचानक उठाकर कहतीं, "मुझे जम्मू जाना है।"

"पर अभी तो कोई आरक्षण भी नहीं है। हम गाड़ी की टिकट बुक करवाकर चलेंगे।" पिता समझाते।

"नहीं, बस से चली जाऊँगी।" और माँ छोटा सा बैग बनाकर घर से निकल जातीं।

जम्मू से पिताजी के भाई का फोन आता और वे शिकायत करते कि माँ ने खाना खाने से मना कर दिया था और न ही रात को रुकीं। बड़ी मुश्किल से एक कप चाय के लिए राजी किया। वे पिताजी को बताते।

2004 की गरमी का मौसम था, माँ अकसर सैर पर जाते हुए या खरीदारी के लिए जाते हुए गिर जातीं। पहले हमें लगा कि उनकी पीठ की परेशानी के कारण ऐसा हो रहा है, पर कुछ ही सप्ताह में वे बार-बार गिरने लगीं और एक बार तो अच्छी-खासी चोट आ गई। वे यह शिकायत भी कर रही थीं कि उनकी आवाज बैठी-बैठी सी हो रही थी। हमने पहले तो उनकी बात पर ध्यान नहीं दिया, पर फिर हमें भी बदलाव दिखने लगे। कुछ ही सप्ताह में उनकी आवाज में काफी लड़खड़ाहट आ गई।

पिछली पीढ़ियों के अधिकतर कश्मीरियों की तरह मेरे माँ-बाप भी दिल्ली के डॉक्टरों में बहुत कम भरोसा रखते हैं। जब भी कोई बीमारी होती है तो बातचीत का सिरा अली जान, नसीर या शुंगलू जैसे कश्मीरी डॉक्टरों की ओर ही चला जाता है। पिताजी माँ को जम्मू ले गए, जहाँ एक पारिवारिक मित्र की मदद से प्रसिद्ध कश्मीरी

न्यूरोलॉजिस्ट डॉ. सुशील राजदान से मिलने का समय ले लिया। वे कई कश्मीरियों के लिए छोटे-मोटे भगवान् की तरह थे। कश्मीर घाटी से लोगों के झुंड-के-झुंड आए थे और अब उस हिंसा का सदमा झेल रहे थे। वे लोग उनके पास इलाज के लिए आते थे। माँ को देखने के बाद, डॉक्टर ने पिताजी को देखकर कहा, "खबर अच्छी नहीं है। इन्हें एक न्यूरोलॉजिकल डिसऑर्डर हो गया है, जिसे 'मोटर न्यूरॉन' रोग कहते हैं, यह कोई आम बीमारी नहीं है। इनकी आवाज पूरी तरह से चली जाएगी और ये बिस्तर पर आ जाएँगी। मांसपेशियाँ एक-एक कर कमजोर होती जाएँगी और फिर ये भोजन तक नहीं निगल सकेंगी।"

खबर ने हमारा दिल तोड़ दिया। डॉ. राजदान के शब्द कुछ ही महीने में सच होने लगे। माँ ने बोलने की ताकत खो दी। फिर उनके लिए चलना भी मुश्किल हो गया। आखिर में, वे बिस्तर पर पड़ गईं। उन्हें हमेशा तेज दर्द रहता। भावात्मक रूप से कमजोर माँ अकसर लंबे समय तक रोती रहतीं। उनके साथ जो हुआ, वे उसे स्वीकार नहीं कर पा रही थीं। देश का कोई ऐसा न्यूरोलॉजिस्ट नहीं था, जिससे मैंने सलाह न ली हो। जब उनके पूरे शरीर में दर्द होता और चेहरा लाल हो जाता तो वे मुझसे इस तरह आस से देखतीं, मानो मैं कोई करिश्मा कर सकता हूँ। इसी बेचारगी में मुझे बहुत गुस्सा आता। जी करता था कि देवताओं को भी वैसा ही दर्द दूँ—उन्हें अहसास हो कि माँ कितनी तकलीफ में थीं। जी में आता था कि कोई जादू करके उन सबको खरगोश बना दूँ और उनकी नसों में भी ऐसी ही धमक पैदा हो, जैसे माँ को होती थी। जब वे मसली हुई लौकी निगलने की कोशिश करतीं और उनके मुँह के कोने से लार गिरती तो मुझे उनके हाथ के पके खाने का स्वाद याद आने लगता।

हालाँकि वे पूरी तरह से बिस्तर पर थीं, पर उनकी मानसिक क्षमता पहले से भी तेज हो गई थी। वे पिताजी या मुझसे भी पहले दरवाजे पर होनेवाली आहट सुन लेतीं। जब टी.वी. इन्वर्टर की बैटरी पर चलता तो उन्हें पता चल जाता। केवल उन्हें ही सबकी बरसी याद रहतीं और जब पिताजी सुबह की चाय के साथ मैरी बिस्कुट खाने लगते तो वे ही याद दिलातीं कि उस दिन उनका उपवास था।

जब उनकी यह हालत हुई तो मुझे लगा कि हमारे पास कम-से-कम अपना घर तो हो। मैंने दिल्ली के ही बाहरी हिस्से में फ्लैट बुक कर दिया और पिताजी को दिखाने ले गया।

"पर इतना पैसा आएगा कहाँ से?"

मैंने उन्हें बताया कि मैंने कर्ज के लिए आवेदन कर दिया है। उन्होंने मुझे

हैरानी से देखा। बिल्डर का प्रबंधक हमें उस जगह ले गया। पिताजी एक-एक करके सारे कमरों में गए, छतों को देखा। मैं मायूस था, क्योंकि वे एक शब्द भी नहीं बोले थे।

"क्या आपको पसंद आया?" मैंने पूछा।

"हम्म, अच्छा है।" जवाब मिला।

दो दिन बाद मैंने बिल्डर को बुकिंग के पैसे दे दिए। उसी दिन मेरा कर्ज भी पास हो गया। मैं घर आया और बाबा को सब बताया।

"क्या तू सच में वह घर लेना चाहता है?" उन्होंने पूछा। "ये पैसा कैसे चुकाएगा, इतने पैसे कहाँ से आएँगे?" मैंने उन्हें बताया कि हर महीने मेरे बैंक खाते में से पैसे कटते रहेंगे। वे कुछ देर चुप रहे और फिर बोले, "मुझे वह जगह दोबारा देखनी है।"

"क्यों? क्या आपने उस दिन अच्छी तरह नहीं देखा था?"

"नहीं, मुझे कुछ याद नहीं। मैंने नहीं सोचा था कि उसे ही बुक कर लेगा।"

मैं उन्हें अगले ही दिन दोबारा ले गया। इस बार उन्होंने हर चीज का मुआयना किया। बेशक उन्होंने सबसे पहले पानी का नल चलाकर देखा। वे मुसकराए, "ओह, पानी आ रहा है।"

कुछ ही महीने बाद हम उस घर में चले गए। मैंने पहियाकुरसी पर माँ को बिठाकर सारे घर में घुमाया। जब हम रसोई में आए तो वे भावुक हो गईं और बहुत रोईं।

□

हम दो दशक से भी अधिक समय से निर्वासन में रहे। कश्मीर अब एक याद है, पुरानी यादों की ओवरडोज। पर इससे ज्यादा और कुछ नहीं। हममें से बहुत से लोग इससे उबर चुके हैं। हममें से अधिकतर के लिए कश्मीर का मतलब हमारे माँ-बाप के कमरे में टँगा कैलेंडर या फिर शिवरात्रि पर पारंपरिक तरीके से तैयार होते मांस या किसी नातेदार भाई की शादी से ज्यादा नहीं है, जिसे घर के बड़ों के इसरार पर जम्मू में ही करना पड़ता है।

दिल्ली के बाहरी इलाकों में रहनेवाले मेरे कुछ दोस्त सप्ताह के अंत में मिलने की कोशिश करते हैं। सारी रात खाने-पीने और कश्मीरी गाने गाने का दौर चलता है। वे सभी कॉरपोरेट अधिकारी हैं और आलीशान अपार्टमेंटों में रहते हैं। उनमें से

कुछ उस समय इतने छोटे थे कि उन्हें कश्मीर के बारे में कुछ याद नहीं है, पर कुछ लोग उन गीतों से पुरानी यादों में खो जाते हैं। उनमें से एक दोस्त अकसर मुझे मास्को से कॉल करता है, वह अकसर काम के सिलसिले में उस ओर जाता रहता है। डील पूरी होने के बाद वह क्रेमलिन के बाहर शराब पीने के बाद मुझे कॉल करता है। वह कहता है—मैं किसी से कश्मीरी में बात करना चाहता था। हम पुराने दिनों की बातें करते हैं, चुटकुले सुनाते हैं, जो कोई कश्मीरी ही समझ सकता है और फिर कई बार वह भावनाओं की रौ में बहकर रोने लगता है।

मेरे दोस्त की बेटी ने हाल ही में स्कूल जाना चालू किया है। वह अकसर उसे कश्मीर के किस्से सुनाता है कि कैसे उनके पास एक घर था, जिसे जला दिया गया था। स्कूल में कुछ महीनों के बाद बच्ची के माता-पिता को बुलवाया गया। टीचर ने कहा, "आपकी बेटी को कोई मनोवैज्ञानिक परेशानी है।" टीचर ने बताया कि क्लास में सबको काम दिया गया कि वे अपने-अपने घर के बारे में कुछ लाइनें कहें। जब बच्ची की बारी आई तो उसने कहा कि उसका कोई घर नहीं था। जब और जोर देकर पूछा गया तो उसने कहा कि उनके परिवार का एक घर था, जिसे जला दिया गया। माता-पिता ने माफी माँगी और टीचर को बताया कि उनकी बच्ची ने ऐसे क्यों कहा। फिर उसके बाद वे अपनी बेटी से कहते थे कि अब वे जिस फ्लैट में रहते हैं, वही उनका घर है।

पिछले कुछ वर्षों के दौरान, मैंने अकसर निर्वासन और पंडित परिवारों के एक से दूसरी जगह जाने के बारे में सोचा है। खासतौर पर वे लोग, जो दिल्ली जैसे बड़े शहरों में रह रहे हैं। मुझे यह चिंता सताने लगी है कि आनेवाले कुछ दशकों में हमारी पंडित बिरादरी की कहानी कहीं खो जाएगी। पिछली पीढ़ियों के कारण ही हमारे रीति-रिवाज अब तक बने हुए थे। मेरे पिता की पीढ़ी के लोग पत्रा देखना जानते हैं, तीज-त्योहार और अपने पुरखों की बरसियों के दिनों का हिसाब रखते हैं। वे जहाँ भी रहे, उन्होंने छोटे कश्मीर बसा लिये। पर उनके बाद, यह सब याद रखने के लिए कोई नहीं होगा। हम अपनी परंपराओं और जड़ों को खो रहे हैं। शादियों में या किसी मौत के समय यह साफ दिखाई देता है। परंपरा किसी शर्मसार करनेवाले दादा-दादी जैसी हो गई है, जिसे खिला-पिलाकर पिछले कमरे में सुला दिया जाता है।

हाल ही में मेरे मौसा नहीं रहे—वही जो फिल्मों के दीवाने थे। वे महीनों से बीमार थे और दिल्ली में अपनी बेटी के घर नींद में ही चल बसे। हमने किसी ऐसे पंडित को खोजने की बहुत कोशिश की, जो कश्मीरी रीति से उनका संस्कार कर

सके। पर ऐसा कोई नहीं मिला। हारकर हमने श्मशान में ही संस्कार करनेवाले से बात की। जब मौसाजी को ले जाने की तैयारी हो रही थी तो एक बूढ़े ने आकर हौले से कहा कि मृतक का सिर पूर्व की ओर होना चाहिए। हमने तत्काल ऐसा ही किया। सभी चुप थे। हम अपनी ओर जो मंत्र पढ़ सकते थे, उन्हें पढ़ा और उन्हें श्मशान ले गए। देर रात घर आया तो मन उदास था। कम-से-कम जानेवाले को तो उसका हक मिलना चाहिए। उसकी विदाई वैसे ही होनी चाहिए, जैसे उसके पुरखों की होती थी। मुझे याद आया कि वे कैसे मुझे साइकिल पर बिठाकर घुमाते थे। मुझे याद आया कि उनके साथ सब कैसे हँसी-मजाक करते थे। याद आया कि कैसे उन्होंने मेरी बहन की शादी में चावल की बोरियाँ पीठ पर ढोई थीं।

मैं नहाया और चुपचाप पिताजी की ठाकुर कोष्ट में जाकर बैठ गया और 'दुर्गासप्तशती' का पाठ करने लगा। मेरे प्यारे मौसाजी, आपको परम शांति मिले, आप फिर से कभी बेघर न हों!

□

पिछले कुछ दशकों में, मैं एक पत्रकार के रूप में नियमित रूप से कश्मीर जाता रहा हूँ। मैंने सुरक्षाबलों द्वारा मानव अधिकार हनन के मामलों की रिपोर्टिंग की है; मैंने आधी रात को दरवाजे पर होनेवाली उस भयावह खटखट की रिपोर्टिंग की है; उन युवा महिलाओं के लिए रिपोर्टिंग की है, जिनके पति ओझल हो गए और उन्हें आधी विधवा बना दिया; मैंने उन जवान लड़कों की रिपोर्टिंग की है, जो तमाशा बन गए हैं। परंतु इन सभी वर्षों में कभी श्रीनगर में अपने घर जाने का साहस नहीं जुटा सका। दरअसल उस ओर यात्रा करने से भी बचता रहा हूँ। पर पिछले कुछ समय से यह तड़प बढ़ती जा रही थी, मानो मक्का का हज हो, जिसे करना जरूरी हो गया था। मानो उस जगह की यात्रा न करने से, उन यादों से मेरी गर्भनाल कट जाती।

मेरी रिपोर्टिंग परियोजनाओं के दौरान ही मेरी भेंट एक बुजुर्ग कश्मीरी ड्राइवर अली मुहम्मद से हुई। कई बार मिलने के बाद एक अपनापन-सा हो गया था। उन्हें देखकर टोठा की याद आती थी। उनके साथ कश्मीर घूमते हुए और उसके लंबे-लंबे किस्से सुनते हुए लगता था, मानो कश्मीर के इतिहास से गुजर रहे हों। उनके पुराने जमाने के बहुत से किस्से थे। वे बड़े ही प्यार से बताते थे कि कैसे पंडित अध्यापक ने पाठ याद न करने पर कान खींचे थे; या कैसे उन्होंने जानी-मानी पंडित

डॉक्टर जगत मोहिनी की कार चलाई थी, जो 2009 में अपनी मृत्यृ होने तक रतन रानी अस्पताल चलाती रहीं या कई बार वे घर का खाना छोड़कर पंडित दोस्त के घर खाना खाते थे, क्योंकि उनके घर हाक का साग बड़ा स्वाद बनता था।

वे कहते, "मैं कभी किसी की धौंस नहीं सहता था, पर अब गुस्से पर काबू रखना पड़ता है। लड़कों के पास बंदूकें हैं और उन्हें मेरी झुर्रियों पर रहम नहीं आनेवाला।" अली मुहम्मद को तकरीबन लोग चाचा कहते थे, वे अकसर कश्मीर में खोई विरासत के लिए बिसूरते। वे कहते, "पुराने दिन बीत गए¨।" हम उनकी कार में बैठकर सिगरेट पीते और कैलाश मेहरा के गीत सुनते।

जब भी कश्मीर जाता तो हमेशा क्षीर भवानी मंदिर में दर्शन करता। उस जगह जाकर अपने पुरखों से मिलने का अहसास होता। मैं एक दिन पहले ही चाचा को अगले दिन की योजना बता देता। वे अगली सुबह जल्दी आते और हम मंदिर के लिए निकल जाते। वे कहते, "अपनी जड़ों से जुड़कर रहना चाहिए। हमारे बीच कभी पैसों की बात नहीं हुई। मैं उनकी शर्ट की जेब में जो भी डालता, वे उसे कुबूल करते। कई बार दोपहर को वे अपनी कार अहदू के रेस्तराँ के बाहर पार्क करते और हम पुराने दोस्तों की तरह बैठकर चावल, रोगनजोश और हाक का कश्मीरी खाना खाते।"

जब मैंने घर जाने का मन बना लिया और चाचा को बताया तो वे बोले, "अअ्श करिथ—बड़ी खुशी से।" उन्होंने हमेशा की तरह कहा। मेरे दो पत्रकार दोस्त सुहैल और जुबैर भी मेरे साथ थे—"क्या तुम्हें पक्का यकीन है कि तुम ये करना चाहते हो?" जब मैंने सुहैल को इस बारे में बताया तो उसने पूछा। वह जानता था कि यह एक दु:खदायी अनुभव होगा। दो साल पहले, एक भारी भूकंप में उसका घर लगभग नष्ट हो गया था और उसके बाद भी कई दिन तक वह अपने घर में उभर आई दरारों के सिवा कोई और बात नहीं करता था। मैं उसे अपने फैसले के बारे में कैसे समझा सकता था। मैंने उससे कहा, "सुहैल, मैं माँ के लिए उस घर की तसवीरें लेना चाहता हूँ।"

इस तरह सितंबर 2007 की एक सुबह हम तीनों चाचा की टवेरा में बैठे और मेरे घर की ओर चल दिए। लाल चौक से हमें राम बाग पुल पार करने में कुछ ही मिनट लगे और फिर उसके बाद हम नोटीपोरा की ओर चल दिए। तब तक सब ठीक था। उसके बाद मेरा दिल डूबने लगा। मैं चाह रहा था कि मेरे चेहरे से वह जाहिर न हो।

पहले तो घर की ओर जानेवाला मोड़ ही भूल गया। यह वही जगह थी, जहाँ हमें बस उतारती थी और उसके आगे हम अंदर पैदल जाते थे। पर अब तो सब बदल गया था। सड़कें सँकरी हो गई थीं। नई दुकानें और घर ही सब जगह दिख रहे थे। जब हम सड़क के आखिरी बस स्टॉप पर आए तो मुझे अहसास हुआ कि हम कहाँ आ गए थे। फिर मैंने चाचा से यू-टर्न लेने को कहा। जल्दी मेरे दाईं ओर सुनसान पड़ा मंदिर दिखाई दिया। उसके बाद आगे जाने पर गुरुद्वारा दिखा।

अब मैं अपने ही मोहल्ले की गली के एक छोर पर हूँ। मेरे बाईं ओर रहमान दूधवाले की दुकान है, जो बंद पड़ी है। क्या वह जिंदा है या हिंसा का दानव उसे भी निगल गया होगा? दोपहर के तीन बजे हैं और बाहर कोई नहीं है। मैं आगे बढ़ता हूँ। दोनों दोस्त पीछे आ रहे हैं। मेरा घर यहीं-कहीं होना चाहिए। हाँ, हाँ, यह रहा। मेरे बाईं ओर। मैं मुड़ा। यह मेरे सामने है। वह बड़ा सा नीला गेट अब भी है। एक छोटे से बोर्ड पर अब भी नाम पेंट है, अबशार—झरना। पहले सड़क से सेब का पेड़ दिखता था। अरे, वह पेड़ कहाँ है? वह तो दिख नहीं रहा। क्या मेरा ही घर है?

एक आदमी मेरे पास आया। "आप कुछ खोज रहे हैं?" उसने पूछा।

मैंने उसे देखा। "बहुत पहले, मैं इसी जगह रहता था।" मैंने हौले से कहा।

"ओह", वह बोला। उसका चेहरा मुलायम हो आया। वह एक कदम आगे बढ़ा और मुझे गले से लगा लिया। "मैं इसी घर में रहता हूँ।" उसने एक घर की ओर संकेत किया। "मेरा नाम गजनफर अली है और मैं एक एडवोकेट हूँ।"

"यह राजदान परिवार का घर था?" मैंने पूछा।

"हम्म।"

फिर तो मैं अपने ही घर के बाहर खड़ा हूँ।

"यह आपका भी घर है। आइए, एक-एक प्याला चाय हो जाए।"

"मैं अपने घर के अंदर जाना चाहता हूँ। मेरा घर, मेरा अपना घर।"

"अब इस जगह कौन रहता है?"

"उनके बारे में कुछ ज्यादा नहीं पता। एक आदमी अपनी पत्नी और उसके माता-पिता के साथ रहता है। वह तो अभी नहीं होगा, पर उसका ससुर हमेशा घर में ही होता है।" उसने कहा। "राजदान कुछ साल पहले आए थे। उन्होंने मुझसे विनती की थी कि मैं उनके पिता की छोटी मखमल की थैली खोज दूँ। मैंने उन्हें वह खोजकर भेज दी थी।"

मैंने जुबैर और सुहैल को देखा। वे चुपचाप सब देख रहे थे, मानो किसी

फिल्म की शूटिंग के कोने में खड़े दर्शक हों।

वह आदमी बोला, "अपना घर देखकर आने के बाद मेरे पास आइएगा।"

हम नीले गेट से अंदर चले गए।

लॉन वैसा ही है, जैसा हमने छोड़ा था, बस घास सूख चुकी है। अब भी चारों ओर छोटी चारदीवारी है, पर कई जगह से टूटी हुई है। सेब का पेड़ नहीं रहा। शायद काट दिया होगा।

"क्या तुम दरवाजा खटखटाओगे?" मैंने सुहैल से पूछा। दो हलकी सी खटखट। एक आदमी दरवाजे पर आया। वह बोला, "वान्यू। कहिए?" मुझे समझ नहीं आया कि उसे क्या कहना है।

जुबैर ने गला खँखारा, "दरअसल बहुत पहले, ये इसी घर में रहते थे।"

वह आदमी मुझे घूरने लगा। उसे समझ नहीं आ रहा कि इस जानकारी का क्या करना है। हारकर उसने कहा, "अच्छा, अंदर आइए।"

मैंने चोर नजरों से दरवाजे के दाईं ओर देखा। मछली के आकारवाली दरवाजे की घंटी अब भी वहीं है, पर अब वह काम नहीं करती। उसके पेट से निकला तार दिख रहा है। मैंने अब तक अपने दाईं ओर नहीं देखा, उस जगह हमारा किचन गार्डन हुआ करता था, उसके साथ ही रवि का किचन गार्डन और उनका घर था।

मैं उनके लिविंग रूम में हूँ। कालीन पर शायद उस आदमी की बीवी लेटी हुई है। वह बुजुर्ग शर्मसार-सी होकर दुपट्टा ठीक करती उठ जाती है। वह अपने पति को देखकर मुसकराती है। यह एक खास तरह की मुसकान है, कश्मीर में ऐसी मुसकान तब दी जाती है, जब कोई सवाल किए बिना ही जवाब जानने की उम्मीद रखता हो। वह उसे बताता है, "ये लोग यहीं रहते थे।" अचानक ही अहसास होता है कि जुबैर और सुहैल मेरे साथ नहीं हैं। वे कहाँ गए? "एक मिनट, मैं जरा अपने दोस्तों को देखकर आता हूँ।" मैंने कहा और कमरे से बाहर आ गया। यही करना सही होगा, उन्हें मेरे बारे में चर्चा करने का अवसर भी मिल जाएगा। मैंने आगेवाला दरवाजा खोला तो देखा कि वे दोनों बाहर खड़े थे। मेरी ओर सुहैल की पीठ है, पर मैं समझ गया, वह रो रहा है। एक आदमी अपने ही घर का दरवाजा खटखटाता है, कोई दूसरा दरवाजा खोलता है और फिर वह उससे ही अपने ही घर के भीतर जाने की इजाजत लेता है। मैंने उसके हाथ थाम लिये; हम गले लग गए। उसे खुद को सँभालने में कुछ मिनट लगे। फिर हम भीतर चले गए।

हम कुरसियों पर बैठे हैं। वह महिला मुझे देख रही है। पता नहीं क्यों, पर

देखकर लगता है कि वह सुन नहीं सकती। बस एक नजर देखने आया था। हम लोग बहुत पहले इस घर में रहते थे। अब हम दिल्ली रहते हैं। अब हमारा अपना घर है। हम वहीं बस गए हैं (हाँ, बस गए हैं), बस कुछ तसवीरें लेना चाहता था, ताकि अपने माता-पिता को दिखा सकूँ। वे 1990 के बाद से इस ओर नहीं आ सके।

उसकी मुसकान बदल गई। अब चेहरे की मुसकान सहज है। उस पर सवालिया निशान नहीं रहा। यह राहत की मुसकान है। हम्म, चिंता मत करो। मुझे पता है कि यह कैसा महसूस होता होगा—कोई आकर आपके घर को अपना कहने लगे। अब यह आपका घर है, मैं तो बस अपनी यादों में दर्ज करने आया था।

चाय आ गई है। हम चुपचाप चाय पी रहे हैं। मैं क्या करता हूँ और कहाँ रहता हूँ, इस बारे में कुछ सवाल हुए। पर मेरा दिमाग कहीं और ही है। मुझे याद है, जिस जगह बैठा हूँ, उसके पीछे एक अलमारी हुआ करती थी। उसमें काँच के दरवाजे थे। हम उसे शोपीस अलमारी कहते थे। उसमें सजावट का छोटा सामान रखा रहता था—मिलिट्री बैंड के छह मिट्टी के सिपाही, फोटोफ्रेम, थोड़ा सा हिलाने पर कमर मटकानेवाली लड़की, एक वायर साइकिल, नीले जैल से भरा बड़ा सा सितारा। अब उसमें से कुछ भी नहीं है।

"घर बड़ी खराब हालत में था।" उस आदमी ने कहा। "जब हम आए तो दीवारें ढह रही थीं। हमें ठीक करवाने में बड़ा पैसा लगाना पड़ा।"

सर, आप दाम बोलो, मैं इसे आपसे अभी खरीद लूँगा। बुरी हालत! क्या आपको अहसास भी है कि मेरे लिए इस घर में बैठना क्या मायने रखता है? इसे मेरे पिता के प्रोविडेंट फंड और माँ के गहनों के पैसे से बनवाया गया था; यही घर था, जिसमें मेरी माँ उकडूँ बैठकर रोज सुबह लाल सीमेंटवाले बरामदे में पोंछा लगाती थी; वह घर, जिसे छोड़कर हम शरणार्थी बन गए और बेघर होकर कितने कष्ट सहे।

मेरे सामने एक-एक पल नाच रहा है। 1990 की उस सर्द शाम को जब लड़के घर के बाहर जमा हो गए थे, वे हमारे घरों को आपस में बाँट रहे थे; फिर जम्मू की टैक्सी सवारी और वह आदमी जिसने मुक्का दिखाते हुए हमारे मरने की कामना की थी; शरणार्थियों के ट्रक-ही-ट्रक और तिरपाल हटाकर सूनी नजरों से झाँकती वह युवती; एक कमरे में रहने का दुःख और भीषण गरमी; माँ के आँसू और घर के बाहर शादी का बचा हुआ खाना लेकर खड़ा युवक; बिना दरवाजे के शौचालय का अपमान, दुःखी करनेवाले मकान मालिकों की ढिठाई।

और सर! आप कहते हैं कि यह घर खराब हालत में था! क्या आप जानते हैं कि अभी हम जिस जगह बैठे हैं, उसके साथवाले कमरे में रजाई में दुबककर बैठने में कितना मजा आता था? क्या आप जानते हैं कि जब आप ऊपरी तल्ले के कमरे में बैठकर सेब के पेड़ को झूमते हुए देखते और कुछ पढ़ते तो ठंडी हवा के झोंके किस तरह मन को सहलाते थे? या फिर लॉन में झूमते गुलाबों को देखकर मन कैसे झूमता था? आगेवाली बालकनी में धूप सेंकने में कितना मजा आता था? और सर, यह घर खराब हालत में इसलिए था, क्योंकि जिन्होंने हमारे घर को लूटा, वे नल तक उखाड़कर ले गए थे, इसलिए पूरे घर में हर ओर पानी रिस गया था।

चाय खत्म हो चुकी है। क्या हम लोग ऊपर देखने जा सकते हैं? मैं सीढ़ियाँ चढ़ता हूँ। क्या उस कमरे में जा सकते हैं? हम जिस शेल्फ में किताबें रखते थे, उसमें कोई किताबें नहीं हैं। उसमें प्याज और लहसुन भरे हुए हैं। ओह, मेरा दिल कैसा किरच-किरच हो गया! मैंने खिड़की से अपनी रसोई की बगिया को देखा। अब कोई बगिया नहीं, कोई पहाड़ी पुदीना नहीं और न ही गुलाब की झाड़ियाँ हैं। रवि का घर चुपके से खड़ा है। उसके बाहर मोटरसाइकिल खड़ी है, जैसे उसकी बाइक खड़ी रहती थी। पर अब वह उस घर में रहनेवालों की बाइक है। दिल किया कि खिड़की खोलकर उसी तरह सीटी बजाऊँ जैसे माँ बजाती थीं, जब उन्हें अपने भाई या माँ से बात करनी होती। मैंने कल्पना की कि रवि खिड़की से झाँकते हुए, मुझे चिढ़ाकर अपनी तुकबंदी सुना रहा है—विकी को भर दो डिक्की में, अपना काम करेगा।

मैं बड़ी तेजी से तसवीरें उतार रहा हूँ। अब घर के पीछे बी.एस.एफ. का कैंप नहीं है। उनका कैंपस जंगली घास और झाड़ियों का अड्डा बन गया है; उधर भी कुछ घर बन गए हैं। लकड़ी की पिछली बालकनी ढह गई है। मैं अब भी किताबों के बारे में सोच रहा हूँ। उनका क्या हुआ होगा? क्या उन्हें कबाड़ी को बेचा गया होगा या फिर उनके पन्ने-पन्ने छितरा दिए गए होंगे?

वह आदमी अब थोड़ा बेचैन हो रहा है। उसने मुझे सब ओर दिखा दिया है, जोकि अब उसका घर है। मैं अब भी परछत्ती पर जाकर देखना चाहता हूँ। शायद मेरी कॉमिक्स या एनिड ब्लाइटन सीरीज की किताबें रखी हों, जिनमें से कई तो मैंने डबल यम च्युइंग गम के पैकेटों से निकले लकी कूपनों से जीती थीं। वहीं सबसे बढ़िया देवदार लकड़ी भी होगी, जो पिताजी ने घर छोड़ने से कुछ समय पहले ही मँगवाई थी। वे कई बरसों तक इस बात के लिए दु:खी होते रहे कि इतनी अच्छी लकड़ी घर में ही छूट गई थी।

मैंने बाहर कदम रखा। मैं लकड़ी की सीढ़ियों से नीचे उतरा और एक क्षण के लिए उसके पाए को पकड़ लिया। मैं उस अहसास की याद को जिंदा रखना चाहता था। मैं अपने बरामदे में बैठा और जूते के फीते बाँधे। वाटर वर्क्स बोर्ड पर आज भी हमारा कनेक्शन नंबर ज्यों-का-त्यों है—44732। एक कजिन ने लकड़ी का टुकड़ा प्यार से दीवार पर लगा दिया था, वह आज भी वहीं है। लुटरों का ध्यान उस ओर गया ही नहीं होगा। मैंने उस आदमी से हाथ मिलाए। फिर उस जगह को देखा, जहाँ सेब का पेड़ हुआ करता था। मुझे याद आया, देद्दा उस जगह बैठती थीं, कैसे टोठा मुझे उस जगह कंकड़ खेलने में व्यस्त करते थे। मुझे रविवार की एक शाम याद आ गई, मैं अपने कजिन के साथ टी.वी. देख रहा था कि अचानक बिजली कड़की। वह मसजिद के पास पेड़ से टकराई और फिर हमारे एंटीना से होते हुए निकली, हम मारे डर के सन्न हो गए, जब बी.एस.एफ. कैंप पर जलते हुए अंगारे गिरते देखे। माँ के गुस्से की सीमा नहीं थी, हमने उनके मना करने पर भी खराब मौसम में टी.वी. बंद नहीं किया था। हम कई दिन तक टी.वी. नहीं देख सके थे, क्योंकि एंटीना तुरंत ठीक नहीं हो सका था।

"उस जगह सेब का पेड़ हुआ करता था।" मैंने उँगली से संकेत किया। "ओह, हमने उसे कटवा दिया। बड़ी जगह घेरता था।"

गुलाम हसन सूफी की आवाज कानों में गूँज उठी—

बअ् थअ्वनास च़टिथ तबरदारन
यारो वन बालयारो वन
चे़ कम्यु करिनय तअ्वीज पन?

लकड़हारे ने मेरे दो टुकड़े कर दिए।
मेरे दोस्त, मेरे प्यारे, बता मुझे—
तुझ पर किसने जादू किया?

□

'द मर्डर्स आर अमंग अस' में साइमन वाइसनथल लिखते हैं—"यह जंग चाहे जैसे खत्म हो, हमने तुम्हारे खिलाफ जंग जीत ली है; तुममें से कोई भी गवाही देने को नहीं बचेगा, पर अगर कोई बचा भी तो दुनिया उसका यकीन नहीं करेगी।"

कश्मीरी पंडितों को वादी से क्यों निकलना पड़ा, बीतते समय के साथ-साथ यह प्रसंग भी बदला। झूठों की एक लंबी शृंखला को इतनी बार बोला गया है कि

अब वे सच लगने लगे। एक बड़ा झूठ यह है कि पंडितों को एक सरकारी षड्यंत्र के अनुसार कश्मीर से निकाला गया, ताकि कश्मीर अलगाववादी आंदोलन की साख घटाई जा सके। राज्य के भूतपूर्व गवर्नर जगमोहन को इस झूठ के लिए बलि का बकरा बनाया गया।

जगमोहन ने पंडितों को प्रोत्साहित किया कि वे वादी से चले जाएँ, ताकि वह हमसे कड़ाई से पेश आ सके। एक व्यक्ति को यह भी कहते सुना गया। आरंभ में मैंने परवाह नहीं की, पर अब जब भी इस प्रचार को सुनता हूँ तो गुस्सा उमड़ने लगता है। मैंने तय कर लिया है—आगा शहीद अली के शब्दों में—मेरी याददाश्त को इस झूठे इतिहास के बीच आना चाहिए। मीडिया की बेपरवाही और भारत का अधिकतर बौद्धिक वर्ग पंडितों के कष्टों को मान्यता तक देने से इनकार करता है। हमारे लिए कभी कोई अभियान नहीं चलाए गए; हमारे निष्कासन पर न तो कोई शोध हुए और न उनके लिए कोई छात्रवृत्ति या अनुदान दिए गए। मीडिया के लिए कश्मीर मसला काला-सफेद रहा है, यहाँ वे लोग थे, जो अपने ही देश में बेरहमी का शिकार हुए। परंतु मीडिया इसे नहीं देख सका और उसने इस तथ्य को अनेदखा किया कि उन्हीं लोगों ने दूसरे लोगों को शिकार बनाया।

हमारे बारे में बात करना चलन में नहीं रहा या फिर हमारे निष्कासन का मसला पुराना पड़ गया है। पर मैंने अपना मिशन बनाया है कि कश्मीर की यह दूसरी कहानी भी कहूँगा। जिस तरह नायपॉल के 'इन ए फ्री स्टेट' के ट्रैंप की तरह मैंने अपना जीवन नामों और अंकों के नाम कर दिया है। मैंने उन अँधेरे से भरे दिनों में हर उस पंडित का नाम याद रखा है, जो मारा गया और वे हालात भी याद रखे हैं कि वह कैसे मारा/मारी गई। मैंने हर जिले में मारे गए लोगों के आँकड़े याद रखे हैं। मैंने यह भी याद किया कि हममें से कितने लोगों को जम्मू या दूसरी जगहों पर शरणार्थी के रूप में दर्ज किया गया।

एक और झूठ मुझे गुस्से से आगबबूला कर देता है, वह यह दावा है कि जिन मुट्ठी भर पंडित परिवारों ने वादी में ही रहने का निर्णय लिया, उन्हें किसी ने हाथ नहीं लगाया। 'पेरिस रिव्यू' के एक इंटरव्यू में होलोकास्ट से बचकर आए एक जाने-माने लेखक प्रिमो लेवी से पूछा गया, "क्या वे अभी पोलैंड में एंटी-सेमीटिक हैं?" वे अब नहीं रहे, क्योंकि अब कोई सामग्री नहीं है। कश्मीर में ठीक ऐसा ही हुआ। हममें से कुछ लोग साल में एक बार क्षीर भवानी मंदिर में माथा टेकने जाते और बिट्टा कराटे जैसे हत्यारे, जो राजनीतिक महत्त्वाकांक्षाओं के बीच हैं, वे

आकर बूढ़ी औरतों को गले से लगा लेते। अगले दिन स्थानीय अखबारों में प्रमुख रूप से उन तसवीरों को छापा जाता।

जबकि मैं जानता हूँ कि अब भी कई कश्मीरी मुसलमान हैं, जो चाहते हैं कि हम वापस आएँ, मुझे यह भी पता है कि जिन्होंने वहीं रहने का निर्णय लिया था, उनका क्या हुआ। यही कारण है कि विनोद धर से मिलना बहुत अहमियत रखता था।

□

विनोद धर से फोन पर बात होना मुश्किल है। पहली बार कॉल किया तो उन्होंने पहली ही घंटी पर फोन उठाया। शाम का समय था, उस ओर से दो बार हैलो की आवाज आने के बाद शांति छा गई और दूसरी हैलो पहली से ज्यादा अधीर थी।

मैंने उनसे हिंदी में बात की। मैं कई महीनों से ऐसे लोगों के संपर्क में आने की कोशिश में था, जिनके परिवार आतंकियों द्वारा मारे गए, मैं उनकी कहानियों को दर्ज करना चाहता था। समस्या यह है कि कोई भी इनकार नहीं करता, परंतु सभी इससे बचना चाहते हैं।

"जी, जी, कभी भी आ जाइए। हम एक साथ लंच लेंगे। मेरा घर आपका ही घर है।"

'कभी भी आ जाइए', यह अपने आप में समस्या है। मैंने एक गहरी साँस ली।

"तो मैं कब आ सकता हूँ?"

वही जवाब, "कभी भी।"

"कल सुबह कैसा रहेगा?"

"ओह, दरअसल परिवार में एक शादी है। हम लोग कल नहीं होंगे। आपको तो पता है, शादियों का सीजन चल रहा है।"

"जी, तो फिर कब?"

"आप सोमवार को कॉल करना। हम अवश्य मिलेंगे।"

सोमवार को कॉल किया। कोई जवाब नहीं आया। मैंने फिर से मंगलवार को फोन किया। फोन का जवाब मिला।

"हैलो, हैलो, जी, आपको किससे बात करनी है...ओह, आप! कैसे हैं आप? जी, हम वापस आ गए हैं। मैं आपको शाम को कॉल करता हूँ, फिर हम बात कर सकते हैं।"

वह कॉल कभी नहीं आया। अगली सुबह मैंने कॉल किया तो उन्होंने फोन नहीं उठाया। मैंने पाँच बार, दस बार कॉल किया। कोई जवाब नहीं आया।

जो मिलना चाहते थे, कश्मीर के इतिहास पर अपनी मास्टरी दिखाना चाहते थे। देखिए, निलमत पुराण के अनुसार…।

मैं आदर देते हुए, कुछ देर तक उनकी बात सुनता…

"सर, मैं आपसे 1990 की बाबत पूछ रहा था।"

"आपकी चाय ठंडी हो रही है। बिस्कुट लीजिए। आप लंच के लिए रुकेंगे, रुकिए न।"

"सर…1990?"

"आप अगली बार कब आएँगे?"

एक और बिस्कुट। लंच के बारे में एक और जुमला और आप बचकर भागना चाहते हैं। सुरंग का कोई छोर नहीं है।

विनोद धर के साथ बात और थी, मुझे पता था कि मुझे अपना आग्रह बनाए रखना होगा।

"विनोदजी, आपसे मिलना चाहता हूँ।"

"किसलिए?"

"मैं एक किताब लिख रहा था। आपसे उसी सिलसिले में मिलना था।"

लंबी खामोशी। "विनोदजी, आप उस ओर हैं?"

"इन सबसे क्या होगा, उन दिनों की बातें करना? मैं सब भूलने की कोशिश कर रहा हूँ।"

ऐसा लगा कि वे किसी कुएँ में कूद गए थे और मुझसे वहीं से बात कर रहे थे।

आप भूलने की बात पर किसी से बहस नहीं कर सकते। भूलने की कोशिश। शायद मैं भूलने की अहमियत नहीं समझता। शायद विनोद धर के लिए भूलना अहमियत रखता होगा। जिसने अपना पूरा परिवार जनवरी की उस सर्द रात को कुछ ही मिनटों में खो दिया, उसके लिए भूलना बहुत मायने रखता है। जो तेईस सदस्यों वाले उस जनसंहार में केवल अकेला बचा हो, उसके लिए भूलना मायने रखता है। मरनेवाले लोगों में उनके परिवार, संयुक्त परिवार और पड़ोस के लोग शामिल थे।

मैंने उनसे कहा कि मैं समझ सकता था कि वे उस बारे में बात क्यों नहीं करना चाहते थे, पर इस बारे में बात करना इतना अहम क्यों था। मैंने मिलान कुंदेरा

की बात दोहराई, "मनुष्य का सत्ता के खिलाफ संघर्ष, याददाश्त का भूलने के खिलाफ संघर्ष है।"

"मुझे कल फोन करना।" वे अंत में बोले।

अगली सुबह, विनोद धर ने कॉल नहीं ली। एक घंटे बाद दोबारा कॉल किया। अब फोन स्विच ऑफ था। दो घंटे बाद किसी और ने फोन उठाया।

"उनकी तबीयत ठीक नहीं है।" उस शाम मैंने फिर से कॉल किया। इस बार विनोद ने उत्तर दिया।

"हम्म, तबीयत ठीक नहीं थी। तुम एक किताब लिख रहे थे, तुमने कहा। पर देखो, मेरे साथ जो हुआ, उसके बारे में बात करने की कोई तुक नहीं है। मैं उसे भूलने की कोशिश कर रहा हूँ।"

मेरे भीतर से जैसे कोई पीछे हटना चाहता था। फिर मुझे याद आ गया, कैसे मैंने अगले दिन एक कतार में लगी मर्द, औरतों और बच्चों की लाशें देखी थीं। रिपोर्ट में कहा गया था कि उनके मुसलमान परिवार लाशों पर मातम कर रहे थे। मैं अपने गाल का अंदरूनी हिस्सा तब तक दाँतों से काटता रहा, जब तक उससे लहू नहीं निकल आया, फिर मैंने अपने ड्रिंक से घूँट भरा और बोला, "प्लीज विनोदजी, अगर आप मुझसे एक बार मिल लेंगे तो बड़ा अहसान होगा।"

दूसरी ओर खामोशी छाई थी। और फिर वे बोले, "पता नहीं इससे क्या फायदा होगा?"

"बस आप समझें कि मुझे पर एक अहसान है।" मैंने कहा।

"हम्म…।" उन्होंने आह भरी। "ठीक, कल सुबह नौ बजे फोन करना।"

सुबह नौ बजे उनका फोन स्विच ऑफ था।

मैं होटल में हूँ। इसकी दीवारें सीलन से भरी हैं और चादरों से शारीरिक संबंध बनाने की गंध आ रही है। मैंने अपने किसी रिश्तेदार से नहीं कहा कि मैं जम्मू में हूँ। अगर उनके साथ रहा तो काम करना मुश्किल होगा; उनके साथ नाश्ते, लंच और डिनर पर तकरार हुए बिना मेरा घर से निकलना भी असंभव होगा। मैं यह भी जानता हूँ कि मेरे बेघर होने पर सवाल होंगे कि इतने समय से मैं पारिवारिक समारोहों में शामिल होने के लिए अकेला ही क्यों आता रहा हूँ। मेरे पास उनके लिए कोई जवाब नहीं हैं। मैं उन्हें जो बता सकता हूँ, वे उसे समझेंगे नहीं।

मैं उनके साथ घर की उस मजबूत छवि को कैसे बाँट सकता हूँ, जिसे मैं हकीकत में बना पाने में असफल रहा हूँ।

दिल्ली में, मेरे सोने के कमरे में, जो हमारा सोने को कमरा हुआ करता था। अलमारियों में अब भी उसके कपड़े, जूते-चप्पल, नेल पेंट और इत्र रखे हुए हैं। अब वह वहाँ नहीं है।

मेरे खाने और माँ की सुविधाओं की चिंता करनेवाले रिश्तेदार और जो सवाल पूछना चाहते हैं; उनके लिए निर्वासन किसी पुराने पारिवारिक एलबम को खोलने की तरह है, या फिर क्षीर भवानी की यात्रा का वीडियो देखना, जिसे उन्होंने अपने नए सोनी हैंडीकैम पर फिल्माया हो। वे अपने मन से बस चुके हैं। वे जन्मदिन, परीक्षाओं के नतीजे, घर के नए पेंट और नई कार—हर चीज का जश्न मनाते हैं।

मेरे लिए यह निर्वासन स्थायी है। बेघर होना स्थायी है। मैं अपने मन से उखड़ा हुआ हूँ। मैं इसके बारे में कुछ नहीं कर सकता। मेरे लिए घर का विचार बहुत ही संपूर्ण है। मेरे लिए प्रेम का विचार बहुत ही संपूर्ण है और घर व प्रेम आपस में गुँथे हुए हैं। मैं अपने दादा की तरह हूँ, जिन्होंने आजीवन कभी अपना गाँव नहीं छोड़ा। उनकी ही सोच पूरी तरह से मेरे अंदर झलकती है।

मैल्कम लॉरी लिखते हैं—"मेरा कोई घर नहीं, बस एक साया है।"

मेरा कोई घर नहीं, बस कुछ छवियाँ हैं। और मेरे कमरे की उन अलमारियों में, मैं उस घर की छवियों को देख सकता हूँ। और अब, वह भी नहीं रहा।

मुझे लगा कि विनोद धर मुझसे नहीं मिलेंगे। मैं उदास हो गया, पर समझ सकता हूँ। मैं उनकी कहानी दर्ज करने जम्मू आया था, पर वे साथ नहीं दे रहे, इसलिए मेरे पास समय-ही-समय है। होटल की चारदीवारी मुझे उदास कर रही है। मैं खिड़की से बाहर देखता हूँ। एक बूढ़ा होटल के स्विमिंग पूल से मछली निकालने के लिए जाल इस्तेमाल कर रहा है। इसके साथ ही, बैंकेट हॉल में शाम के इवेंट की तैयारी हो रही है। तरी के दागोंवाली वरदी पहने बैरे क्रॉकरी और शराब की पेटियाँ ले जा रहे हैं।

मैं बाहर निकला। मैंने तय किया, पुराने शहर में, राजपूत सभा की ओर जाऊँगा, जहाँ दो दशक पहले कुछ सप्ताह का समय बिता चुका था। मैंने ऑटो किया और मेटाडोर स्टैंड पर उतर गया। मैं उस जगह से, व्यस्त बाजार से होते हुए पैदल जाना चाहता था। सुबह का समय है और अभी सारी दुकानें नहीं खुलीं। कई तरह से कुछ नहीं बदला। दुकानों के मालिक दुकानों के शटर खोलते ही स्टील के छोटे बरतनों में बुरी नजर से बचाव के लिए कर्पूर जला रहे हैं। दो पुजारी अपनी खास पगड़ी पहने, छोटी घंटियाँ बजाते हुए, समझ न आनेवाले श्लोक बोलते हुए,

हर दुकान से भिक्षा ले रहे हैं। रंगरेजों की दुकानें खुल गई हैं और वे अपने उबले और खौले हुए रंगीन पानी में कपड़े डुबो रहे हैं।

राजपूत सभा में बीते उन सप्ताहों की सारी तसवीरें आँखों के आगे नाच गईं। सभा की छत से मैं अकसर बाजार से निकलती दुनिया को देखा करता। अपने कमरे की नीरसता से उबरने के लिए मेरा अधिकतर समय छत पर बीतता था। पर आज मैं ही दुनिया हूँ। मैंने उस ओर देखा, उम्मीद की कि कोई चौदह साल का लड़का अपनी नई जिंदगी से बचने के लिए मुझे देख रहा है।

मैं बाईं ओर मुड़ा और अब मैं राजपूत सभा के बड़े दरवाजे के सामने हूँ। पर उस जगह अब सीढ़ियाँ नहीं हैं। मैंने ऊपर देखा। वे अब शॉपिंग कॉम्प्लेक्स में बदल गए हैं। चारों ओर सीमेंट और निर्माण-सामग्री दिख रही है। सेलफोन कंपनियों के बैनर भी आ गए हैं, जो कई तरह की डील दे रही हैं। मैं वहीं मंत्रमुग्ध खड़ा रहा और उस गरम दोपहर को याद किया। उस दिन सड़क पर लोग नहीं थे। जब उस दिन को याद करता हूँ तो इसे हमेशा किसी छायाचित्र की तरह देखता हूँ। मैं एक दुकानदार की कल्पना करता हूँ, जो अपनी डेस्क के आगे गद्दी रखकर बैठा है। वह सो गया है और खुले मुँह में मक्खी आ-जा रही है।

सभा का मेन ग्रिल दरवाजा हमेशा की तरह तालाबंद है, जैसा लंच के बाद हमेशा होता था। और अंदर से विशाल आकर मिलता है। उसने सफेद शर्ट और चमकीली जूतियाँ पहनी हैं। वहीं से गन्ने की गंडेरियोंवाला निकला। वह उन्हें बर्फ की सिल्ली पर रखकर बेचता है। विशाल ग्रिल में पैसे देकर गंडेरिया खरीदता है और हम सीढ़ियों पर बैठकर उन्हें चबा रहे हैं। विशाल सभा के केयरटेकर का दोस्त था, वह अकसर अपने किसी दोस्त के साथ उस जगह आता। वह गप्पें मारता और केयरटेकर के कमरे में अभिनेत्रियों के कटआउट लगे देख हँसता। विशाल ने ही मेरे अंदर गाने के लिए ललक पैदा की। वह उन संगमरमर की सीढ़ियों पर बैठकर अस्सी के दशक की अंत की फिल्म 'आवारगी' का गीत गाने लगता—

चमकते चाँद को टूटा हुआ तारा बना डाला,
मेरी आवारगी ने मुझको आवारा बना डाला।

किसी तरह वह गीत आज भी मेरे साथ है। इसने मुझे अपने ही मायनों में गढ़ा और सँवारा है। यह मेरा आवरण बना है। एक पैरे में कहा गया है—

मैं इस दुनिया को अकसर देखकर हैरान होता हूँ
न मुझसे बन सका छोटा सा घर दिन-रात रोता हूँ

यह छवि मेरे दिमाग में इतनी साफ और बड़ी है कि मैं भूल ही गया कि उस बात को दो दशक हो गए हैं। मैं वापस मुड़ा, मेरे पीछे छोटा मंदिर है, जिसके बाहर दो बेंच रखी हैं। बच्चों के लिए छोटा सी-सॉ झूला भी है। कई बार यादों का भी अपना ही एक मन होता है। ये खुद ही छोटी घटनाओं के रूप में आपके सामने आ जाती हैं—ऐसी घटनाएँ, जिन्हें आप बरसों पहले भुला चुके थे। मंदिर के पीछे सीढ़ियों पर दुकानदार का घर है, जहाँ मैं खड़े होकर 'महाभारत' देखता था। मैंने आँखें बंद कीं और वहीं बैठा रहा। दूसरी बेंच पर कोई पियक्कड़ सो रहा है।

मैंने फोन निकाला और विनोद धर का नंबर फिर से मिलाया। फोन की घंटी बजी। दूसरी घंटी पर जवाब आया।

"कहाँ हो तुम?" विनोद धर पूछते हैं।

मैं उन्हें बताता हूँ।

"ओह, पाँच मिनट की दूरी पर तो हो। सचिवालय के बाहर कॉफी शॉप में आ जाओ। वहीं मिलूँगा।"

मैंने बैग उठाया और भागना शुरू कर दिया।

□

सचिवालय एक बदहाल-सी इमारत है, जहाँ सारे सरकारी काम होते हैं। जम्मू और कश्मीर में दो सचिवालय हैं। सर्दियों में सचिवालय जम्मू से काम करता है और गरमी में श्रीनगर चला जाता है। इसे 'दरबार मूव' कहते हैं। इस जम्मू में सचिवालय है, इसलिए विनोद भी यहीं हैं।

मैं कॉफी शॉप में कदम रखता हूँ। यह छोटी सी जगह है। काउंटर के पीछे खुली जगह में पत्थर की तीन मेज और दोनों ओर बेंच रखी हैं। विनोद वहीं खड़े हैं। मैंने उन्हें तसवीर से पहचान लिया, जो रिपोर्ट में देखी थी। उसमें वे, अपने कैंप में कुरसी पर बैठे, कैमरे से परे देख रहे थे। और अब, वे मुझसे हाथ मिला रहे हैं। उनके बाल छोटे हैं और कई दिनों से हजामत नहीं बनाई। वे आसमानी रंग की कमीज में हैं। वे एक बचकानी-सी मुसकान के साथ उन बेंचों की ओर ले जाते हैं। वे मेरे सामनेवाली मेज पर बैठ गए। फिर वे मुझे अच्छी तरह देखते हैं, "मैंने सुना था कि पत्रकार किस तरह पीछे पड़ सकते हैं। आज तुम्हें देखकर पता चला। मैं आज तक किसी ऐसे इनसान से नहीं मिला, जो तुम्हारी तरह धुन का इतना पक्का हो।" वे कहते हैं।

विनोद धर घबराए हुए दिखते हैं और बातें करते हुए अपने नाखून दाँत से काटते हैं। वे जितनी देर मेरे साथ रहे, बोलते ही रहे। जब वे बोलते हैं तो उनके होंठों के कोनों पर थूक जमा हो जाता है।

"तुम सोच रहे होगे कि मैं ही लगातार बोलता रहा।" वे हमारे पाँच मिनट बैठने के बाद ही कहते हैं। "मेरे मनोचिकित्सक का कहना है कि मेरी उम्र हो गई, पर मैंने 25 जनवरी, 1998 के बाद से मानसिक रूप से परिपक्व होना बंद कर दिया।" यह पूरी तरह से सच नहीं है। विनोद परिपक्व हैं। वे समझते हैं कि वे किन हालात से गुजरे हैं। अपने जीवन में उस घटना के साक्षी होने के कारण वे मानसिक रूप से चोटिल हुए, इस बात को मानना भी अपने आप में परिपक्वता है।

विनोद धर 1998 में चौदह बरस के थे। उनका परिवार और चाचा वंधामा में रहते थे, जो कश्मीर के गंदरबल जिले का उनींदा-सा इलाका है। उनका और तीन अन्य पंडित परिवार 1990 में कहीं और जाने के बारे में सोच रहे थे, पर फिर उन्होंने वहीं रहने का निर्णय लिया। उनकी आजीविका का आधार कृषि था और परिवार के बड़े लोगों को लगता था कि जम्मू उन्हें रास नहीं आनेवाला।

"और जब सारे चले गए तो उसके बाद जाना मुश्किल हो गया।" विनोद कहते हैं। 1992 में, जब उन्हें डर महसूस हुआ तो उन्होंने फिर से जाने का निर्णय लिया।

"हमने अपनी जायदाद बेचनी चाही, पर गाँव में कुछ लोगों ने सबको मना कर दिया कि हमसे कोई कुछ न खरीदे।" विनाद कहते हैं। वे याद करते हैं कि कैसे इसके बाद उन्होंने जाने के बारे में सोचना छोड़ दिया था।

मेरे पिता का कहना था कि जम्मू महँगा शहर है, इसलिए हमारा वहाँ बसना संभव नहीं है। विनोद कहते हैं।

जल्दी ही, हमारे गाँव के पास सेना का कैंप लग गया। हम सुरक्षित महसूस करने लगे। जीवन चलता रहा। अपनी जमीन जोतते, पड़ोस की दुकानों से सामान लेते और अपनी धार्मिक गतिविधियों को घर के पास बने छोटे से मंदिर तक सीमित रखते।

1996 में, सेना का कैंप उस जगह से हट गया और विनोद याद करते हैं कि उसके फौरन बाद गाँव में सशस्त्र आतंकी दिखने लगे। पंडितों का छोटा सा दल हमेशा यही कोशिश करता कि सेना और आतंकियों, दोनों की नजरों से परे रहे।

25 जनवरी, 1998 की दोपहर, विनाद धर माँ के हाथ का बना खाना खाकर

घर से निकले। वे याद करते हैं कि उन्होंने उस दिन चावल, शलगम और नदरू की सब्जी खाई थी। वे पासवाले खेत में जाकर बच्चों के साथ क्रिकेट खेलने लगे। सूरज ढलने के बाद वापस आए। घर में रोज की तरह काम चल रहा था। माँ रात का खाना तैयार कर रही थीं और पिता चाय पी रहे थे। उनका भाई ऊपर के तल्ले में सो रहा था। वे अभी घर में आए ही थे कि कुछ हथियारबंद लोग घर में घुस आए। कम रोशनी में भी उनकी राइफलें चमक रही थीं। विनोद के पिता ने उनसे पूछा कि वे क्या चाहते हैं! वे सब आराम से बैठ गए और चाय बनाने को कहा। विनोद की माँ चाय बनाने भागीं।

चाय पीने के बाद वे लोग बाहर चले गए। विनोद याद करते हैं कि उनमें से एक के पास वायरलेस सेट था और उनके बाहर जाते ही वह बजने लगा। कुछ ही मिनटों बाद, विनोद ने बाहर से गोलियों के चलने की आवाज सुनी। वे माँ के पास भागे और उनका हाथ पकड़ लिया। वे मिलकर ऊपर की ओर जाने लगे, पर माँ की पीठ पर गोली लगी। विनोद ऊपर पहुँच गए थे, वे गोबर के उपलों के ढेर के पीछे दुबक गए, जो जलावन के लिए रखे थे। आतंकी दल ने उस दिन तेईस लोगों को मार दिया। उन्हें गोली मारकर विनोद घर के आँगन में घसीटकर लाया गया। सबको मारने के बाद कुछ आतंकवादी ऊपर आ गए। विनोद दम साधे उपलों के पीछे छिपे थे। एक आतंकवादी ने अपनी राइफल उपलों के बीच घुसाई, जो विनोद के चेहरे को छूते-छूते रह गई।

और फिर वे चले गए। उनका मिशन पूरा हो चुका था। विनोद वहीं रहे, जिस जगह थे।

वह शब-ए-कदर की रात थी। रमजान की वह रात, जब पैगंबर मुहम्मद पर फरिश्ते जिब्राइल की ओर से कुरान की पहली आयत उतरी थी।

आधी रात के बाद, विनोद सीढ़ियों से नीचे आए। उन्होंने बाहर पड़ी लाशों को देखा। भयंकर सर्दी थी। उन्होंने कुछ देर सबको देखा और फिर अंदर चले गए। उन्होंने एक-एक कर घर से भारी कंबल घसीटे और उनसे लाशों को ढक दिया। फिर वे वापस गए और उपलों में ही छिप गए।

सुबह-सुबह सेना की गश्ती गाड़ी विनोद के आँगन में दाखिल हुई। पर वे बाहर नहीं आए, क्योंकि वे आतंकियों को वैसी ही वरदी में देख चुके थे। जब उन्हें पुलिस दिखी तो वे बाहर आए और उनसे मिले।

"मेरा दिमाग सुन्न हो गया था।" वे चौदह साल बाद याद करते हैं। "तब तक यह अहसास नहीं हुआ था कि मैंने अपना पूरा परिवार खो दिया था।"

जब सिविल प्रशासन अधिकारी आए तो गाँव से लोग आने लगे। विनोद को याद है, अपने मुसलमान पड़ोसियों को देखते ही उन्होंने सबसे पहले अधिकारियों से क्या कहा था—"इनमें से कोई भी हरामी लाशों को हाथ नहीं लगाएगा।"

हम अब भी कॉफी शॉप में हैं और उनके दोपहर के खाने का समय हो गया है। कई मुसलमान कर्मचारी भी वहीं हैं। जगह खाली नहीं है, इसलिए उनमें से एक हमारे साथ बैठ गया। वह पैटी खा रहा है। जब विनोद ने अपनी बात कही तो उसने बेचैनी से अपने पैर मोड़े। एक सन्नाटा-सा छा गया। वह मुसलमान उठकर चला गया।

मुझे याद है, मैंने उस जनसंहार के बाद कुछ रिपोर्ट पढ़ी थीं। एक रिपोर्ट में बताया गया था कि मुसलमान औरतें विनोद के परिवार और दूसरे लोगों की लाशों पर स्यापा कर रही थीं।

"मैं तुम्हें बताऊँ? जब गोलियाँ चल रही थीं तो गाँव के लोगों ने मसजिद में लाउडस्पीकर की आवाज तेज कर दी थी, ताकि गोलियों की आवाज दब जाए। सारी रात कोई भी अपने घरों से बाहर नहीं आया। वे अगले दिन सुबह होने के बाद ही आए। वे मगरमच्छ के आँसू बहाना चाहते थे।" विनोद कहते हैं।

विनोद ने ही उन तेईस लाशों को मुखाग्नि दी। उसी दिन तत्कालीन प्रधानमंत्री आई.के. गुजराल विनोद के गाँव आए। विनोद बहुत छोटे थे। एक सामुदायिक नेता संजय तिक्कू भी उस दिन वहीं थे। वे याद करते हैं कि विनोद गुज़राल के हेलीकॉप्टर की सवारी करना चाहते थे। उसके बाद विनोद को जम्मू के बी.एस.एफ. कैंप में भेज दिया गया, जहाँ उन्होंने स्कूली शिक्षा पूरी की और फिर कॉमर्स में स्नातक हुए। विनोद के परिवार के जाने के बाद रिश्तेदारों ने बहुत सताया, जो उनके मुआवजे की राशि हड़पना चाहते थे। "वे पैसे के लिए मेरे साथ मार-पिटाई करते।" विनोद याद करते हैं।

अब विनोद राज्य सरकार में क्लर्क हैं। "मैं और अधिक पढ़ना चाहता हूँ। ज्ञान पाना चाहता हूँ। मैं इतिहास में मास्टर्स कर रहा हूँ, पर अभी तक इससे उबर नहीं सका।" विनोद अपने ज्ञान का सबूत देने के लिए मुझे बर्नार्ड शॉ का कथन सुनाते हैं, "जहाँ संपदा का संग्रह होता है, मनुष्य नष्ट हो जाते हैं।"

विनोद जम्मू शहर के बाहर, कश्मीरी पंडितों की रिफ्यूजी आबादी जगती में

रहते हैं। जब वे श्रीनगर जाते हैं तो क्या कभी अपने गाँव जाने का मन करता है? "जब श्रीनगर जाता हूँ तो कहीं नहीं जाता। मैं अपने गाँव नहीं लौटना चाहता, पर कई बार क्षीर भवानी मंदिर में देवी के आगे जाकर बैठता हूँ। मैं अपनी माँ के साथ जाया करता था।" वे कहते हैं।

विनोद अकेले हैं। मैंने उनसे पूछा, "आपने शादी क्यों नहीं की?" वे मुझे नहीं देखते, अपनी ही सोच में खोए हैं। "पता है, उस रात, मैं सारी रात छिपा रहा। बिल्कुल नहीं रोया, मैं पत्थर हो गया था।" और फिर मुझे देखते हैं। उन्होंने मेरा सवाल सुन लिया है। "मैं शादी नहीं कर सकता। मैं बहुत असुरक्षित हूँ। अगर उसने मुझे नापसंद करते हुए, छोड़ने का सोचा तो? फिर मैं क्या करूँगा?"

"मैं कभी दिल्ली या मुंबई नहीं गया। मैं सोचता हूँ कि यूरोप जाकर कैसा लगता होगा। तुम दिल्ली में रहते हो। उधर तो लाइफ बहुत फास्ट होगी। कितना कमाते हो? क्या खाने का समय मिल जाता है? अगर दिल्ली आया तो क्या तुम मिलोगे?"

"मान लो, मैं मुंबई के फाइव स्टार होटल में चाय पीता हूँ तो वह मुझे कितने की पड़ेगी?"

मैं उनके हर सवाल का जवाब देता गया।

आखिर में हम विदा लेने के लिए उठे। मैंने कॉफी के पैसे देने के लिए बटुआ खोला, पर किसी बड़े चाचा की तरह उन्होंने मेरा हाथ पकड़ लिया। "तुम मेरे मेहमान हो, पैसे मैं दूँगा। जब मैं दिल्ली आऊँगा, तब तुम देना।" वे कहते हैं।

हम कॉफी शॉप के प्रवेश द्वार पर हैं। मैं उनसे पूछता हूँ कि वे किस चीज को सबसे ज्यादा याद करते हैं? उनकी आँखें भीग जाती हैं। "मैं अपने माता-पिता को बहुत याद करता हूँ। अपने बचपन में उनसे कितना कुछ सीख सकता था। मैं वह सब नहीं पा सका।" वे कहते हैं।

हमने हाथ मिलाए। जब मैं मुड़ा तो सिर पर मुसलमानी टोपी लगाए, हाथ में हरी चादर लिये, दो लोग विनोद के पास आकर चंदा माँगने लगे। वे पूछते हैं, "यह किसलिए है?"

"यतीमों के लिए है।"

विनोद ने पचास का नोट निकालकर चादर में डाल दिया। अब मैं उनका चेहरा नहीं देख सकता। वे सचिवालय की ओर बढ़ जाते हैं।

□

उनके परिवार के साथ हुए इस हादसे से लगभग डेढ़ साल पहले संगरामपोरा में सात पंडितों को घर से बाहर निकालकर गोली मार दी गई थी। वह 21 मार्च, 1997 था। उस रात अशोक कुमार पंडिता जल्दी सो गए थे। जब 1990 में निर्वासन आरंभ हुआ तो पंडित परिवार और अन्य कुछ परिवारों ने वहीं रहने का निर्णय लिया। परिवार आजीविका के लिए कृषि पर निर्भर था। वे दिन में खेतों में काम करते। अकसर आतंकियों के दल उनके गाँव से होकर निकलते। अशोक के बूढ़े पिता बहुत समझदार थे। उन्होंने अपने बेटे को एक सलाह दी थी—चाहे जो भी हो जाए, दिन ढलने के बाद घर से मत निकलना। उस रात अशोक नीचे से आते शोर को सुनकर जाग गए थे। पर पिता की बात याद आई, इसलिए वे बाहर नहीं आए। उनकी चाची ने उन्हें पुकारा। इस बार अशोक को बाहर आना पड़ा। वह अपने बेटे के लिए चिंता कर रही थीं, जो शोर सुनकर बाहर निकल गया था। उन्होंने विनती की, "जाकर देखना कि प्यारेलाल किधर चला गया?" अशोक नीचे उतरे तो नौ हथियारबंद लोग दिखे। वे अपने साथ पड़ोस के घरों से चार पंडित मर्दों को लाए थे। उनमें प्यारेलाल भी था। उनके पास नामों की सूची थी। उन्होंने कश्मीरी में माँग की, "अवतार किशन को लाओ।" अवतार किशन अशोक का ही नातेदार भाई था। उन्होंने अपनी वॉकी-टॉकी पर दल के मुखिया की बात सुनी, जो कह रहा था, "मेजर साहिब, हम आ रहे हैं।"

पंडितों में से एक संजय, उनके आगे हाथ जोड़ने लगा, "हमें जाने दो। हमारे छोटे-छोटे बच्चे हैं। हमने क्या किया है?"

एक आतंकवादी ने उसे बंदूक से मारा और चिल्लाया, "सयाना मत बन! मुँह बंद रख अपना!"

फिर उन्होंने सारे मर्दों को कतार में खड़ा किया और उन्हें एक मील तक पैदल चलवाया। एक जगह पर उन्हें कपड़े उतारने को कहा गया। बूँदाबाँदी होने लगी थी। अशोक पंडित ने अपनी घड़ी रख ली। वह उसे अपने पिता से उपहार में मिली थी। तब अवतार किशन बोला, "हमारा क्या कुसूर है? हम तो हमेशा से यहीं रहते आए हैं। हम तो जम्मू भी नहीं गए। तुम हमारे साथ ऐसा क्यों कर रहे हो?"

आतंकवादी ने उसे गाली दी। "तुमसे इधर रहने को किसने कहा, काफिर कहीं के!" पंडित रोने लगे। आतंकवादियों ने राइफलें निकालीं और गोलियाँ दागने

लगे। आठ लोग वहीं गिर गए। उनके बदन से निकला लहू बरसात के पानी से मिलकर गुलाबी रंग में बदला और गड्ढों में जमा होने लगा। दहशतगर्दों ने जाने से पहले उन्हें ठोकरों से मारकर देखा कि कहीं उनमें से कोई जिंदा तो नहीं रहा। वे अशोक पंडित को देखने से चूक गए। अशोक के पैर पर गोली लगी थी और जब वे अपने मृत रिश्तेदारों के बीच पड़े थे तो उन्होंने दम साध लिया था।

हब्बा कदल में संजय तिक्कू अपने परिवार के साथ पिछले दो दशक से रहते थे। पिछले कुछ वर्षों के दौरान तिक्कू और उनके कुछ दोस्त नब्बे के दशक में वादी में आतंकवादियों द्वारा मारे गए पंडितों की सूची तैयार कर रहे थे। जब मैं उनके घर मिलने गया तो वे बोले, "इतना ही नहीं, हर पंडित, जो लू लगने या साँप काटने से मरा, वह भी इसी युद्ध की देन है।" तिक्कू ने मंदिरों को नष्ट किए जाने के इतिहास को भी लिखित रूप दिया और उनके संगठन, कश्मीरी पंडित संघर्ष समिति के प्रयासों के कारण ही कई मंदिरों का जीर्णोद्धार हुआ और कई जगहों पर मंदिर की जमीनें बेचे जाने के प्रयासों को निष्फल किया गया।

24 मार्च, 2003 की सुबह, जब तिक्कू सोकर उठे तो उनकी पत्नी ने बताया कि दक्षिण कश्मीर के नादीमार्ग गाँव में कुछ हुआ है। उनकी पत्नी का मायका वहीं निकट था और वे अपने माता-पिता की सलामती के लिए चिंता में थीं। तिक्कू अपने एक मित्र के साथ तुरंत घटनास्थल के लिए रवाना हुए। आतंकवादियों ने स्त्रियों और बच्चों सहित चौबीस पंडितों को जान से मार दिया था। बड़ा ही हृदय-विदारक दृश्य था। माना जा रहा था, इस काम में स्थानीय पुलिस दल ने उनकी मदद की थी। पिछली रात पंडितों को आँगन में फर्श पर बिठाया गया और उनके सिर गोलियों से छलनी कर दिए गए।

मुझे याद है, मैंने उनमें से एक पंडित मोहन भट्ट से कई साल पहले जम्मू में बात की थी। वे किसी तरह बच गए थे, पर पूरा परिवार इस निर्दयता का शिकार हुआ। उन्होंने बताया था कि कैसे आतंकवादियों ने घुटनों के बल चलनेवाले बच्चे को गोली मार दी थी, जो रो रहा था।

"मैंने उन लाशों को देखा तो सन्न रह गया।" तिक्कू ने बताया। उन्होंने किसी तरह खुद को सँभाला और अपने दोस्त को पानी का कटोरा थामने को कहा। वे एक-एक कर लाशों के मुँह से कफन हटाते गए और हिंदू रीति के अनुसार, चम्मच से उनके मुँह में जल डाला। उनका दोस्त, जिसके हाथ में कटोरा था, वह तीसरी लाश तक आते-आते भाग खड़ा हुआ। उससे यह सब नहीं देखा जा रहा था।

उसके बाद तिक्कू ने एक डॉक्टर से कहा कि वे मृतकों के चेहरे पर पट्टी बाँध दें। और फिर उन्होंने उन पट्टियों पर सिंदूर से उनके आँख, नाक और मुँह और कान बनाए। फिर उन शवों का दाह-संस्कार किया गया।

□

2012 का बसंत था। दो दिन बाद शिवरात्रि थी। हर साल मेरे पिता दिल्ली के आई.एन.ए. मार्केट से पूजा का सामान लेने जाते थे। उस साल मैंने कहा कि सामान मैं लेकर आऊँगा। मैंने अपने साथ एक खाली थैला रख लिया। मैंने पिताजी की सूची के हिसाब से सारा सामान लिया और वापसी की मेट्रो में बैठ गया। कोच में बैठते ही बेचैनी महसूस होने लगी। दिल तेजी से धड़क रहा था और बाजुओं में अजीब सी सनसनाहट महूसस हो रही थी। अचानक ही पेट में घबराहट-सी हुई और सिर चकराने लगा। मैं अगले स्टेशन पर उतर गया। मैंने अपना थैला नीचे रखा और सीढ़ियों पर बैठ गया। दस मिनट बाद थोड़ा आराम महसूस हुआ। 'मुझे क्या हुआ था?' मैंने अपने आप से पूछा। 'क्या यह दिल का दौरा था? पर यह कैसे हो सकता है? मैं तो शारीरिक तौर पर स्वस्थ हूँ। मध्य भारत के जंगलों में रिपोर्टिंग करने के दौरान मीलों, बिना किसी शिकायत के पैदल चलता रहा हूँ। सप्ताह के अंत में साइकिलिंग करता हूँ।' मैंने बैग लिया और मेन रोड की ओर चल दिया। फिर एक दोस्त को कॉल किया। वह एक डॉक्टर है और उसका क्लीनिक उस जगह से दूर नहीं था। मुझे उसके पास पहुँचने में बीस मिनट से ज्यादा नहीं लगनेवाले थे।

मैं ऑटोरिक्शा में बैठा। हम एक मील ही चले होंगे कि फिर से दौरा पड़ा। इस बार यह पहले से गंभीर था। मुझे लगा कि मुझे दिशा भ्रम हो रहा है। आँखें नहीं खुल रही थीं। क्या मैं बेहोश होनेवाला था? बड़ी मुश्किल से चालक को समझाया कि क्लीनिक नहीं पहुँच सकेंगे। मैंने उसे कहा कि वह मुझे मूलचंद अस्पताल की इमरजेंसी में ले जाए, जो एक मील के आसपास ही रहा होगा। मुझे लगा कि किसी को बता भी देना चाहिए, पर किसे? मेरे कई दोस्त थे, पर उस समय कोई ऐसा नाम ध्यान नहीं आया, जिसे फोन किया जा सकता था। मेरे भीतर जैसे कुछ उलझ-सा गया है। हम ट्रैफिक में फँसे हैं और मैं बेसुध हो रहा हूँ। ऑटोवाले ने मुझे रियर-व्यू मिरर में देखा। उसने सड़क के दूसरी ओर ऑटो लिया और गलत दिशा से अस्पताल की ओर बढ़ा। अस्पताल पहुँचने से ठीक पहले मैंने एक दोस्त को कॉल किया, जिसका ऑफिस वहीं पास ही था। फिर मैंने बड़े आराम से अपना सामान

इमरजेंसी कमरे के कोने में रखा और पलंग पर लेट गया।

कुछ ही मिनटों में छाती से कई तरह के तार जोड़ दिए गए। मेरी उँगली एक मॉनिटर से जुड़ी है और किसी ने मेरे हाथ के पिछले हिस्से में सुई घुसाई है। मुझे पिताजी का हाथ याद आया, जिस पर ओम् का गोदना गुदा है। किसी ने ब्लड का सैंपल लिया। एक नर्स ऑक्सीजन मास्क लगाना चाहती थी, पर मैंने इनकार कर दिया। ई.सी.जी. की गई और ब्लड प्रेशर की जाँच हुई। सबकुछ सामान्य है। "शायद हाइपर एसिडिटी के कारण हुआ होगा।" डॉक्टरों ने कहा।

पर मैं बुरी तरह से दहल गया। मैं मौत से नहीं डरता, पर पिताजी का खयाल आता है। अगर मुझे कुछ हो जाता है तो वे क्या करेंगे? यह सुनकर ही मन काँप जाता है। मैं अभी मर सकता था और कोई मेरा हाथ तक थामनेवाला न होता। मैंने अपने बाईं ओर देखा, एक आदमी खून की उलटी कर रहा है। मेरा दोस्त अब तक नहीं आया। मैंने आँखें बंद कर लीं। दादाजी 'दुर्गासप्तशती' का पाठ करते दिख रहे हैं। मैंने उसे अपने मन में दोहराया। मन शांत होने लगा। अचानक ही सब चीजों ने अपने मायने खो दिए। मैं कुछ भी सहने को तैयार हूँ।

एक और ई.सी.जी. के बाद डॉक्टर ने कहा कि मैं घर जा सकता हूँ। "क्या इनका एडमिट कार्ड बना है?" उन्होंने नर्स से पूछा। "हम इनके किसी सहायक के आने की प्रतीक्षा में हैं?" वह जवाब देती है। मैं उठ जाता हूँ।

"ठीक है, मैं बनवा लूँगा।" मैंने झट से थैला उठा लिया। हाक साग मुरझा जाएगा, इसे जल्दी से फ्रिज में रखना होगा। मैं रिसेप्शन पर गया, कागजी काररवाई पूरी की और पंद्रह मिनट बाद मैं अस्पताल से बाहर आ गया। मैंने कैब बुलवाई और घर चला गया। मैंने किसी तरह हाक साग को मुरझाने से बचा लिया।

मेरा सहायक चाहे नहीं आया, पर अगर कोई आदमी किसी अकेले द्वीप पर भी क्यों न हो, अगर उसे अपने दादा का सिखाया हुआ कुछ याद होगा तो वह जल्द ही अच्छा हो जाएगा।

□

वादी की कड़कड़ाती सर्दियों में किसी ऐसे आदमी के लिए मुश्किल हो सकती है, जिसकी हड्डियों को मैदानी इलाके की गरमी की आदत हो गई है। मैं एक दौरा करना चाहता था, पर उससे पहले जम्मू जाना होगा। मैं कई बरसों से रिफ्यूजी कैंपों में नहीं गया था। 2011 में उन कैंपों को हटाकर लोगों को जम्मू के

बाहर शरणार्थियों के लिए बनी आबादी में भेज दिया गया था। उस जगह से दिल तोड़नेवाली खबरें आ रही थीं। वे लोग बिजली और पानी की किल्लत से जूझ रहे थे। कई साल से अवैतनिक परिवारों को मिलनेवाली मासिक सहायता राशि बढ़ाई नहीं गई थी। जम्मू से दोस्तों ने कॉल किया तो पता चला कि उस इलाके के कुछ लोग भूख हड़ताल पर थे।

मैंने पहले जम्मू जाना तय किया; वहीं से कश्मीर चला जाऊँगा। प्रधानमंत्री मनमोहन सिंह के 2008 रीसेटलमेंट पैकेज के अधीन कुछ सौ पंडित वादी में वापस आ गए थे। अब तक उनका क्या अनुभव रहा? इसके अलावा कुछ समय के लिए दिल्ली से भी दूर होना चाहता था। कई बार दिल्ली बेगानी-सी हो जाती है, तब मुझे अपने घर वापस आना होता है, ताकि जिंदगी दोबारा चल सके।

मैंने अली मुहम्मद को फोन किया। "खोदायस पथ, सोचान ओसुस फोन करय—अल्लाह कसम, आपको ही फोन करने की सोच रहा था।" वह कहता है।

"मैं आ रहा हूँ।"

"इतने महीनों में यह तुमने सबसे अच्छा काम किया।" हम दोनों हँसते हैं।

मैं इस बार कश्मीर क्यों जाना चाहता हूँ, इसकी एक और वजह भी है। मुझे एक और काँटा निकालना है। कई बार कश्मीर गया और हर बार ऐसा करना चाहा। मैं इरशाद से मिलना चाहता था। रवि की मौत के बाद से उसके साथ कोई संपर्क नहीं था। वह कभी नहीं आया, कभी फोन नहीं किया, कुछ नहीं! क्या वह नहीं जानना चाहता था कि हमारे साथ, रवि के परिवार के साथ क्या हुआ? रवि की मौत के बाद क्या हुआ? मैंने दोस्तों से पूछा तो पता चला कि वह कश्मीर यूनिवर्सिटी में बॉटनी पढ़ाता है। इस बार तो इरशाद से मिलना ही है।

□

"इस गरमी में बहुत से लोग मारे गए।" भूषण लाल भट्ट कहते हैं। "दोपहर बिजली न होने के कारण बैठे हाथ से पंखा कर रहे हैं और अचानक पड़ोस के घर से रोने की आवाज आती है।" वे बताते हैं।

हम भट्ट के एक कमरेवाले घर में जगती टाउनशिप में बैठे थे। उन्होंने बताया कि यह इलाका 'जगती तावनशिप' (जगती जहन्नुम) कहलाता है। जम्मू से बारह किलोमीटर दूर, जगती में चार हजार कश्मीरी परिवार रहते हैं, जिन्हें 2011 में चार शरणार्थी शिविरों से इधर बसाया गया था। कैंप के तंबुओं में रहने के शुरुआती दिनों

के बाद, सरकार ने उनके रहने के लिए एबेस्टस की छतवाले ढाँचे बनवाए। कैंपों की दशा दयनीय थी। अब सरकार जगती टाउनशिप में बेहतर जिंदगी देने के वादे कर रही थी और कैंपवासी इस झाँसे में आ गए थे।

भट्ट इस क्वार्टर में आने के पहले कुछ दिनों को याद करते हैं। एक दिन बारिश आई तो बालकनी से कमरे में पानी आ गया, क्योंकि फर्श का स्तर एक-सा नहीं था। जल्दी ही छत से पानी रिसने लगा और उनके कमरे में नाले बहने लगे। "मैंने टी.वी. का स्विच निकालना चाहा, पर सॉकेट काम नहीं कर रहा था। जब उसे खोला तो पता चला कि उसमें तार ही नहीं था।" भट्ट ने कहा।

परिवारों को जल्द ही अहसास हो गया कि उन्हें शहर से काट दिया गया था। कई परिवार 1,250 रुपए की मासिक राहत राशि पर टिके थे (जो 5,000 रु. प्रति परिवार से अधिक नहीं हुई)। जब वे जम्मू आए तो कई लोगों ने आय बढ़ाने के लिए छोटी-मोटी प्राइवेट नौकरी कर ली। पर जगती में रहकर नौकरी करना मुश्किल था। "अगर आधा वेतन आने-जाने में ही लगना है तो घर में क्या बचाकर लाऊँगा।" एक आदमी ने बाद में बताया। वह जम्मू में किसी की दुकान पर काम कर रहा था, पर अब जगती में रहने के कारण काम पर जाना असंभव हो रहा था। कई परिवारों ने कैंपों में राशन की दुकानें खोल रखी थीं। वे धंधे भी बंद हो गए, क्योंकि उन्हें जगती में दुकानें ही नहीं मिलीं। बच्चों पर सबसे बुरा असर आया। उन्हें स्कूल या ट्यूशन जाने में अच्छा-खासा समय लगता था।

उस आबादी में सीवेज निपटान व्यवस्था भी नहीं थी। मृतकों को जम्मू ले जाना पड़ता, क्योंकि उस जगह कोई श्मशान घाट नहीं था। रात आठ बजे के बाद यातायात का साधन नहीं था। सड़क इतनी सुनसान और बदहाल थी कि शहर से वापस आते हुए औरतों को अपने घरों से मर्दों को बुलाना पड़ता था कि वे उन्हें आकर ले जाएँ। जिस जगह अस्पताल बनना था, पूरे आठ महीने तक निर्माण कार्य ही चालू नहीं हुआ। उन लोगों को पुराने कैंपों में बिजली के बिल नहीं देने पड़ते थे, उन्होंने जगती में भी बिजली के बिल देने से मना कर दिया। टाउनशिप में कई बार सोलह घंटों से भी ज्यादा बिजली गुल रहती। रात साढ़े दस से सुबह सात बजे तक बिजली नहीं होती थी।

पंडित राजनीतिक संगठन पानुन कश्मीर के नेताओं में से एक, डॉ. अजय चरुंगू, जो पंडित समुदाय के लिए यूनियन टेरिटरी स्तर के साथ अलग जमीन की माँग रखते थे। उन्होंने बताया कि शरणार्थियों को जगती में आकर अपनी मूर्खता का

अहसास हुआ। पर अब कुछ भी करने के लिए देर हो चुकी थी। सरकार ने लोगों को जगती भेजते ही कैंप नष्ट कर दिए। अगर हम विरोध करते तो हमें कहा जाता कि तंबुओं में वापस जाएँ।

हमारे सारे निर्वासन काल में कश्मीर में जितनी भी राज्य सरकारें आईं, उन्होंने हर तरह के दोष को पंडित समुदाय के सिर डालना शुरू कर दिया था। वे किसी पंडित को ही रिलीफ कमिश्नर का पद दे देते, जो आदेश मानने में कुछ ज्यादा ही यकीन रखता हो। फरवरी 2012 तक, एक ऐसा ही अधिकारी इस पद पर था। उसने शरणार्थियों के एक छोटे से दल को अपने साथ मिला लिया था, जो छोटे-मोटे लाभों के लालच में उसके हर काम में साथ देते। जो लोग अधूरी सुविधाओं के लिए आवाज उठाते, उनके राशन कार्डों की छँटनी हो जाती। अगर किसी के पास असली राशन कार्ड भी होता तो भी उसका काम लटका दिया जाता और उस दौरान उसे मिलनेवाली राहत राशि भी बंद रहती।

मैंने अगले कुछ दिनों में जगती इलाके के दर्जनों लोगों से बातचीत की। उनका कहना था कि 369 करोड़ की धनराशि टाउनशिप के लिए दी गई थी, जो ऊपर-ही-ऊपर बँट चुकी थी। निर्माण-सामग्री पर जाँच करवाई गई तो पता चला कि पलस्तर में सीमेंट और रेत का अनुपात सामान्य अनुपात के आधे से भी कम था। तीन लेयर वाटर प्रूफिंग के बजाय केवल एक लेयर की गई थी। बिजली और सेनेटरी का सामान बहुत घटिया किस्म का था। एक ही साल में सारे आरोप सच लगने लगे, इमारतों में दरारें आ गईं और उनसे पानी रिसने लगा। "ये इमारतें देखकर लगता है कि बीस साल पहले बनी होंगी।" भूषण लाल भट्ट ने कहा।

मैंने हैदरबाद की ऋत्विक प्रोजेक्ट्स लि. कंपनी को प्रश्नों की सूची भेजने की कोशिश की, इस कंपनी को टाउनशिप बनाने का ठेका दिया गया था। साइट के होमपेज पर लिखा था कि कंपनी की वेबसाइट हटा दी गई है। बाद में यह दोबारा चलने लगी। इसके डायरेक्टर सी.एस. बंसल को इ-मेल भेजा तो वापस आ गया। बार-बार कॉल करने पर भी कोई जवाब नहीं आया।

पैसे की चोरी और भ्रष्टाचार के आरोप सही लग रहे थे, टाउनशिप में अठारह करोड़ रुपए की लागत से जो वाटर प्लांट तैयार किया गया था, वह पहले ही दिन से काम नहीं कर रहा था। अधिकतर समय लोगों को पानी की कमी से जूझना पड़ता। गरमी में तो कई सप्ताह तक पानी नहीं होता था। वाटर प्लांट को प्रबंधन एक निजी कंपनी के पास था, साईं कंस्ट्रक्शंस, पर वे इसे चला नहीं सके। जुलाई 2012

स्टेट पब्लिक हेल्थ इंजीनियरिंग और इरिगेशन मंत्री ताज मुईद्दीन का असेंबली में मानना पड़ा कि वह वाटर प्लांट असफल रहा। कई परिवारों ने परेशान होकर कुएँ खुदवाए, पर वे गड्ढे वांछित औसत ऊँचाई से दो फीट उथले थे, जिसके कारण पानी में सीवेज का पानी मिल जाता था।

मैं रिलीफ कमिश्नर के ऑफिस गया, जो नहर के पास ही था। एक कोने में कुछ पंडित शरणार्थी हड़ताल पर बैठे हैं, जो मासिक राहत राशि बढ़वाना चाहते हैं। हाल ही में आर.के. पंडिता इस पद पर आए हैं, वे अभी ऑफिस नहीं आए थे। पहले से ही कतार बाहर लगने लगी है। बंद दरवाजे के बाहर खड़े बूढ़े और बुढ़िया औरतें पसीने से नहाए हुए हैं, उनके हाथों में कई तरह के दस्तावेज हैं। मैंने वहीं एक छोटी लड़की को भी खड़े देखा। एक बुजुर्ग ने उससे आने का कारण पूछा तो वह बोली, "कोई निजी काम है।" कुछ देर बाद पंडिता कार से आए और अपना ऑफिस अंदर से बंद कर लिया। मैं अंदर जाने के लिए बारी की इंतजार में था। मुझसे पहले उस लड़की की बारी आई। मैंने बंद दरवाजे के पीछे से उसे रोते सुना। पंडिता उसे चुप करवाने की कोशिश में थे, पर उसके रोने का कारण पता नहीं चल सका। जब वह बाहर आई तो मैंने उसे कहा कि जब तक मैं वापस आऊँ, वह वहीं मेरा इंतजार करे। उसने हामी भर दी।

कमरे में पंडिता एक महिला की बात सुन रहे थे, जो चाहती थी कि उसके बेटे को नौकरी मिल जाए। उनकी मेज के सामने कोई कुरसी नहीं थी। शायद ऐसा इसलिए ही किया गया था कि कोई आराम से बैठकर अपने दुःखड़े न सुनाने लगे। सबको जल्दी-जल्दी निपटाने के लिए ही यह व्यवस्था की गई होगी। मैं कोने में रखी कुरसी पर बैठ गया और जब कमरा खाली हुआ तो अपनी कुरसी कमिश्नर के सामने ले गया।

पंडिता ने बताया कि उन्हें हाल ही में वह पद मिला है और वे अपनी ओर से पंडितों का जीवन आसान करने की पूरी कोशिश में हैं। वे बोले, "मैं खुद एक शरणार्थी और फिर एक पंडित हूँ और अब रिलीफ कमिश्नर बना हूँ। मेरी जिम्मेदारी तो तीन गुना हो जाती है कि पंडितों की भलाई के लिए कुछ करूँ। पर इन्हें बिजली के बिल तो देने ही पड़ेंगे।"

उस शाम मैं जगती आया और भूषण लाल भट्ट को यह बताया। जगती में बिजली की कमी एक खबर बन गई है, कश्मीर के कुछ युवक जो ट्विटर पर हैं, वे बार-बार कह रहे हैं कि जगती में जो लोग बिजली के बिल नहीं देना चाहते,

उनमें वे लोग भी शामिल हैं, जिनके घरों में ए.सी. चलते हैं। मैंने यह भूषणजी को बताया तो वे अपनी कैप्सटन सिगरेट से कश लेते हुए बोले, "आपने देखा।" उन्होंने दीवार पर शिवलिंग की तसवीर की ओर संकेत किया। "यह पहलगाम में मेरे गाँव का पुराना मंदिर हुआ करता था, हमारे आने के बाद आतंकियों ने इसे उड़ा दिया था। आप ही बताओ, अगर मेरा बच्चा इंजीनियरिंग या मेडिकल की प्रवेश परीक्षा की तैयारी कर रहा है और मैंने उसके लिए आठ टन का ए.सी. लगवा भी दिया तो क्या इससे मैं दौलतमंद हो गया? मुझे जीना है और अपने बच्चे को दिखाना है कि अभी दुनिया खत्म नहीं हुई, हम जीएँगे और एक दिन फिर से फलेंगे-फूलेंगे। और हम अपने मंदिरों को फिर से बनाएँगे। वे (सरकार) किस चीज से खुश होंगे? हम सड़कों पर खड़े होकर भीख माँगने लगें?"

भट्ट ने भले ही ए.सी. लगवाया हो, पर मैं जगती के कई घरों में जाने के कारण जानता हूँ कि वे बहुत मुश्किल जीवन जी रहे हैं। जब मैं राजिंद्र कुमार पंडित के घर गया तो वे सो रहे थे। उनकी पत्नी उन्हें पंखे से हवा कर रही थी, क्योंकि बिजली नहीं थी। उनकी चार बेटियाँ वहीं बैठी थीं। वे रिफ्यूजी कैंप में छोटी सी दुकान चलाते थे और कोर्ट में टाइपिस्ट का काम करते थे। जब वे जगती आए तो काम और नौकरी दोनों ही चले गए। उन्हें किडनी का इंफेक्शन हो गया और हाई ब्लड प्रेशर रहने लगा। उन्हें सलाह दी गई कि गरमी में कोई काम न करें। कुछ साल पहले उन्होंने पचास हजार रुपए का कर्ज लिया था, जिसकी हर महीने तेरह सौ रुपए किस्त जाती थी, इस तरह राहत राशि के पाँच हजार रुपयों में से सैंतीस सौ रुपए बचते थे, जिससे छह लोगों का पेट भरता था। परिवार का हर सदस्य बीस रुपए प्रतिदिन पर जीवित था, जो प्लानिंग कमीशन की निर्धनता की हास्यास्पद परिभाषा से भी कम है। वे बोले, "आप ही बताओ, बच्चों को स्कूल कैसे भेजूँ?"

भूषण बताते हैं कि कई बार परिवार उनसे एक मुट्ठी अनाज या फल माँगने आते हैं। वे अपनी ओर से जो कर सकते हैं, करते हैं। अपने पिता की बरसी के लिए पुजारी को जो दान देना होता है, उन पैसों में से मदद करते हैं। वे बताते हैं कि कई लोग भारी कर्ज में हैं। बाहर कुछ बूढ़े ताश खेल रहे हैं। वे दबे स्वर में बताते हैं कि कैसे एक आदमी कमरे को बाहर से बंद कर खिड़की से भाग गया, ताकि कर्जदारों से बच सके। भट्ट ने बताया कि उस आदमी का व्यवसाय डूब गया था।

"यह सब तो पहले निर्वासन से भी कहीं बदतर है।" अजय कहते हैं।

□

जब श्रीनगर पहुँचा तो अली मुहम्मद एयरपोर्ट के बाहर प्रतीक्षा में थे। मुझे गले से लगाकर बैग ले लिया। "कई दिन से बारिश हो रही थी, पर आज धूप निकली है। दिल्ली से गरमी लाए हो।" मैं उनके साथ बैठ गया। उन्होंने सिगरेट का पैकेट निकाला तो मैंने एक ले ली। हम चुपचाप सिगरेट पीते रहे। हमने रामबाग पुल से बाएँ मोड़ लिया। मुझे पता है कि उन्हें पता है, पर फिर भी उन्हें बताता हूँ। "इधर से दाईं ओर लेंगे तो मेरा घर आ जाएगा।" वे गरदन हिलाते हैं। हम इकबाल पार्क और बख्शी स्टेडियम के पास से निकले, वहाँ हर स्वतंत्रता दिवस और गणतंत्र दिवस पर परेड का तमाशा होता है। अभी दोपहर हुई ही है। मैं चाहता हूँ कि होटल में सामान पटककर सीधा यूनिवर्सिटी जाया जाए। पढ़ाई का सत्र चालू है, इरशाद से भेंट हो जाएगी।

मैं दो वर्षों से उस ओर नहीं गया। पिछली बार गया था तो मैं विरोधी भीड़ के पीछे था, जो पुलिस फायरिंग में मरे एक युवक पर आक्रोश जता रही थी। जब पुलिस ने भीड़ पर हमला किया तो मैंने यूनिवर्सिटी में शरण ली। कुछ ही मिनट बाद बाहर आया तो पुलिस की गाड़ी पीछा करने लगी। एक लड़के ने मदद करते हुए घर में खींच लिया। वह भी कोई अनुभवी पत्थरबाज ही था। मुझे देखकर मुसकराया और बोला, "बच गए।" मुझे पानी दिया गया और परछत्ती में छिपने का न्योता मिला, जिस जगह से सड़क की काररवाई देख सकते थे।

मुझे याद है, मैं घर से निकलकर यूनिवर्सिटी गेट के पास ही वापस आ रहा था। एक लड़का सड़क पर भागते हुए आया। उसके सिर पर पत्थर लगा था और लहू बहते हुए प्लेबॉय टी-शर्ट के खरगोश तक आ गया था। चारों ओर टीयरगैस का धुआँ था। एक मजिस्ट्रेट क्रिकेट हेलमेट पहने गेट पर खड़े थे। "पता नहीं, ये सब कब खत्म होगा।" वे बोले।

मुझे याद है, मैं कुछ दूर तक उनके साथ चला। गंदे कपड़ोंवाला एक व्यक्ति हमारे पास से निकला। उन्होंने उसे रोकना चाहा। वे बोले, "अशफाक, ये मैं हूँ।" अशफाक ने उन्हें देखा और कुछ बुदबुदाते हुए भाग गया। उन्होंने आह भरी, "अल्लाह! क्या तुम सोच भी सकते हो? इस आदमी ने पी-एच.डी. की हुई थी और अब पता नहीं, इसे हुआ क्या है।"

इस दौरान विरोध करनेवालों पर और आँसू गैस छोड़ी गई। सड़क के दूसरी

ओर पारदर्शी शील्ड हाथ में लिये खड़ा कॉन्स्टेबल सिगरेट पी रहा था। शील्ड पर 'सेक्सी अयूब' खुदा है। वह मुझे देखे बिना ही बोला, "अब इस टीयरगैस से कोई फर्क नहीं पड़ता, मेरे तो आँसू भी सूख गए हैं।"

कुछ ही देर में एक और पुलिस दल आ गया। विरोध करनेवालों को भगा दिया गया है। एक पैरामिलिटरी सिपाही गिरी हुई मोटरसाइकिल के पास से निकला और अपनी लाठी से उसका रियर व्यू मिरर तोड़ दिया। "अब ये हमारा नंबर लगा सकते हैं।" एक साथी कश्मीरी पत्रकार हौले से बोला, वह पहले भी कई बार यह अनुभव ले चुका है। एक और पुलिसवाला अब अधीर हो रहा है। उसने पूछा, "क्या दिल्ली से हो?" और फिर शायद बेहतर शब्द न मिलने या अधिक भावुक होने के कारण वह बुदबुदाया—"मोहब्बत और जंग में सब जायज है।"

और अब मैं फिर यूनिवर्सिटी में हूँ और रवि के पुराने दोस्त को खोजने आया हूँ। बॉटनी विभाग, सड़क के दूसरे छोर पर है। मैंने प्रवेश किया। बाहर एक बाग है। बॉटनी विभाग निचले तल पर है। बड़े हॉल में काँच के बड़े जारों में जानवरों की प्रजातियों को रसायनों में डुबोकर सुरक्षित रखा गया है। कोनेवाले कमरे के बाहर इरशाद का नाम और पद पढ़ा जा सकता है। उस पर ताला लगा हुआ है। वहीं दो कक्षाएँ हैं। दरवाजे आधे खुले हुए हैं। मैंने अंदर झाँका, पर इरशाद नहीं है। एक छात्र पास से निकला। "क्या तुम बता सकते हो कि डॉ. इरशाद कहाँ मिलेंगे?" "वे साइंस कांग्रेस में व्यस्त होंगे।" साइंस कांग्रेस! क्या उनका नंबर है? मैं दिल्ली से आया हूँ।" उसके पास नंबर नहीं है, पर वह दूसरे छात्र से ला देता है। मैं कॉल करता हूँ।

"डॉ. इरशाद?"

"जी।"

"हाय, आप कहाँ हो? आपसे मिलना था।"

उन्होंने यह नहीं पूछा कि मैं कौन हूँ।

"ओह, मैं व्यस्त हूँ। पर कल मिल सकता हूँ। आप कल क्यों नहीं आते?"

मुझे अब अपने बारे में बता देना चाहिए।

"मैं दिल्ली से मिलने आया हूँ। शायद आप नहीं जानते। मैं राहुल हूँ। रवि का भाई।"

"ओह!"

एक चुप्पी। "कल मिलने आओ।" उन्होंने कहा।

"ठीक है, मैं कल आऊँगा।"

"मैं कुछ दिन यहीं हूँ।"

"ओह, फिर कभी भी आ जाओ। मैं यहीं मिलूँगा।"

□

अगले दिन इरशाद से मिलने नहीं जा सका। मुझे दक्षिण कश्मीर, वेसु में जाना था, वहीं कुछ पंडित बसते थे, जो सरकारी आग्रह पर वापस आए थे। 2008 में प्रधानमंत्री श्री मनमोहन सिंह ने जम्मू क्षेत्र के अखनूर में देश के सबसे बड़े कैंटिलीवर पुल का उद्घाटन किया, जो चिनाब नदी के किनारे स्थित था। उन्होंने इंजीनियरिंग के उसी कनाल पर खड़े होकर ऐलान किया कि वादी में पंडितों की कश्मीर वापसी के लिए 1618 करोड़ का पैकेज घोषित किया जाता है। परंतु कोई भी यह नहीं समझ सका कि प्रधानमंत्री ने ऐलान के लिए अखनूर को ही क्यों चुना? उन्हें यह ऐलान श्रीनगर के शरणार्थी कैंप में करना चाहिए था। कई लोगों का कहना था कि यह 1990 के निष्कासन से बने शरणार्थी पंडितों और पी.ओ.के. (पाकिस्तान अधिकृत कश्मीर) से आकर अखनूर और अन्य सीमावर्ती इलाकों में बसनेवाले शरणार्थियों के बीच चीर लगाने के लिए था।

प्रधानमंत्री पैकेज के एक हिस्से के अनुसार, वादी में जवान पंडितों के लिए छह हजार नौकरियों का ऐलान किया गया। परंतु आतंकवादियों और कश्मीर में रेडिकल तत्त्वों के डर से अधिकतर पद खाली ही रहे। हालाँकि 1446 लोगों ने आवेदन किया, जिनमें अधिकतर वे औरतें थीं, जिन्हें नौकरियों की सख्त जरूरत थी। उन्होंने पद स्वीकार कर लिये। उन्हें वादी से परे पाँच बस्तियों में बसाया गया। अधिकतर पद विविध सरकारी स्कूलों शिक्षकों के लिए ही थे। बेहतरी की उम्मीद के साथ ये लोग वादी में वापस आ गए। इनमें से एक बस्ती काजीगुंड के पास वेसु में है, जो श्रीनगर-जम्मू हाईवे पर पड़ता है। वहाँ सात सौ कर्मचारी सस्ते, एक शयनकक्षवाले, पहले से बने हुए ढाँचों में रहते हैं। ऐसे एक ढाँचे में चार कर्मचारी रहते हैं। एक छोटी सी रसोई है और चारों को उसमें ही खाना पकाना होता है। पीने के पानी की सुविधा नहीं है। पानी की आपूर्ति बहुत कम है, पानी के टैंकर से पानी मिलता है और वे उसे उबालकर पीते हैं, अन्यथा वे पास में ही एक फटी हुई पाइपलाइन से पानी भरकर लाते हैं। टैंकर का पानी इतना गंदा है कि उन लोगों के पास जो भी वाटर प्यूरीफायर थे, वे भी खराब

हो गए। पानी की हालत इतनी खराब है कि जब मैं मिलने गया तो उससे एक दिन पहले ही उन लोगों ने विरोध में नेशनल हाईवे जाम कर दिया था। पिछले दिसंबर में, जब सर्दियों में स्कूल बंद हुए तो बस्ती में कुछ ऐसे कर्मचारी ही रह गए, जो पढ़ाते नहीं थे। अगले तीन महीनों तक उन्हें बर्फ पिघलाकर पानी का प्रबंध करना पड़ा। बिजली भी बिल्कुल नहीं थी।

परंतु कैंप में बुनियादी सुविधाओं का अभाव ही उन लोगों की परेशानी की इकलौती वजह नहीं है। उनका कहना है कि असली परेशानी तो कार्यस्थल पर है, जहाँ मुसलमान सहकर्मियों से शर्मिंदगी उठानी पड़ती है। एक शिक्षिका ने बताया, "वे हमारे साथ अछूतों जैसा बरताव करते हैं। मेरी हेडमिस्ट्रेस ने एक दिन मेरे ऊपर नोटबुक फेंककर मारी और चिल्लाई—'तू छठी पास, अब हम पर हुक्म चलाएगी!'" मैं उसे बताना चाहती थी कि मैं डबल मास्टर्स हूँ और बी.एड. की डिग्री भी ले रखी है। कश्मीर में कई लोग खुलकर पैकेज के अधीन आनेवाले पंडितों के लिए रोष प्रकट करते हैं। जब मैंने जम्मू स्थित परिवार से मिलने जाने के लिए अवकाश की बात की तो स्कूल के इंचार्ज ने कोई जवाब ही नहीं दिया। एक और टीचर ने बताया, "कई महिलाओं को काम पर आते-जाते समय शर्मिंदगी का सामना करना पड़ता है। कई बार लोग बस में चुटकी भरते हैं। आप बस में रेलिंग पकड़कर खड़े हो और कोई आकर आपके हाथ पर हाथ रख देगा। या फिर कोई पागलों की तरह चिल्लाते हुए हुक्म देगा कि अपना सिर ढको।" एक और ने बताया, "हम लोग उस दिन बाजार में थे कि दो आदमी आए और हमें देखकर बोले कि इनके तीन लाख तो मिल ही सकते हैं।"

इन समस्याओं के कारण इन महिलाओं की सेहत पर बहुत बुरा असर पड़ा है। दो टीचरों को छाती में दर्द की शिकायत और रक्तचाप बढ़ने के कारण काज़ीगुंड अस्पताल में भर्ती करवाना पड़ा। "हम लोग इतने परेशान हैं। लगता है कि आनेवाले कुछ महीनों में हममें से अधिकतर काम छोड़ देंगे।" एक और निवासी ने कहा। "कई औरतें आधी रात को आकर कहती हैं कि वे सो नहीं पातीं।" एक महिला डॉक्टर ने कहा, "इन सबको ब्लड प्रेशर कम करने की दवा लेनी पड़ती है।"

पर नौकरी छोड़ना भी तो आसान नहीं है। उनमें से अधिकतर की माली हालत ठीक नहीं है। इसके अलावा जम्मू में मिलनेवाली राहत राशि के सिवा आय का कोई साधन नहीं है। "मेरे दो बच्चे हैं और उस पैसे से तो उनके ट्यूशन की फीस भी पूरी नहीं होती। अब आप कहें, मैं क्या करूँ?"

कुछ लोग अपने बच्चे साथ ले आए हैं। पर पिछले कुछ साल में कई स्कूलों में, खासतौर पर देहाती इलाके के स्कूलों में पाठ्यक्रम धर्म पर केंद्रित हो गया है। "मैंने अपने बेटे को सबसे अच्छे स्कूल में डाला था, पर वे सप्ताह में दो बार ही गणित पढ़ाते हैं। इसलामिक पढ़ाई पर जोर है; कुरान पढ़ाने पर ज्यादा ध्यान है।"

पर कम-से-कम बस्ती के अंदर वे सुरक्षित हैं। एक महिला कर्मचारी ने तय किया कि वह बस्ती में रहने के बजाय पुलवामा में अपने पड़ोसियों के साथ रहेगी। उसके पिता भी साथ रहते थे। जब वह दोपहर ढलने के बाद स्कूल से वापस आ रही थी तो चार आदमी कार में आए। "आओ, तुम्हें घर छोड़ दें।" उनमें से एक ने कहा। जब उसने विनम्रता से इनकार किया तो दूसरा बोला, "देख, जिस दिन से तुझ पर आँखें लगी हैं, रातों को सो नहीं पाता। चल आ, हम निकाह कर लें।" उस महिला ने नौकरी छोड़ी और जम्मू वापस चली गई।

कई पंडित कर्मचारियों ने बताया कि उन्हें समय पर वेतन भी नहीं मिलता। एक ने कहा, "मुझे पिछले दो महीने से वेतन नहीं मिला।" सितंबर में जब एक भारतीय क्रिकेटर ने शतक बनाया तो बारामूला में पंडितों की बस्ती पर पत्थर बरसाए गए।

केंद्र की ओर से जम्मू-कश्मीर के लिए स्थापित संभाषी राधा कुमार एक बार कैंपों के दौरे पर आए। महिला कर्मचारी ने एकांत में भेंट कर अपनी परेशानी बताई। वह बार-बार उन्हें बता रही थी कि उसने कई वर्ष तक जामिया मिलिया इसलामिया यूनिवर्सिटी में पढ़ाया है।...आपको कार्यस्थल पर ऐसे असुखद अनुभवों को उपेक्षित करना सीखना होगा। कुछ प्रभावित महिलाओं ने राजनीतिक नेताओं को भी पत्र लिखे, जिनमें यू.पी.ए. चेयरपर्सन सोनिया गांधी भी शामिल हैं, उन्होंने आग्रह किया कि उनका तबादला जम्मू कर दिया जाए। एक ऐसे ही पत्र में लिखा है—

> हम लोग रोज महसूस करते हैं कि हमारी आजादी छिन रही है। हमने कई बार अप्रत्यक्ष रूप से अपनी बात कही है, क्योंकि सच बोलने से हमारे लिए परेशानी बढ़ सकती है। इस माहौल में हममें से कइयों ने यही तय कर लिया है, अपने अनुभव अपने पास ही रखेंगे। हमें स्थानीय प्रशासन पर पूरा भरोसा नहीं है, क्योंकि हम यकीन से नहीं कह सकतीं कि वे हमारी बात को गोपनीय रख सकेंगे या नहीं।

"हर रोज जैसे हमारी पहचान से कुछ घटता जाता है।" एक महिला ने कहा। "कल राष्ट्रीय गान गाने की आजादी की बात थी; आज बिंदी लगाने की आजादी

की बात है; कल यह हमारी आस्था की आजादी की बात हो सकती है।" वह सुबकियाँ भरने लगती है।

वे सब एक-दूसरे के पास पतले से कालीन पर बैठी थीं और जल्दी ही बाकी भी रोने लगती हैं। महिलाएँ उस जगह सुरक्षित महसूस करती हैं, बाहर की दुनिया बदल गई है। "अब यह पहले जैसा कश्मीर नहीं रहा। जब हम 1990 में शरणार्थी बने तो हमारे जीवन आठ-बाई-आठ फीट के कमरों में उलझकर रह गए और आज बीस साल बाद भी हम वहीं फँसे हुए हैं।" दूसरी औरत ने कहा। उसका मोबाइल बजा। उसके फोन में गायत्री मंत्र की रिंग टोन थी। उसने फोन उठाया और नंबर देखा। "जब बाहर जाती हूँ तो अपने फोन को साइलेंट मोड पर रखती हूँ।"

बाद में, मैं कश्मीर के शेखपोरा पंडित बस्ती में भी गया। जहाँ कुछ नीच लोगों ने हाल ही में एक अधखाए बछड़े का कंकाल फेंक दिया था, जिसे सियार ने खाया हुआ था। अगस्त 2012, बस्ती में रहनेवालों को जैश-ए-मोहम्मद की ओर से धमकी भरा पत्र मिला और एक और निष्कासन का भय पैदा हो गया। पुलिस ने कहा कि वह एक मजाक था। इस जगह चालीस पंडित परिवार बसते हैं, जो सुरक्षा के लिहाज से अलग-अलग इलाकों से इधर आकर बस गए हैं। प्रधानमंत्री पैकेज के अधीन आनेवाले कई कर्मचारी भी यहीं रहते हैं। हालाँकि दूसरी बस्तियों की तुलना में इमारतों के ढाँचे बेहतर हैं, पर सुरक्षा का मसला ज्यों-का-त्यों है। संजय टीकू ने बाद में बताया, मैंने इन लोगों से कह रखा है कि परेशानी के छोटे से संकेत को भी गंभीरता से लें। ये बस्तियाँ कई तरह से यहूदी मोहल्ले की तरह हैं और कई पंडितों का जीवन इसी चहारदीवारी में सिमटकर रह गया है। शेखपोरा में एक औरत पिछले सात साल से रह रही है, उसका कहना है कि वह उस बस्ती से केवल तीन बार बाहर निकली थी—एक बार जम्मू में रिश्तेदारी में गई थी और दो बार क्षीर भवानी के मंदिर।

"'दिल छुम फटनस आमुत'—मेरा कलेजा फटने को हो रहा है।" उसने कहा।

□

अगले दिन मैंने इरशाद को कॉल किया।

"जी, मैं यहीं हूँ।" उन्होंने कहा।

"ठीक है, मैं आ रहा हूँ।"

"आप कहाँ हैं ?"

"मैं लाल चौक के पास हूँ। तीस-चालीस मिनट तक आ जाऊँगा।"

मैं तीस मिनट में यूनिवर्सिटी के गेट पर था। पाँच मिनट में ही काँच के लंबे जारों के पासवाली सीढ़ियाँ चढ़ रहा था। गलियारे में इरशाद के कमरे पर ताला लगा है। वे आसपास ही होंगे। मैंने इंतजार किया। वहीं टहलने लगा। हो सकता है कि किसी कक्षा में हों। पर वे तो खाली पड़ी हैं। पर अगर ऐसा कुछ होता तो उन्होंने मुझे बताया होता। मैंने कॉल किया, फोन बजता रहा, पर उन्होंने नहीं लिया।

मैं वहीं एक छोटी बेंच पर बैठकर इंतजार करने लगा। फिर मैंने विभाग के प्रवेश द्वार पर लगा बोर्ड देखा। उस पर लिखा है कि वे क्या पढ़ाते हैं—इकोलॉजिकल बॉटनी और रीप्रोडक्टिव बायोलॉजी। मैंने दूसरे नाम भी पढ़े। वे आएँगे। बायोसिस्टमेटिक्स। वे आसपास ही होंगे। बायोलॉजिकल इन्वेजन एंड बायोडायवरसिटी। कहीं काम में उलझ गए होंगे। साइटोजेनेटिक्स और प्लांट ब्रीडिंग। वे मुझसे अवश्य मिलेंगे। प्लांट पैथोलॉजी एंड नेमेटोलॉजी। मैंने फिर से फोन किया। कोई जवाब नहीं। आखिरी बार मिलाया तो उन्होंने कॉल काट दी। बात साफ थी—वे मिलना नहीं चाहते थे।

पता नहीं क्यों, मुझे उस लड़की की याद क्यों आई, जो जम्मू के रिलीफ कमिश्नर के ऑफिस में मिली थी।

जब मैं ऑफिस से बाहर आया तो वह वहीं प्रतीक्षा कर रही थी। "क्या हुआ, रो क्यों रही हो ?" मैंने उससे पूछा था। उसने बताया कि उसका नाम सुप्रिया भट्ट था और वह ग्यारहवीं में पढ़ रही थी (जब हमने कश्मीर छोड़ा तो मैं भी करीबन उसकी उम्र का रहा होऊँगा, मैंने यही अंदाज लगाया)। उसने कहा कि वह जगती टाउनशिप में रहती है और हर सुबह वह अपने भाई के साथ बस में स्कूल जाती है। कुछ दिन पहले, ड्राइवर को अचानक ब्रेक लगाने पड़े, जिससे उसके भाई का सिर खिड़की से टकरा गया। ड्राइवर ने उसके ही भाई को बुरी तरह डपट दिया। "हम उसे हर महीने एक बच्चे की स्कूल फीस का ढाई सौ रुपया देते हैं।" उसने कहा। मैंने पूछा कि वह रिलीफ कमिश्नर के ऑफिस क्यों आई थी ? "मैं उनसे विनती करने आई हूँ कि वे ड्राइवर को फटकारें। सांसारिक चीजों के बजाय जीवन का मोल होना चाहिए।"

"हाँ, बच्चे! मोल तो जीवन का ही होना चाहिए।" मैं खुशी से झूम उठा। हो सकता है कि आनेवाले कुछ दशकों में हमारी कहानी खत्म न हो। हो सकता है कि

हममें से कुछ को फिर प्यार से सार्त्र कहा जा सके। और क्या तुमने ध्यान दिया, मैं अपने आप से कह रहा हूँ—सुप्रिया की बोली और लहजा कितना साफ था? अंग्रेजी पर कितना अच्छा अधिकार? और हिंदी? वह हिंदी में भी बोली थी। उसे 'ब' और 'भ', 'ग' और 'घ' में कोई परेशानी नहीं आई। वह कितने आत्मविश्वास से भरी थी। ओह ईश्वर, कितनी होनहार बच्ची है। सुप्रिया भट्ट, तुम पर ईश्वर की कृपा बनी रहे।

मुझे यह भी याद आया कि मैंने एक थिएटर प्रदर्शन के दौरान कैसा महसूस किया था, जब दो दोस्त विख्यात उर्दू लेखक, सआदत हसन मंटो की कहानी याद कर रहे थे, जिसके पूर्वज कश्मीरी पंडित थे। उनमें से एक ने मंटो के समकालीन कृश्न चंदर के शब्दों में मंटो का वर्णन किया—

> अपने झुकाव, स्वभाव, नैन-नक्श और भावना के साथ मंटो, एक कश्मीरी पंडित ही रहा।

यह सुनकर मैं इतना खुश हुआ था कि जी में आया कि उस तरह सीटी बजाई जाए, जैसे कई बार सिनेमा हॉल में आगे की पंक्तियों में बैठे दर्शक बजाते हैं।

और इस तरह मैंने कश्मीर विश्वविद्यालय में अपनी नोटबुक निकाली और एक छोटा सा नोट लिखा। फिर उसे प्रशासन विभाग में बैठी महिला को दे दिया, उनके साथ ही इरशाद का कमरा था। मैंने उसे कहा, "आप प्लीज इसे डॉ. इरशाद को दे देना।" फिर मैं चला आया।

"चाचा, सिगरेट?" मैंने अली मुहम्मद से पूछा। "अअ्श करिथ।" वे बोले।

प्रिय इरशाद भाई

ऐसा लगता है, इस बार मिलना नसीब में नहीं था। मैं किसी निजी काम के सिलसिले में आया था, मैं उन गलियारों से गुजरना चाहता था, जहाँ आप और रवि कभी एक साथ गुजरे होंगे, जवानी के जोश और आनेवाले कल के सपनों से भरे हुए! हो सकता है कि अगर 1990 का कहर न टूटा होता तो शायद आप दोनों एक साथ होते। उसी विभाग में एक साथ काम कर रहे होते, जिससे आप दोनों स्नातक हुए। मुझे आपके विभाग में नवयुवक और युवतियों को देखकर बहुत खुशी हुई। नोटिस बोर्ड देखते हुए, चार्ट इधर-उधर ले जाते हुए और अपने-अपने सूक्ष्मदर्शी यंत्रों पर झुके हुए। मुझे स्टाफ लिस्ट में लिखा आपका नाम देखकर भी बहुत अच्छा लगा, जिसके साथ आपकी शिक्षा और पद के बारे में भी लिखा है। यह भी लिखा है कि आप कौन से विषय पढ़ाते हैं। मैं आपको अपनी शुभकामनाएँ देता हूँ।

मैं फिर से आऊँगा। मैं वादा करता हूँ कि एक ऐसा समय भी आएगा, जब मैं स्थायी रूप से वापस आ जाऊँगा।

आपका

राहुल (रवि का भाई)

...मैं स्थायी रूप से वापस आ जाऊँगा। मैंने यह नहीं लिखा था। बस अपने मन से कहा था।

□

टाइमलाइन

1846 : डोगरा महाराज गुलाब सिंह ने कश्मीर को ब्रिटिश उपनिवेशवादियों से खरीदा था और इसे जम्मू और लद्दाख प्रांत में मिलाते हुए जम्मू-कश्मीर राज्य बनाया।

1931 : डोगरा महाराज हरि सिंह के खिलाफ जन आंदोलन। बहुसंख्यक मुसलमान समुदाय की भीड़ ने अल्पसंख्यक हिंदुओं को निशाना बनाया, जिन्हें कश्मीरी पंडित कहते थे। संपत्ति का नुकसान हुआ, कई लोग मारे गए।

अगस्त 1947 : भारत आजाद हुआ। विभाजन हुआ और पाकिस्तान बना। महाराज हरि सिंह तब तक तय नहीं कर सके कि कश्मीर भारत के अधीन होगा या पाकिस्तान के।

अक्तूबर 1947 : पाकिस्तानी सेना से मिले सहयोग के साथ, उत्तर-पश्चिम प्रांत से कबायलियों ने कश्मीर पर हमला कर दिया, ताकि उसे अधीन कर सकें। सैकड़ों पंडित और सिख मारे गए और उनकी पत्नियों का बलात्कार हुआ, उन्हें गुलाम बनाकर पाकिस्तान ले जाया गया। हजारों लोगों को जबरन इसलाम कुबूल करवाया गया। सीमावर्ती इलाकों में बसे पंडित परिवारों को वह जगह छोड़कर श्रीनगर या किसी दूसरी जगह शरण लेनी पड़ी।

महाराज हरि सिंह ने कश्मीर को भारत के अधीन करना स्वीकार किया। श्रीनगर में भारतीय सेना उतरी और कबायलियों को वापस धकेल दिया गया।

1941 की जनगणना में कश्मीर की कुल आबादी में पंडितों की संख्या पंद्रह प्रतिशत थी। 1981 तक यह घटकर मात्र पाँच प्रतिशत रह गई।

फरवरी 1986 : दक्षिण कश्मीर के अनंतनाग में भारी पंडित-विरोधी दंगे आरंभ हुए। पंडितों को पीटा गया, उनकी पत्नियों के साथ बलात्कार हुए और कई घरों व मंदिरों को जला दिया गया।

जुलाई 1988 : श्रीनगर में दो कम तीव्रतावाले बम धमाके हुए।

सितंबर 1989 : पंडित राजनीतिक एक्टिविस्ट, टीका लाल टपलू को उनके घर के बाहर सशस्त्र लोगों ने गोली मार दी।

जनवरी 1990 : पूरी वादी की मसजिदों में भारी भीड़ जमा हुई, वे भारत और पंडित विरोधी नारे लगा रहे थे। कश्मीरी पंडितों का निष्कासन आरंभ हो गया। अगले कुछ महीनों में सैकड़ों निर्दोष पंडितों पर अत्याचार हुए, वे मारे गए और स्त्रियों के साथ बलप्रयोग हुआ। वर्ष के अंत तक, लगभग तीन लाख पचास हजार पंडित वादी से आ चुके थे और उन्होंने जम्मू तथा दूसरे स्थानों पर शरण ली। उनमें से मुट्ठी भर लोग ही वहाँ रहे।

मार्च 1997 : आतंकियों ने संगरामपोरा गाँव में सात पंडितों को खींचकर उनके घरों से निकाला और गोली से मार दिया।

जनवरी 1998 : 23 कश्मीरी पंडितों का वंधामा गाँव में नृशंसता से वध कर दिया गया, उनमें बच्चे और औरतें भी शामिल थे।

मार्च 2003 : नादीमार्ग गाँव में 24 कश्मीरी पंडितों की गोली मारकर हत्या की गई, जिनमें नवजात भी शामिल थे।

2012 : हजारों पंडित अब भी शरणार्थी आबादियों में रह रहे हैं। दो दशक के बाद भी कश्मीरी पंडित समुदाय अपने पुरखों की धरती पर वापस नहीं जा सका। वे जम्मू से लेकर जोहान्सबर्ग तक फैले हुए हैं।

□□□